Helmut Konrad
»Gedanken zur Zeit«
Ein Ausklang

Helmut Konrad

»Gedanken zur Zeit«

Ein Ausklang

Die Drucklegung dieses Buches wurde gefördert von:

© 2024 Helmut Konrad, *Edition Gutenberg* innerhalb der Leykam Buchverlagsgesellschaft m.b.H. & Co. KG, Graz–Wien–Berlin

Alle Rechte vorbehalten.

Kein Teil des Werkes darf in irgendeiner Form (durch Fotografie, Mikrofilm oder ein anderes Verfahren) ohne schriftliche Genehmigung des Verlages reproduziert oder unter Verwendung elektronischer Systeme verarbeitet, vervielfältigt oder verbreitet werden.

Gestaltung und Satz: Robert Rothschädl (roro-zec.com)
Umschlagfoto: Kanizaj
Gesamtherstellung: *Edition Gutenberg* innerhalb der Leykam Buchverlagsgesellschaft m.b.H. & Co. KG, Graz–Wien–Berlin

ISBN 978-3-900323-94-3

www.leykamverlag.at

Inhaltsverzeichnis

Vorwort 5

1. Geschichte und Politik 7

2. Gesundheit und Pandemie 127

3. Jahreszeiten 157

4. Sport und Reisen 225

5. Schule und Universität 253

6. Sprache, Jugend, Kultur 273

7. Persönliches 287

Vorwort

Wenn man eine Sache mit Leidenschaft betreibt, ist es nicht leicht, den richtigen Zeitpunkt für das Loslassen zu treffen. Ich habe seit über 24 Jahren zumindest jede vierte Woche (in der ersten Hälfte der Zeit deutlich öfter) sonntags um acht Uhr in die Früh im ORF Steiermark die „Gedanken zur Zeit" gestalten dürfen – ein echtes Privileg, denn der Verbreitungsgrad der Sendung ist groß. Immer wieder wurde ich darauf angesprochen: in der Straßenbahn, im Wirtshaus und sogar von der Polizei bei einer Verkehrskontrolle. Und nach meinem Aufhören zum Jahreswechsel 2023/24 gab es eine Flut von Kontakten, die diesen Schritt bedauerten.

Dennoch: einerseits merkte ich meiner Stimme das fortgeschrittene Lebensalter an und anderseits war aber ein früheres Ausscheiden kaum möglich, da ich Sylvia Rauter, dem guten Geist hinter der Sendeleiste, im Wort war, bis zu ihrer Pensionierung mitzumachen. So war der richtige Zeitpunkt gekommen, in einem Moment, wo sowohl der ORF als auch die Hörerinnen und Hörer diesen Schritt noch bedauern.

Der Leykam-Verlag hat meine Sendungen aus den ersten 16 Jahren bereits in zwei sehr schönen Büchern veröffentlicht, auf die ich immer wieder angesprochen werde. Nun liegen also auch die letzten acht Jahre vor, mein Abschied von den „Gedanken zur Zeit", und ich hoffe auf positive Aufnahme in der Öffentlichkeit.

Da ich selbst Phantom-Schmerzen nach meinem Abschied hatte bedurfte es der energischen Initiative meiner Frau Mirella, um mich zu dieser Veröffentlichung durchzuringen. Sie hat sich mit Sylvia Rauter zusammengetan, und diese konnte die Sendungen aus allen 8 Jahren, 13 Sendungen pro Jahr, in einer druckfertigen Form aufbereiten. Die beiden Frauen haben letztlich die Zuordnung zu den einzelnen Kapiteln vorgeschlagen. So ist dieses Buch auch ihr Werk. Es ist also Mirella und Sylvia gewidmet.

1. Geschichte und Politik

Sendung vom 24. Jänner 2016

Alter und Politik

Jetzt wissen wir es also: wir kennen den Großteil der Kandidatinnen und Kandidaten für die Bundespräsidentenwahl im April. Es werden ohne Zweifel noch andere Namen ins Spiel gebracht werden, aber die vier feststehenden Namen sind, nach dem derzeitigen Kenntnisstand, Irmgard Griss, Alexander van der Bellen, Andreas Kohl und Rudolf Hundsdorfer.

Viel wurde über die Bedeutung des Amtes des Bundespräsidenten diskutiert und geschrieben, und das nicht nur aus aktuellem Anlass. Brauchen wir das Amt überhaupt, was kann ein Präsident gestalten oder entscheiden, wie reagiert er oder sie im Krisenfall?

Ursprünglich, am Beginn der Ersten Republik, sah die Verfassung einen ganz schwachen Präsidenten vor, um zu garantieren, dass das Parlament, das im reinen Verhältniswahlrecht genau die Stärken der Parteien spiegelte, unbeeinflusst die Entscheidungen treffen konnte. Das war die demokratische Antwort auf die Monarchie, auf einen Kaiser, der das Parlament sistieren, also lahmlegen konnte. 1929 wurde dann aber das Präsidentenamt gestärkt, und dies gilt bis heute. Es hat sich in meinen Augen auch durchaus bewährt. Aber immer noch ist das österreichische Amt bescheiden in der Machtfülle, vergleicht man es mit der Positionierung in anderen europäischen Staaten.

Wenn wir heute auf jene Persönlichkeiten blicken, deren Kandidatur bekannt ist, so sticht vor allem der hohe Altersschnitt ins Auge. Er liegt bei über 70 Jahren, und das bei einer Amtszeit, die bis 2021 geht und wo dann eine Wiederwahl keine Ausnahme wäre. Das ist schon auffällig.

Mir ist schon bewusst, Kaiser Franz Josef war mit 86 Jahren noch in seiner Funktion. Viele Künstler sind bis ins hohe Alter produktiv.

Der Rücktritt von Nikolaus Harnoncourt mit seinen 86 Jahren kam nicht nur für mich überraschend und zu früh. Martin Walser hat mit 88 Jahren gerade wieder einen Roman veröffentlicht. Pablo Picassso schuf noch mit 90 großartige Werke. Alter und Leistungsfähigkeit sind also nicht notwendigerweise ein Widerspruch.

Dennoch: in der Antike hatte man mit 50 Jahren die Stufe des „senex", also des Greises, erreicht. Man ging also im sechsten Lebensjahrzehnt bereits zumindest symbolisch am Stock. Im 20. Jahrhundert stellt sich natürlich die Lebenserwartung anders dar. Sie steigt kontinuierlich, einerseits, weil die Säuglingssterblichkeit sinkt, anderseits aber durch bessere Ernährung, bessere medizinische Versorgung und besseres Erkennen von Risikofaktoren. Wir werden im Schnitt älter und wir bleiben im Schnitt auch länger leistungsfähig. Das solle langsam dazu führen, dass wir Alterseinschnitte neu definieren sollten.

Man kann in unserer Gesellschaft und unter europäischen Rahmenbedingungen sehen, dass alle Altersschwellen deutlich steigen. Kinder bleiben länger in der Ausbildung und wohnen länger im elterlichen Haushalt. Der Berufseinstieg erfolgt später, und das verschiebt auch die Familiengründung. Man heiratet später und die Geburt des ersten Kindes erfolgt heute um Jahre verzögert, verglichen zur Situation vor einem halben Jahrhundert. Das Pensionsantrittsalter steigt und wird wohl noch, um das Pensionssystem überhaupt aufrechterhalten zu können, dramatisch weiter ansteigen müssen, was sich wiederum auf die Einstiegschancen der nächsten Generationen auswirken wird.

Ich selbst bin jetzt 68 und blicke mit einigem Unbehagen meinem Weg in den Ruhestand, den ich in einem halben Jahr antrete, entgegen. An amerikanischen Universitäten darf man seinen Abschied selbst festlegen, das Versetzen in den Ruhestand durch die Institution wurde untersagt, da sie als Altersdiskriminierung gilt. Ich weiß nicht, ob das klug ist, denn ich habe dort Professoren gesehen, die dann für sich selbst den Zeitpunkt verpasst haben, wo ein Ausscheiden mit Würde möglich gewesen wäre. Man hält sich nur allzu leicht für unersetzlich, und das Selbstbild entspricht oft nicht der Fremdwahrnehmung.

Aber zurück zu den Kandidatinnen und Kandidaten für die bevorstehende Wahl:

In der Funktion eines Bundespräsidenten ist die Erfahrung eine ganz wichtige Kategorie. Alter ist also, ein guter Gesundheitszustand vorausgesetzt, kein Nachteil. Das Alter schleift ein paar Persönlichkeitskanten ab, macht milder, ruhiger und überlegter. Daher sind die Bewerbungen sicher keine Notlösungen, sondern sie kommen von Persönlichkeiten, denen eine gute Amtsführung durchaus zuzutrauen ist. Eine Person von vielleicht 38 Jahren ist für mich in der Funktion eines Bundespräsidenten eigentlich kaum vorstellbar. Ich bin daher überzeugt, dass wir einen spannenden, wenig untergriffigen und der Würde des Amtes angemessenen Wahlkampf erleben werden, mit einer letztlich guten Entscheidung durch das Volk. Die Wahl ist eine Persönlichkeitswahl, und es stehen tatsächlich Persönlichkeiten zur Auswahl. Dabei ist schon klar, dass der Wahlausgang Rückwirkungen auf die Parteienlandschaft in Österreich haben wird, dass daher das Resultat politisch, ja parteipolitisch gelesen und bewertet werden wird.

Dabei sollte eines außer Streit stehen: die gewählte Person ist ab dem Tag der Angelobung eine überparteiliche Figur. Das haben die Amtsführungen der bisherigen Präsidenten der Zweiten Republik deutlich vorgegeben und das wird auch in den nächsten 5 Jahren so sein.

Sendung vom 24. April 2016
Bundespräsidentenwahl

Heute am frühen Abend wissen wir es. Von den 6 Bewerberinnen und Bewerbern um das Amt des Österreichischen Bundespräsidenten werden jene zwei übrig geblieben sein, die es in die Stichwahl im Mai geschafft haben.

Prognosen sind wohl nur schwer möglich. Es zeichnet sich aber doch ein erstaunliches Phänomen ab. Zumindest drei Kandidaten, die echte Chancen auf das Erreichen der Stichwahl haben, sind nicht von einer der beiden Regierungsparteien nominiert. Und liegt die Meinungsforschung nicht total daneben, dann sollte das Duo für die Stichwahl aus diesen drei Persönlichkeiten kommen.

Ich selbst habe schon am 5. April gewählt, dem ersten Tag der möglichen Abgabe einer Briefwahlstimme. Einerseits wollte ich sehen, wie das System der früheren Stimmabgabe funktioniert, und anderseits bin ich heute, am Wahltag, bei einer Konferenz in den USA, wo ich aber am Internet gespannt die Ereignisse in Österreich verfolge. Und wie ich werden wohl viele Menschen dem heutigen Wahltag mehr Aufmerksamkeit schenken, als das bei vielen anderen Wahlen der letzten Jahre der Fall war. Es geht doch hier um mehr als um eine personelle Entscheidung. Vielmehr ist die Zweite Republik an einem Wendepunkt angelangt, denn manche für stabil gehaltene Fundamente beginnen sich aufzulösen.

Das Amt des Österreichischen Bundespräsidenten ist eine eigenartige politische Konstruktion, die sich nur aus der österreichischen Geschichte erklären lässt.

Als die Habsburgermonarchie im Kanonendonner des Ersten Weltkriegs zusammengebrochen war, entstand auf dem Boden der Monarchie neben etlichen anderen neuen Staaten auch die Republik Österreich. Der Staat musste sich eine Verfassung geben, und mit Hans Kelsen stand ein weltweit anerkannter Experte bereit, diese zu schreiben. Kelsen und auch Karl Renner hatten vor, dass die politischen Entscheidungsträger ganz genau dem Mehrheitswillen der Bevölkerung entsprechen sollten. So setzte sich der Nationalrat nach dem Verhältniswahlrecht zusammen und spiegelte exakt die Kräfteverhältnisse der Parteien. Ein Präsident als „Ersatzkaiser" war ursprünglich nicht vorgesehen, die Konservativen setzten aber ein mit geringen Kompetenzen ausgestattetes Staatsoberhaupt durch. Erst 1929 wurde schließlich in einer Verfassungsänderung die Stellung des Bundespräsidenten entscheidend gestärkt. Vorgesehen war nun die Volkswahl, und der Präsident erhielt formal große Kompetenzen, und zwar all jene, die jetzt im Wahlkampf immer wieder von den Bewerberinnen und Bewerbern angesprochen wurden. Das geht bis zur Entlassung der Bundesregierung.

Erst in der Nachfolge des zweimaligen Republiksgründers Karl Renner wurde mehr als 20 Jahre später die Volkswahl Realität. Das bedeutete aber auch, dass bis heute nur jemand seriöse Chancen hatte, den eine der beiden großen Volksparteien unterstützte. Dies führte zu zurückhaltender Amtsführung. Der Präsident, formal stärker als fast alle Präsidenten der anderen Staaten, spielte nur moralisch seine Autorität aus, forderte etwa die Trockenlegung von sauren Wiesen oder mahnte hinter den Kulissen einen gemäßigten politischen Umgangston ein. Ansonsten wurde die Funktion repräsentativ angelegt. Sie diente international als Türöffner für Wirtschaft, Kultur und Wissenschaft und garantierte national das korrekte Zustandekommen von Gesetzen, die den National- und Bundesrat passiert hatten. Der Präsident ernannte Spitzenbeamte, überreichte Ehrenzeichen, eröffnete Großveranstaltungen und hielt Neujahrsansprachen. Die Tagespolitik war hingegen die Angelegenheit der Bundesregierung.

Diese seit Jahrzehnten eingespielte Praxis steht aber nunmehr auf dem Prüfstand. Es wird eine sogenannte aktive Amtsführung eingemahnt, die ein stärkeres Eingreifen in politische Entscheidungsprozesse zum Ziel hat.

Die Praxis wird sicher in den nächsten Jahren davon einiges abschleifen. Aber es ist nicht unwahrscheinlich, dass wir bald eine Person im Amt sehen, die nicht aus den Reihen einer der Regierungsparteien kommt und die daher nicht unmittelbar zu einem loyalen Wechselspiel der Kräfte angehalten sein wird.

Wenn man zudem die Erosion der seit über sieben Jahrzehnte dominierenden Großparteien sieht, so stehen ohne Zweifel ab sofort bewegtere politische Zeiten ins Haus. Ein unabhängiger Bundespräsident und eine mobile Wählerschaft bei den Nationalratswahlen, das ist ein anderes politisches Szenario, als das durch Sozialpartnerschaft, Großparteien und moderat geführtes Präsidentenamt unser Bild der Zweiten Republik geprägt hat. Vieles ist ins Rutschen geraten, die Insel der Seligen, wie Österreich einst von einem Papst genannt wurde, ist in der europäischen Politik des 21. Jahrhunderts angekommen.

Es wird also vieles weniger stabil, weniger berechenbar werden. Die politische Auseinandersetzung wird zweifellos härter, der Ausgang bei Interessenskonflikten schwerer vorhersehbar. Eine politische Gesinnung wird die Menschen nicht mehr von der Wiege bis zur Bahre begleiten, und immer weniger wird es Schutz im angestammten politisch-sozialen Milieu geben. Die heutigen Wahlen werden wohl ein kräftiges Ausrufezeichen in diese Richtung sein.

Ja, manches in dieser Entwicklung bereitet Sorge und weckt Unsicherheit. Vertrautes bricht weg, individuell wird rascheres Agieren und Reagieren notwendiger werden. Das ist aber auch eine Chance. Neben der Parteienlandschaft wird immer stärker die Zivilgesellschaft sichtbar, die, wenn sie sich an den Grundsätzen von Humanität und Menschenrechte orientiert, zum prägenden Faktor eines neuen Abschnitts unserer Geschichte werden kann.

Sendung vom 11. September 2016

9/11 und das neue Bedrohungspotenzial

Heute vor genau 15 Jahren saß ich im Auto auf der Fahrt zu einer Konferenz in Linz. Im Radio liefen die Nachrichten, die plötzlich von einem Flugzeug berichteten, das in einen der Türme des World Trade Centers in New York gekracht sei. Ich hielt das, wie wohl viele andere Menschen, für einen schrecklichen Unfall. Oft genug war schon von Flugzeugabstürzen berichtet worden.

Als dann das zweite Flugzeug in den zweiten Turm des World Trade Centers raste, da war klar, es waren keine Unfälle, das waren Selbstmordattentate. Und dann sah die Welt im Fernsehen immer wieder diese Bilder: das Symbol des Welthandels, das Symbol der Marktwirtschaft, das Symbol der kapitalistischen Welt lag in Schutt und Asche. Auch das Pentagon war getroffen, ein viertes Flugzeug, das auf das Kapitol oder das Weiße Haus in Washington zielte, wurde durch den Einsatz von Passagieren zum Absturz gebracht, ehe es sein Ziel erreichte.

Fast 3.000 Opfer gab es zu beklagen. Das Bild einer mit Asche bedeckten Frau, die knapp dem Tod entronnen war, wurde zu einer Ikone der Ereignisse.

Die 15 Jahre, die seither vergangen sind ein Zeitraum, der schon lange genug ist, um aus einiger Entfernung die Ereignisse von New York in ihrer Bedeutung zuordnen zu können.

Dabei ist sicher, das Datum 9/11 hat eine so hohe Symbolkraft, dass man sagen kann, es steht für eine Zeitenwende. War das 20. Jahrhundert das Jahrhundert der großen Kriege und der großen ideologischen Auseinandersetzungen von Kapitalismus und Kommunismus, so ist das Jahrhundert symbolisch mit dem Fall der Berliner Mauer zu Ende gegangen. Es folgte aber keine Zeit der Besinnung oder der Konfliktfreiheit, denn viele Fragen waren nach der Implosion des

Sowjetimperiums offen geblieben. Zu klar gab es in der Welt, die sich nun herausbildete, Verlierer.

Ja, weiß und meist männlich, christlich oder jüdisch, aufgeklärt, marktwirtschaftlich, den Menschenrechten verpflichtet, demokratisch und gebildet, mit Zukunftschancen für die Kinder, mit Eigentum, das die Staaten sicherten, das waren die Sieger. Jene in den Weltgegenden ohne Wasser, ohne Gesundheitsvorsorge, ohne Bildungschancen, Menschen, die Hunger leiden, das war die Gruppe der Verlierer.

Und dazwischen gab es im Nahen Osten die Diktaturen, die einer kleinen Schicht internationale Kontakte, Studienmöglichkeiten im Ausland und Reichtum boten. Damit wuchsen aber Menschen heran, die sich letztlich gegen die Diktatoren im eigenen Land richteten, die aber auch sahen, wie schwer sie in der sogenannten „westlichen Welt" auf ein gleichberechtigtes Fußfassen zählen konnten.

Die Attentäter vom 9. September 2001 kamen durchwegs aus begüterten Familien, hatten in den USA studiert und hatten aber gerade dort alternative Lebensentwürfe in radikalen religiösen Ausformungen kennengelernt. Zwischen den Welten sozialisiert, bot ihnen schließlich eine radikal-gewalttätige Auslegung ihrer Religion jenes umfassende, holistische Welterklärungsmodell, in dem Gut und Böse klar beschrieben und Zwischentöne unkenntlich sind.

Obwohl inzwischen Katastrophen eingetreten sind, die jene vom 9. September in den Schatten stellen, und obwohl hinter vielen dieser Katastrophen, wie etwa den blutigen Bürgerkrieg von Libyen bis Syrien und den zehntausenden Toten im Mittelmeer ähnliche Frontstellungen zu erkennen sind wie hinter den Ereignissen in New York, so haben die Ereignisse heute vor 15 Jahren doch die neue Epoche eingeleitet, das 21. Jahrhundert beginnen lassen. Und entgegen aller Hoffnungen ist es bisher nicht die ersehnte friedliche Epoche, die auf das Zeitalter der Extreme, also auf das 20. Jahrhundert, folgen sollte.

Wer heute in Manhattan die Stelle aufsucht, wo bis vor 15 Jahren das World Trade Center gestanden ist, der findet nicht nur eine eindrucksvolle Gedenkstätte vor, sondern die neuen Gebäude, architektonisch gelungener als die alten Türme, zeugen von einer ungebrochenen Aufbruchsstimmung. Das neue Hochhaus in der Form eines Phönix, der sich aus der Asche erhebt, ist zwar etwas vordergründig, aber dafür kraftvoll in seiner Symbolsprache. Dennoch, aus fast allen Blickwinkeln spiegeln sich etwa im Bau von Daniel Libeskind die startenden und landenden Flugzeuge der drei Flughäfen der Region und machen deutlich, wie fragil das System geworden ist, und zwar nicht nur das amerikanische Wirtschaftssystem, sondern die gesamte Welt.

9/11 steht symbolisch dafür, dass die Vorstellung, 1989 wäre ein Ende der Ideologien gewesen, falsch war. Religiöse Fragen treten jetzt stärker in den Vordergrund und verkleiden auf ihre Art soziale und ökonomische Fragen. 9/11 steht auch dafür, dass die kämpferischen Auseinandersetzungen, die schon noch, wie in Syrien nur allzu deutlich, auf den Schlachtfeldern stattfinden, diese auch verlassen und die Bedrohungen umfassend machen können.

Aber gerade in diesem Licht ist Besonnenheit gefragt, es geht um Ausgleich, um das Verstehen von Wurzeln der Konflikte. Eine prinzipielle Sicherheit vor Terror gibt es wohl nicht. Aber 9/11 und auch die Anschläge in Paris oder Brüssel zeigen, dass sich die Attentäter nicht aus jenen Menschen rekrutieren, die die Verzweiflung jetzt aus ihren Ländern treibt, sondern dass es die schief gelaufene Integration aus früheren Wanderbewegungen ist, die das Rekrutierungsfeld bereitet. Umso wichtiger ist es, alles für bessere Integrationsschritte zu tun.

Sendung vom 4. Dezember 2016
Wahltag

Und schon wieder erwischt es mich: wieder ist heute ein Wahltag und ich bin an der Reihe, mit Ihnen meine „Gedanken zur Zeit" zu teilen. Ich will mich aber nicht allzu lange mit dem Thema Wahl beschäftigen. Nur so viel: gehen Sie wählen, auch wenn Sie der lange und verschobene und aufgehobene Ablauf schon verdrossen macht. Hoffentlich bleibt diesmal eine Anfechtung aus, hoffentlich ist der Verlierer diesmal ein guter Verlierer, und hoffentlich ist mit dem heutigen Abend der Wahlkampf um das Amt des Bundespräsidenten wirklich Geschichte. Das hätte sich unser Land endlich verdient.

Heute ist aber nicht nur Wahltag, sondern auch schon der zweite Adventsonntag. Wir sind also mitten in der Vorweihnachtszeit, der angeblich ruhigsten Zeit des Jahres. Sie werden es nicht glauben: meine Weihnachtsgeschenke sind längst gekauft, der Ablauf der Feiertage ist schon geplant und so sollte es keinen Stress geben. Den hatten wir in diesem Jahr ja ohnehin ausreichend. Der Verlust einer ganzen Reihe von guten Freundinnen und Freunden, was uns heuer im Übermaß einholte, von Unglücks- und Krankheitsfällen im nächsten Umfeld, von politischen Erschütterungen und von Umstellungen von vertrauten Lebens- und Arbeitsformen auf neue Rahmenbedingungen. Daher sollten nun die Tage bis Weihnachten tatsächlich ruhig und beschaulich werden.

Neben den Belastungen in diesem Jahr gab es aber auch Erlebnisse, die sich positiv in unserer Erinnerung einschreiben werden. Mit unserer syrischen Familie stießen wir vor wenigen Wochen im Asylverfahren hier in Graz auf Beamte, die am südlichen Rande der Stadt und unter schweren Arbeitsbedingungen nicht nur ihr großes Arbeitspensum abwickeln, sondern daneben hilfsbereit, höflich und kompetent den Asylwerbern das Gefühl geben, hier fair behandelt zu werden. Die syrische Familie ist inzwischen anerkannt und darf bleiben. Ein Amt mit dem eher furchterregenden Namen „Bundesamt für Asyl und Fremdenwesen" hat sich als freundlich-professionelles Eingangstor erwiesen, durch das diese Familie angstfrei gehen konnte, um nunmehr die nächsten Schritte am kurvenreichen Integrationspfad gehen zu können. Und dass die junge Frau zwei Tage nach dem Interview im Bundesasylamt im LKH ihr zweites Kind gebären konnte, das dort liebevoll vom Personal der Neonatologie über die schwierige erste Woche gebracht wurde, das rundet diese erfreuliche Weihnachtsgeschichte ab. Dass wir in zwei Tagen des heiligen Nikolaus gedenken, der ja der Schutzpatron der Kinder, Reisenden und Seeleute ist, passt hier noch vortrefflich ins Bild.

Nikolaus und Krampus – wer von uns kann nicht Geschichten aus der eigenen Kindheit erzählen, die mit dem 5. und 6. Dezember verbunden sind! Da gab und gibt es die Furcht, aber auch die Zweifel ob der Echtheit dieser beiden Figuren. Da wurden Gedichte aufgesagt, Ermahnungen entgegengenommen und schließlich gab es bei uns im Lehrerhaushalt ein Sackerl mit Erdnüssen, Bockshörndln, Datteln und Schokolade, alles Kostbarkeiten, sorgsam eingeteilt für die Wochen bis zum Weihnachtsfest. Und wenn wir brav waren, gab es noch ein Buch dazu, ein Schatz in unserer Jugend.

Als ich einmal bei meinem kleinen Sohn, er war noch nicht drei Jahre alt, als Nikolaus verkleidet erschien, sah ich in seinen Augen leichte Zweifel, obwohl er brav seinen Spruch aufsagte. Als ich, wieder ohne Maske, ihn fragte, wie denn der Nikolo ausgesehen habe, sagte er mir: „Papa, der hat die gleiche Uhr wie du." Man sollte die Beobachtungsgabe der Kinder also nicht unterschätzen.

In meiner Erinnerung an meine Kindheit, die natürlich trügen kann, ist die Zeit von Nikolo und Krampus durch Schnee gekennzeichnet. Wir bauten, so glaube ich mich zu erinnern, Schneeburgen, um gegen bedrohliche Krampusse gewappnet zu sein, die durch das Dorf zogen. Aber vielleicht sind das nur Bilder in meinem Kopf, denn real hat sich der Winter nicht nur in den letzten Jahren, sondern wohl auch damals, Anfang Dezember in den Tälern und Städten noch nicht durchgesetzt. Das Klima scheint sich aber tatsächlich nachhaltig zu wandeln, obwohl es noch immer Menschen gibt, darunter auch der neugewählte Präsident der USA, die meinen, dass der Klimawandel eine chinesische Erfindung und ein böses Gerücht sei. Aber dieser Präsident will ja insgesamt das Rad der Zeit zurückdrehen, bis hin zu einer angeblich guten, alten Zeit. Es ist zu hoffen, dass genügend laute Stimmen der Vernunft sich dagegen erheben, dass die alten Werte von Rationalität und Aufklärung auch weiterhin vernehmbar sind. Und das ist ein Grund, selbst in der stillsten Zeit des Jahres laut zu werden.

Sendung vom 29. Jänner 2017

Donald Trump

Jetzt ist er also tatsächlich der mächtigste Mann der Welt. Vor gut einer Woche wurde Donald Trump als 45. Präsident der Vereinigten Staaten von Amerika angelobt. Ein Mann, der alle Tabus bricht, dem political correctness egal ist, der sich fremdenfeindlich und sexistisch äußert, steht jetzt an der Spitze jenes Staates, der für gut zwei Jahrhunderte als der globale Anwalt für Menschenrecht und Menschenwürde galt. Und er setzt in einer gespaltenen Gesellschaft kein Zeichen der Versöhnung. Seine Inaugurationsrede war die Fortsetzung des Wahlkampfs, und selbst über die Zahl der Zuseher bei der Einsetzungsfeier ist ein bitterer Streit entflammt. Das Team von Trump spricht, dem postfaktischen Zeitalter entsprechend, von alternativen Fakten.

Für viele Beobachter kündigt sich mit dem Amtsantritt von Donald Trump eine Zeitenwende an. Ein halbes Jahrhundert nach dem großen gesellschaftlichen Wandel, der damals auch von den USA ausging, setzt nun die Pendelbewegung in die andere Richtung ein. Klar, es gab in diesem halben Jahrhundert auch viele Menschen, denen die Ideale von Freiheit, Vielfalt, Selbstbestimmung und Liberalismus wenig bedeuteten, und die nach anderen Wertvorstellungen lebten. Und es ist ebenso klar, dass es in den nächsten Jahren neben Trump und seinen Ansichten auch ein alternatives Amerika geben wird, aber hegemonial wird nun ein weißes, männliches Amerika der Ab- und Ausgrenzung.

Für Europa bedeutet das amerikanische Beispiel, dass man sehr genau hinsehen muss, was davon auf unseren Kontinent übertragbar ist. In den sechziger Jahren, als in den USA die Bürgerrechtsbewegung, die die bürgerlichen Rechte für Afroamerikaner einforderte, die Antikriegsbewegung, die gegen das Engagement in Vietnam auftrat, die Frauenbewegung, die gleiche Rechte und sexuelle Selbstbestimmung einforderte, und schließlich die Jugendkultur, die vor allem die Musik veränderte, wurde in Europa vieles aufgegriffen, aber in andere Zusammenhänge gestellt. So ging es in Frankreich, wo Studierende und Arbeiter kurze Zeit an einem Strang zogen, um eine prinzipielle Erneuerung des Staates. In der Bundesrepublik Deutschland und abgeschwächter in Österreich stand die Frage des Verdrängens der nationalsozialistischen Vergangenheit auf der Tagesordnung. „Was hast Du damals getan?" fragte die Jugend an Väter und Mütter und erschütterte damit das Verdrängen der Schuld im neuen Wohlstand und der neuen sozialen Sicherheit.

Wenn also in den USA jetzt der Pendelschlag gegen die Weltsicht der Generation der sechziger Jahre erfolgt, so könnte das in Europa heißen, dass es nicht nur um kulturelle Hegemonie geht, sondern dass zentrale Grundfesten der Nachkriegsentwicklung auf dem Prüfstand stehen. So gibt es in Deutschland bereits eine Verächtlichmachung der Gedenkstätten an den Naziterror und an den Holocaust. Der europäische Einigungsprozess, der die Antwort auf die finsterste Epoche der europäischen Geschichte gewesen ist, darf schon wieder in Frage gestellt werden. Es regen sich, dem britischen Beispiel folgend, auch auf dem Kontinent Austrittsforderungen aus der EU und die Rückkehr zu nationalstaatlichen Lösungen.

Das „Wir" steht wieder gegen die „Anderen". „Gebt uns unser Graz zurück", oder aber auch „Wir holen unser Graz zurück" liegen im Grazer Wahlkampf ganz auf dieser Linie. Statt Toleranz und Vielfalt regen sich Ängste vor dem Fremden. „Brücke und Bollwerk", so nannte sich einst eine steirische Landesausstellung. Über Jahrzehnte hatte es nun den Anschein, dass die Brückenfunktion unverrückbar geworden war. Graz nannte sich „Stadt der Menschenrechte" und positionierte sich mit ihrer der finsteren Vergangenheit als „Stadt der Volkserhebung" von 1938 neu in einem weltoffenen liberalen Umfeld, und das wurde mitgetragen vom Land Steiermark und der Republik Österreich.

Und jetzt gibt es diesen Gegenwind, der von Washington über Paris, Amsterdam, Dresden, Istanbul, Warschau oder Budapest ausgehend uns auch hier heftig ins Gesicht bläst. Wird er stark genug sein, um die von unserer Generation eingeschlagenen Wegweiser in die Zukunft in eine andere Richtung zu drehen als in jene, die in eine stets wachsende Anerkennung der Allgemeingültigkeit der Menschenrechte weist? Auszuschließen ist das jedenfalls nicht.

Was kann man dagegenhalten? Wohl vor allem den Glauben an das Projekt Aufklärung. Die Hunderten von Studierenden, die ich in meinen langen und glücklichen Jahren hier an der Universität Graz ausbilden durfte, werden wohl großteils die Wichtigkeit dieses Projektes erkannt haben. Und dominierend werden diese Menschen jetzt und in Zukunft in Lehrberufen arbeiten und hoffentlich lange das Feuer bewahren, um der Jugend demokratische Werte und Toleranz zu vermitteln. Meine ganze Energie als Ausbildner der Ausbilder der nächsten Generation hat diesem zentralen Ziel gegolten.

Gesellschaften, die es gelernt haben, ihre Konflikte gewaltfrei zu lösen, die auf gefestigte demokratische Strukturen setzen können, überstehen auch Krisen, ohne in autoritäre Muster zu verfallen. Das stimmt mit dem Blick auf die Vereinigten Staaten von Amerika zumindest mittelfristig optimistisch. Und auch Österreich sollte, fast ein dreiviertletes Jahrhundert nach dem Nationalsozialismus, inzwischen auf dieses stabile Fundament bauen können.

Sendung vom 30. April 2017
Wahlen als Grundsatzentscheidungen

Bis vor wenigen Jahren galt es weitgehend als unfein, über Politik oder über Politiker zu reden. Politische Entscheidungen waren weit von der Alltagsrealität entfernt, und die Politikerinnen und Politiker, die man an Größen der Vergangenheit maß, an Leopold Figl, Bruno Kreisky oder Hertha Firnberg bei uns, an Konrad Adenauer oder Charles De Gaulle, wirkten wie Karikaturen. In Filmen wie „Bad Fucking" oder in Fernsehserien wie „Braunschlag" war die politische Kaste korrupt, stumpfsinnig und intrigant, nur auf den eigenen Vorteil und nicht auf die Gemeinschaft bedacht. In die Politik zu gehen, wurde als Entscheidung wahrgenommen, außerhalb der stützenden Seilschaften versagt zu haben.

Das hat sich grundlegend geändert. Wohl gibt es noch immer Politiker, die der Karikatur entsprechen, vor allem, wenn man über Europa hinaus in die USA oder nach Nordkorea blickt. Aber hier bei uns in Europa ist die politische Landschaft derzeit von solchen Erschütterungen und Verwerfungen gekennzeichnet, dass die Gestaltung und Sicherung der Zukunft zu einem seriösen Problem geworden ist, welches die besten Köpfe zur Findung von tragfähigen Lösungen braucht und das zu grundsätzlichen Diskussionen zwingt.

Zwischen dem ersten Wahlgang der österreichischen Präsidentenwahl und jenem ersten Wahlgang in Frankreich vor einer Woche liegt ziemlich genau ein Jahr. Beide Wahlgänge zeigen ein paar erstaunliche Parallelen. In beiden Wahlen wurden die für 70 Jahre stabilen und staatstragenden Kräfte zu Statisten degradiert. Die Säulen der Staaten – ja man sprach lange Zeit sogar von einer Versäulung der Republiken – waren nicht länger tragfähig. Das traditionelle Machtspiel zwischen Rechts und Links, das um die beiden zentralen Begriffe der französischen Revolution gegangen war, um Freiheit versus Gleichheit, war ein Nebenschauplatz geworden. Nicht länger ging es um Förderung der ökonomischen Initiativen versus sozialer Umverteilung. Nicht länger standen sich langfristige, in langen politischen Traditionen stehende Gesellschaftsentwürfe gegenüber. Die sogenannten „Altparteien" sahen plötzlich sehr alt aus, und in den Gesichtern der jeweils gescheiterten Kandidaten spiegelte sich dieses Alter ebenso.

Für die Wählerschaften in Europa haben sich die Fragestellungen und Wünsche, die Hoffnungen und die Ängste nachhaltig verschoben. Die Grenzzäune zwischen den ehemaligen politischen Lagern sind morsch geworden, und das alte Links-Rechts-Schema trifft die Entscheidungsfragen nicht mehr wirklich. Was meine Generation noch als unverrückbaren Wertekanon wahrgenommen hat, befindet sich heute in Schieflage.

In Frankreich wie in Österreich haben sich für die Stichwahl zwei klare Positionen herauskristallisiert. Auf der einen Seite die nationalistischen, ja oft fremdenfeindlichen oder zumindest xenophoben Positionen, die das eigene Land, die eigene Kultur, die eigenen Werte und Traditionen in einer mobilen Gesellschaft bedroht sehen, also Menschen mit Zukunftsängsten und sozialen Abstiegssorgen. Auf der anderen Seite die pro-europäischen, grenzüberschreitenden Optimisten, die in der Globalisierung, in der Öffnung der Binnengrenzen, in der Mobilität, der Mehrsprachigkeit und dem Blick auf größere Einheiten Chancen sehen. Diese Trennung meint teilweise auch Land gegen Stadt oder fundamental-christliche Werte gegen ein humanitäres Christentum und säkularem Humanismus. Sie ist auch vom Berufsfeld, von der Bildung und von Alter und Geschlecht abhängig.

Es scheint so zu sein, dass sich auch in Frankreich, und zwar klarer als bei uns, die proeuropäische Position durchsetzen wird. Genau wissen wir es zwar erst in einer Woche, aber alle Zeichen deuten darauf hin, und ich persönlich wünsche mir das auch. Damit scheint es zumindest gewährleistet, dass die französisch-deutsche Achse, die ja das Fundament eines geeinten und friedlichen Europas ist, weitere Jahre der Gestaltungsmöglichkeit hat.

Das bedeutet auch, dass wir, wenn es für diesen Kontinent, eingeklemmt zwischen immer autoritäreren Strukturen in Russland und der Türkei auf der einen, und einer unberechenbaren Politik der USA auf der anderen Seite, eine gute Zukunft geben soll, uns engagieren sollten.

Wir sollten der Politik nicht mit spöttischer Distanz oder Zynismus begegnen. Und wir brauchen Frauen und Männer aus der ersten Reihe unserer Begabungen, die sich politisch engagieren, und die die Politik gestalten wollen. Die alte Klientelpolitik ist an ihr Ende gekommen. Jetzt ist die Zeit, jenseits von Parteibuch und ererbter Politiktradition Farbe zu bekennen. Ich mache das, lautstark für Offenheit, für Toleranz, für die Allgemeingültigkeit der Menschenrechte und für ein grenzüberschreitendes Miteinander.

Sendung vom 25. Juni 2017

Gräben und Bruchlinien in Österreich

Vor 10 Tagen lief im ORF eine Fernsehdokumentation von Hanno Settele über die Gräben und Bruchlinien, die unser Österreich angeblich oder real durchziehen. Es ging um Arm gegen Reich, um Land gegen Stadt, um Alt gegen Jung, um Weltoffenheit gegen Abgrenzung, um Lärmentwicklung gegen Ruhebedürfnisse. Manch kuriose Persönlichkeit erhielt in dieser Sendung ihre fünf Minuten Berühmtheit.

Man bemühte sich in der Sendung aber vor allem, bei der Gratwanderung zwischen Analyse und Unterhaltung auf keiner Seite herunterzufallen. Das ist auch ganz gut gelungen, allerdings war der Erkenntnisgewinn endenwollend. Vertiefen sich nun die Gräben in der Gesellschaft oder werden sie flacher? Werden sie vielfältiger, oder hat sich nur die Wahrnehmung der Differenzen durch die neuen Möglichkeiten der Verbreitung über „social media" drastisch verstärkt?

Da hilft uns ein Blick in die Geschichte der knapp 100 Jahre unserer Republik. Sogar wenn man die Jahre der nationalsozialistischen Herrschaft auslässt, waren die Gräben, die unser Land gesellschaftlich in den vergangenen Jahrzehnten teilten, tief und oft unüberwindbar.

In der Ersten Republik gab es überhaupt nur ein einziges Jahr, in dem kein Toter auf Österreichs Straßen lag, der von politisch Andersdenkenden erschlagen, erschossen oder erstochen wurde. Die Kluft zwischen Stadt und Land war unvergleichlich größer als heute. In der Großstadt Wien erzog man den sogenannten „neuen Menschen", Frauen schnitten sich Haare zum Bubikopf und badeten nackt mit Männern in der Lobau. Im Westen Österreichs hingegen durften Frauen und Männer, obwohl züchtig bis zum Hals bedeckt, nicht einmal gemeinsam ins Schwimmbecken, da das Wasser ja den

Stoff durchdringt. Hier ging das ganze Dorf zur Fronleichnamsprozession, dort in der Großstadt zelebrierte man den 1. Mai. Die Kluft trennte zwei Lebenswelten, das jeweils andere Österreich lag auf einem fernen geistigen Kontinent. Es gab kaum Berührungspunkte und wenige Grenzüberschreitungen. Partnerschaften über die Trennlinie hinweg waren praktisch ausgeschlossen.

Aber auch die angeblich so harmonische Zweite Republik kannte tiefe trennende Gräben. Noch Jahrzehnte wirkten die „Lagerbildungen" der Ersten Republik nach. Der Staat war aufgeteilt. Vom Autofahrerklub zum Sportverein, von der Gewerkschaft bis zu Kammern. Ob ÖAMTC oder ARBÖ, ob Alpenverein oder Naturfreunde, ob Union oder ASKÖ, die Wahl der Mitgliedschaft war ein klares Abgrenzungsstatement. Selbst das Sparbuch war entweder bei der Raika oder bei der BAWAG, eingekauft wurde beim Kaufmann oder im Konsum. Radfahren, Fischen, Lesen und vieles mehr hatten jeweils einen politischen Hintergrund. Ich weiß, wovon ich spreche: über Kinderfreunde, Rote Falken, Volkshilfe, Sozialistische Mittelschüler, Wirtschaftshilfe der Arbeiterstudenten, VSStÖ sozialisiert, war die Lagerzugehörigkeit bis in fast jeden Lebensteil determiniert. Das bestimmte die Zusammensetzung der Freundeskreise, ja sogar die Partnerwahl. Man lebte also auch damals in einer „Blase", mit der Funktion der Selbstbestärkung.

Es gab auch andere Konfliktlinien, etwa Alt gegen Jung. Die Generation, die den Zweiten Weltkrieg miterlebt hatte, lebte in ihren spezifischen Erinnerungen und Verdrängungen, für die viele meiner Generation, die Generation der „Nachgeborenen", kein Verständnis aufbrachten. „Das hätt's unterm Hitler net geben!", war ein Spruch, mit dem man die rebellische Jugend bedachte, und dass ein „kleiner Hitler" dringend gebraucht würde, um uns die richtigen Verhaltensformen zu lehren, war eine oftmals gehörte Phrase.

Auch der Graben zwischen den Geschlechtern war tiefer. Meine Gymnasialzeit verlief nicht koedukativ. Bubenklasse bis zur Matura und Bubenkasernierung im Volkshilfeheim, das ließ die Mädchen wie Bewohner eines fernen, unerreichbaren Planeten erscheinen, und die Gedanken an sie waren verbunden mit vielen Ängsten und wohl auch Verklemmungen.

So sind für mich die heutigen Trennlinien und Gräben in der Gesellschaft zwar mannigfacher, aber auch beliebiger und vor allem überschreitbarer geworden. Man nimmt sie nur derzeit stärker wahr durch die Vervielfachung der Darstellungsformen über die sozialen Medien. Stadt und Land, Links und Rechts, Alt und Jung, Mann und Frau, das hat sich insgesamt als Gegensatz reduziert. Klar, bis heute sind auch noch die Muster erkennbar, und es macht einen Unterschied aus, ob man ein alter Mann in Edelschrott oder eine junge Frau in Graz ist. Die Kluft zwischen Reich und Arm wird sogar durch die gegenwärtigen Rahmenbedingungen erkennbar größer. Insgesamt aber ist unser Land durch die letzten Jahrzehnte seiner Geschichte durchlässiger, weniger erstarrt und damit sehr viel bunter und lebenswerter geworden. Das sollten Sie bedenken, wenn Sie wieder einmal die Kluft zu verspüren meinen, die Sie von anderen Menschen, die hier und heute bei uns leben, trennt.

Sendung vom 20. August 2017

Der 20. August 1968

Der 20. August, der bei uns in den letzten 7 Jahrzehnten ein ganz normaler Spätsommertag war, spielt in der Geschichte eines unserer Nachbarländer eine besondere Rolle. Für die Tschechen und die Slowaken, die bis vor 25 Jahren in einem Staat, der Tschechoslowakei, lebten, war der 20. August vor 49 Jahren ein dramatischer Wendepunkt in ihrer Geschichte.

Blicken wir Österreicher auf ein turbulentes und oft schmerzhaftes 20. Jahrhundert zurück, so hatten unsere nördlichen Nachbarn eine noch viel wechselvollere Geschichte. Sah man sich am Ende des Ersten Weltkriegs auf der Seite der Sieger und konnte man einen durchaus erfolgreichen multinationalen Staat ins Leben rufen, so waren die Jahre von 1938 bis 1993 55 Jahre voller dramatischer Entwicklungen.

Durch den Druck, der auch von der deutschen Minorität im Lande ausging, erzwang das nationalsozialistische Deutschland im September 1938 im sogenannten Münchner Abkommen die Abtretung des Sudetenlandes an das Deutsche Reich. Ein halbes Jahr später marschierten deutsche Truppen in Prag ein und errichteten das Protektorat Böhmen und Mähren, während die Slowakei ein scheinselbstständiger faschistischer Vasallenstaat Hitlers wurde. Mit Grausamkeit gingen die Nazis gegen jede Form von Widerstand vor.

1945 wurde das Land durch die Rote Armee vom Nationalsozialismus befreit, war aber nunmehr Teil der sowjetischen Einflusssphäre in Europa. Bis 1948 hielt sich eine demokratische Regierung, die 1948 im zweiten Prager Fenstersturz in eine kommunistische Alleinherrschaft umgewandelt wurde. Die neue Tschechoslowakei durfte sich nicht am Wiederaufbauprogramm durch die Marschallhilfe beteiligen, der Eiserne Vorhang ging nieder. Selbst Kommunisten, die aus dem westlichen Exil in ihre Heimat zurückgekehrt waren, wurden in Schauprozessen Opfer dieser neuen Gewaltherrschaft. Eines dieser Opfer, das knapp überlebte, wurde in späteren Jahren mein Freund, und wir konnten gemeinsam ein Buch verfassen und veröffentlichen. Die CSSR war ein grauer Vasallenstaat Moskaus geworden. Die einstige Vielfalt der Sprachen und Religionen war verschwunden, das goldene Prag war ein düsterer Ort, das hinter dem Eisernen Vorhang in eine Art Dornröschenschlaf gefallen war. Das sollte sich aber 1968 ändern. Eine neue, junge Führung der Kommunistischen Partei wagte ein einzigartiges Experiment: den Aufbau eines Sozialismus mit menschlichem Antlitz. Intellektuelle und Künstler brachten sich ein, Millan Kundera schrieb den wunderbaren Roman „Die unerträgliche Leichtigkeit des Seins", ein Manifest der 1.000 Worte wurde publiziert und sogar ein Mehrparteiensystem angedacht. Man diskutierte wieder über Franz Kafka und ein neues, offenes Lebensgefühl hielt Einzug.

Ich selbst konnte in dieser Zeit Prag kennenlernen. Meine Studien führten mich dort hin und als jemand, der 1968 als Jahr des Aufbruchs und des gesellschaftlichen Wandels wahrnahm, glaubte ich an eine Chance für das gewagte Experiment. Doch am 20. August des Jahres 1968 fuhren Panzer der Staaten des Warschauer Pakts über die Grenze ins Land und beendeten mit Gewalt den „Prager Frühling". Zehntausende Menschen flohen in den Westen, ein guter Teil davon auch über die Grenze zu Österreich. In der Tschechoslowakei brach eine politische Eiszeit an.

Da ich in den Folgejahren meine Dissertation zur Geschichte des Widerstandes im Protektorat Böhmen und Mähren verfasste, gehörte ich zu den wenigen Menschen, denen es ihr Visum erlaubte, die Grenze oftmals zu überschreiten. Ich hatte aber keine Ahnung davon, wie sehr meine Schritte überwacht wurden. Manchmal konnte ich ein wenig Geld für die Familien von Verhafteten mit nach Prag nehmen, und hin und wieder brachte ich ein paar Nachrichten aus Prag mit zu den Menschen im Exil. Das reichte aus, um mich letztendlich aus dem Land zu werfen und mit einem lebenslangen Einreiseverbot zu belegen. Das war eine geringe Strafe, verglichen zu der Tatsache, dass Menschen, die mir wissenschaftlich geholfen hatten, wie etwa der Stadtarchivar von Sumperk (Mährisch-Schönberg), ihren Job verloren. Der Mann musste 15 Jahre lang als Museumswärter arbeiten, bis er nach der Wende mit einer Professur entschädigt wurde. Wir blieben Freunde bis zu seinem Tod, und er sagte mir oft, dass er durch seine Degradierung nicht in Versuchung kam, sich den Machthabern anzubiedern. So erlebte er mit Genugtuung seine Rehabilitation und genoss die späte fachliche Anerkennung.

Der 20. August 1968 brachte nicht nur für die Tschechoslowakei eine entscheidende Wende. Der Kommunismus sowjetischer Prägung hatte weltweit seinen Kredit verspielt, und die Jahre bis zur Implosion des Sowjetsystems waren zwei Jahrzehnte, in denen die vielen widerständischen Bewegungen in Osteuropa von der Sowjetmacht nur mit Mühe gebändigt werden konnten. Die Ereignisse in Polen und der Fall der Berliner Mauer führten schließlich zur Implosion des Unterdrückungssystems. Das galt auch in der Tschechoslowakei. Und da der Staat eine lange demokratische Tradition hatte, ging selbst die Trennung in zwei Staaten anders vor sich als dies bei unserem südlichen Nachbarn der Fall war.

Vor einigen Wochen war ich wieder in Tschechien. Wir besuchten Brünn und sahen eine lebenswerte, offene Stadt, die, wie das ganze Land, in Europa ihren Platz gefunden hat. Und wir erlebten gute nachbarschaftliche Gemeinsamkeiten, die gerade Brünn mit Graz verbinden. Es ist also jetzt eine gute Zeit, diesen Gemeinsamkeiten nachzuspüren und die verbindende zentraleuropäische Geschichte und Kultur in Augenschein zu nehmen. Vielleicht sollten Sie es sich einmal vornehmen, auch unsere nördlichen Nachbarn kennenzulernen.

Sendung vom 15. Oktober 2017

Und wieder einmal Wahlen

Es ist wie verhext: immer, wenn in Österreich ein Wahltag ist, trifft es mich, die „Gedanken zur Zeit" zu gestalten. Dabei kann ich von dieser Stelle aus eigentlich nur sehr wenig zu den Wahlen sagen. Gewiss, ich ersuche Sie, zur Wahl zu gehen, denn es ist kein selbstverständliches Recht, dass man frei wählen kann und darf. Vor ein paar Jahrzehnten war der Wahltag ein Festtag: meine Eltern zogen die besten Kleider an, man ging nicht einfach wählen, sondern man schritt zur Urne. Es gab Alkoholverbot an diesem Tag und man war sich der Bedeutung bewusst. Ja, es gab sogar Wahlpflicht, bei der Wahl des Bundespräsidenten bis 2007 zumindest in einigen Bundesländern. In Luxemburg und im Schweizer Kanton Graubünden zahlt man bis heute eine Geldstrafe, wenn man nicht zur Wahl geht. Hier an diesem Tag bleibt aber nur der Appell an alle Wahlberechtigten, nicht aus Bequemlichkeit oder aber aus Gleichgültigkeit zu Hause zu bleiben.

Ich kann gut verstehen, dass viele Menschen in unserem Land von der Art, wie der Wahlkampf verlaufen ist, enttäuscht, vielleicht sogar entsetzt sind. Das waren fast amerikanische Zustände, über die wir noch vor kurzem lachen konnten, obwohl uns dann beim Ausgang der Wahl das Lachen im Halse steckengeblieben ist. Weltweit ist das Vertrauen in die Politik gesunken und auf der Liste der am wenigsten geachteten Berufe ist der Politiker ganz weit vorn zu finden. Das ist eine Abwärtsspirale, denn unter diesen Rahmenbedingungen gehen sicher nicht die dafür geeignetsten Menschen in die Politik, zumal die Lebensqualität dort nicht verlockend ist.

Aber es gibt keine ernsthafte Alternative zu unserem politischen System. Man kann an ein paar Schrauben drehen, kann durch Direktwahlelemente eine größere Nähe zwischen der Politik und der

Bevölkerung erreichen, aber es geht ums Prinzip. „Demokratie ist die schlechteste aller Regierungsformen – abgesehen von allen anderen Formen, die von Zeit zu Zeit ausprobiert worden sind", sagte Winston Churchill 1947, nachdem ihm die englische Bevölkerung seinen Sieg über den Nationalsozialismus mit einer überraschenden Abwahl dankte. So ähnlich muss wohl auch Angela Merkel vor kurzer Zeit gedacht haben, als ihre weltweit anerkannte Politik in Deutschland eine Abfuhr erhielt.

Ich hatte Gelegenheit, kurz vor den deutschen Wahlen durch Sachsen zu fahren, wo am Wahlabend die AfD als die stimmenstärkste Partei dastand. Das Unbehagen der Bevölkerung mit der fernen Politik drückte sich dort so aus, dass praktisch jeder Laternenpfahl irgendeine lokale politische Botschaft zu tragen hatte. Die Pfiffe, mit denen Frau Merkel und wohl auch Herr Schulz dort empfangen wurden, spiegelte sich im Straßenbild wider. Aber Wutbürgerschaft löst keine Probleme, bekämpft nicht die Arbeitslosigkeit, beseitigt weder die atomare Bedrohung noch den Klimawandel. Sie zeigt bloß ein Veränderungsbedürfnis, das in eine nebelgraue Richtung weist.

Der Wunsch nach Veränderung ist auch in Katalonien unüberhörbar geworden. Die ferne Politik in Madrid hatte keine Antworten, nur Polizeigewalt. Und die Katalanen scheinen auch nicht gerade über eine durchdachte politische Strategie zu verfügen. So hat auch dort der Unmut über das Bestehende wohl viel zu rasch und viel zu unüberlegt Strukturen aufgebrochen, ohne dass nachvollziehbare Alternativen sichtbar sind. Bei all meiner Sympathie für die Katalanen und für „meinen" FC Barcelona, der ja „mehr als ein Club" ist: So macht man politische Krisen. Plötzlich entdecken alle Beteiligten und beide Konfliktparteien, dass man in eine Sackgasse abgebogen ist.

Hinterher ist man immer klüger, im Nachhinein weiß man ganz leicht alles besser. Ich betrachte ja wegen meines Berufs ja auch viel eher die Entscheidungen der Vergangenheit als jene der Zukunft. Der Blick zurück auf die letzten Jahrzehnte hilft zwar für die heutige Entscheidungssituation wenig, er kann aber doch zeigen, dass die einzige Konstante die Veränderung ist und dass es der sogenannten „List der Geschichte" fast immer gelungen ist, auch aus komplizierten und belastenden Verwerfungen Potenzial für positive Neuansätze zu gewinnen.

Gewiss, vieles baut dann auf Verdrängung auf, wie derzeit gerade eindrucksvoll im Steirischen Herbst mit dem Elfriede Jelinek – Schwerpunkt gezeigt wird. Der Steirische Herbst selbst war ja, wie Georg Friedrich Haas in seiner grandiosen Eröffnungsrede gezeigt hat, ein Kind einer solchen Verwerfung, als vor einem halben Jahrhundert die Steirische Kulturpolitik unter dem Legitimationsdruck stand, die noch immer vorhandenen trüb-braunen Verstrickungen zu überwinden. Nur vor dem Hintergrund der gewaltigen Altlasten ist erklärbar, wie dem radikal Neuen zum Durchbruch verholfen werden konnte und wie es gelang, plötzlich zur Avantgarde zu gehören. Aber urteilen Sie selbst, gehen sie zu den Veranstaltungen und setzten Sie sich der Herausforderung aus, die in den Begegnungen mit Unbekanntem entstehen.

Wie immer heute die Wahlen ausgehen werden, wer immer heute am Abend jubeln wird und wer sich eine Niederlage schönreden muss, es gibt den Tag danach. Wir können in den USA beobachten, wo es nicht gelingt, die Brücke zu schlagen und zu einer gemeinsamen amerikanischen Erzählung zu finden. Wie sehen vielmehr, dass die Kluft sich vertieft und auch die Vergangenheit wieder instrumentalisiert wird. Ein gemeinsames Geschichtsbild wird wieder fragmentiert, löst sich in Ideologien auf. Hoffen wir alle, dass uns dieser Tag danach besser gelingt. Und, ich ersuche Sie, gehen sie heute wählen!

Sendung von 12. November 2017

99. Geburtstag der Republik Österreich

Den 99. Geburtstag feiert sie heute, die alte Dame Republik Österreich. Sie startet also heute in ihr hundertstes Lebensjahr, ist aber noch immer für manches Abenteuer zu haben. Und sie sieht auch gut aus. Zudem ist sie nicht gerade arm, daher ist es kein Wunder, dass sie begehrt ist.

Dabei hat sie es nicht immer leicht gehabt. Es war eine schwere Geburt, und nur wenige glaubten anfangs an das Überleben des jungen Geschöpfs. Nach all den Streitereien und oft schlimmen Konflikten in ihrer Kindheit warf sie sich mit knapp 20 Jahren dem jungen, starken, aber kriminellen Verführer aus dem Nachbarhaus an den Hals, um gemeinsam mit ihm manche Schandtat auszuhecken und durchzuführen. Als dieser endlich geschnappt und verurteilt wurde, gelang es der jungen Dame, sich als eine Person hinzustellen, die unfreiwillig dabei war, also Opfer zu sein und nicht Mittäterin. Und sie hätte ja keine Wahl gehabt, als ihre Pflicht an der Seite ihres Partners zu erfüllen. Mit dieser Argumentation kam sie weitgehend ungeschoren davon und konnte ihr neues Leben unter besseren Rahmenbedingungen beginnen.

Sie inszenierte sich als die Ausgleichende, als die Vermittlerin zwischen streitenden, ja verfeindeten Nachbarn. Auf ihrem Sofa durften alle Platz nehmen, sie galt als Versöhnerin, die nirgendwo anecken wollte und die daher bei Konflikten nicht Partei ergriff. Ihr Leben verlief von nun an in ruhigeren Bahnen, sie konnte ihren Platz in der Welt finden und auch zu einigem Wohlstand gelangen. Nach einigen Jahrzehnten wurde sie ganz plötzlich an die Verfehlungen ihrer Jugend erinnert und musste einen schmerzhaften Weg der Aufarbeitung ihrer Geschichte gehen, ein Weg, der bis heute nicht wirklich zurückgelegt ist.

Mit 77 Jahren zog sie in eine bunte Wohngemeinschaft mit über einem Dutzend Mitbewohnern, die am Höchststand 28 Mitglieder hatte, inzwischen bereitet aber einer den Auszug vor. Ging es dort in dieser bunten WG auch nicht immer ohne interne Differenzen ab, so bot diese Gemeinschaft aber doch bis heute Schutz und Sicherheit. Durch gemeinsame Erledigungen wie etwa die gemeinsamen Einkäufe, ging es allen Mitgliedern in dieser WG deutlich besser, als es ihnen jeweils alleine gegangen war. Dennoch wurde viel genörgelt, denn viele Mitbewohner hatten oft nur den eigenen Vorteil im Auge. Auch unsere alte Dame, die einst mit viel Enthusiasmus beigetreten ist, raunzt über manches Detail. Ist im Grunde aber doch zufrieden, denn sie erkennt das Überwiegen der Vorteile des Zusammenseins. Vor allem hat der Zwang, gemeinsam am Tisch die Differenzen auszudiskutieren, die Bewohnerinnen und Bewohner davor bewahrt, sich wechselseitig die Köpfe einzuschlagen. Und das ist schon sehr viel, wenn man die Vorgeschichten und das Vorleben von einzelnen Bewohnern denkt.

Ein knappes Jahrhundert besteht sie nun also, die Republik Österreich. Ihr Geburtstag, der 12. November, hat sich nie wirklich als Feiertag durchgesetzt, obwohl heute, mit dem Blick aus der Distanz, der 12. November ein logischerer Nationalfeiertag wäre als der 26. Oktober. Am 26 Oktober wurde ein, zugegebenermaßen wichtiges Gesetz verabschiedet, am 12. November aber wurde die Republik gegründet, es wurde jener Staat geschaffen, auf dem wir mit Recht heute stolz sind. Dass es ein gutes, ein lebens- und liebenswertes Land ist, bestätigen uns ja auch immer die Blicke von außen. Wien gilt als die lebenswerteste Großstadt der Welt, und in allen Rankings von der Lebensqualität bis hin zur sozialen Gerechtigkeit liegt Österreich im internationalen Spitzenfeld. Das ist eine Erfolgsgeschichte.

Weit mehr als zwei Drittel dieser 99 Jahre hatte ich selbst die Gelegenheit, in diesem Staat zu leben und seine Stärken und Schwächen kennenzulernen. Dieses Land hat mir Möglichkeiten geboten, die in andern Gegenden der Welt nicht oder nur schwer in vergleichbarem Umfang vorhanden gewesen wären. Bildung, sozialer Aufstieg, Sicherheit, Gewaltfreiheit, Stabilität und vor allem über sieben Jahrzehnte ohne Krieg, das bot uns allen dieser Staat. Für die Generation unserer Eltern und Großeltern war das unvorstellbar, und außerhalb der Lebensrealität liegt ein solcher Verlauf der Geschichte für den größten Teil unserer Welt. Bei aller berechtigter Kritik an manchem Fehlverhalten in ihren 99 Lebensjahren sollten wir also dankbar zur Kenntnis nehmen, dass uns diese Republik Österreich ein Umfeld geboten hat und wohl auch weiterhin bietet, um das uns die Mehrheit der Menschen auf dieser Welt beneidet.

Anlässlich eines Geburtstages ist es guter Brauch, Wünsche auszusprechen. Dazu gehört meist, dem Geburtstagskind noch viele gute Jahre zu wünschen. Das will ich hier und heute auch so handhaben. Ich wünsche diesem Land aber auch, dass es weiterhin als ein Modell-Land des sozialen Ausgleichs gelten kann, dass sich die Gräben, die sich zwischen Stadt und Land, zwischen Reich und Arm, zwischen Jung und Alt nicht vertiefen mögen. Nicht alles, was derzeit geschieht, scheint mir eine Garantie dafür zu sein. Und ich wünsche mir vor allem, dass dieses Land die große Wohn- und Lebensgemeinschaft unseres Kontinents als Garant für eine gute und stabile Zukunft für uns alle begreift.

In diesem Sinn wünsche ich am heutigen Geburtstag dem Land ein wenig Nachdenklichkeit, ein wenig Einsicht in die eigenen Schwächen und Fehler, vor allem aber einen starken Glauben an eine gute Zukunft. Das ist ein Wunsch an uns alle, denn wir sind es ja selbst, die diese Republik bilden.

Sendung vom 7. Jänner 2018

Alles wird besser, aber nichts wird gut

Ich hoffe, Sie hatten einen geglückten Start ins Neue Jahr und ich hoffe auch, dass jetzt, eine Woche nach dem Jahreswechsel, noch nicht alle guten Vorsätze über Bord geworfen wurden. Jeden von Ihnen ist ja zu wünschen, dass 2018 ein gelungenes Jahr werden möge. Für viele, auch für mich, war wohl das abgelaufene Jahr nicht allzu leicht. Also hoffen wir auf eine leichtere Phase in unserem Leben.

Ich selbst fühle mich zu diesem Jahreswechsel an einen Spruch erinnert, den ich vor etlichen Jahren an einem kalten Wintermorgen auf dem Gropius-Bau, ein tolles Ausstellungshaus in Berlin gelesen habe, den wohl in der Nacht zuvor Graffiti-Sprayer dort angebracht hatten. Er lautete: „Alles wird besser, aber nichts wird gut". In diesem Spruch steckt ein erstaunliches Maß an Durchblick.

Ja, unser Wirtschaftsmotor brummt, die Wachstumszahlen weisen nach oben. Aber es geht immer ungerechter zu. In den USA hatte das reichste Prozent der Bevölkerung um 1980 gut 10 % des Vermögens des Landes in den Händen, heute sind es schon weit über 20 %. Die ärmere Hälfte hatte 1980 knapp 20 %, heute sind es 12 %. Der Prozess zeigt sich auch bei uns. Wo Tauben sind, fliegen Tauben eben zu. Und es breitet sich soziale Kälte aus. Dass die ersten Maßnahmen der neuen Regierung die Jobprogramme für ältere Arbeitslose stoppen und andere arbeitsmarktpolitische Maßnahmen beenden, ist ein gutes Indiz dafür. Die Pläne für die Ärmsten der Armen, für die Bezieher von Mindestsicherung und vor allem für die Flüchtlinge, zeigen deutlich, dass man Sozialpolitik für besonders benachteiligte wieder einmal der Zivilbevölkerung überlassen möchte.

Dabei ist Umverteilung wohl ein Gebot der Stunde. Wenn heute die 85 reichsten Menschen der Erde genau so viel besitzen wie die ärmere Hälfte der Menschheit, also wie 3,5 Milliarden Personen, dann kann in dieser Welt nicht einfach zur Tagesordnung übergegangen werden. Ja, ein unattraktives soziales Netz hält vielleicht Migration ab und drängt Sozialhilfebezieher in prekäre Jobs, aber es erhöht auch die Gefahr, dass am unteren Ende der sozialen Skala viele Menschen, vor allem auch Kinder, auf der Strecke bleiben.

Ökonomen haben ein simples Spiel als Vergleich entwickelt. Man nehme 55 Murmeln und zwei gleich begabte Murmelspieler, Ein Spieler erhält 5 Murmeln, der andere 50. Mit fast hundertprozentiger Sicherheit hat am Ende jener Spieler, der mit 50 Murmeln begonnen hat, alle 55 in seinen Händen, und sein Kontrahent hat gar keine. Ungleiche Chancen verstärken also praktisch automatisch die Ungleichheit, und das längerfristig, wohl auch über Generationen hinweg wenn man nicht politisch gegensteuernde Maßnahmen setzt.

Gegensteuern kann man natürlich auch auf der Ebene der Wahrnehmung und der Symbolpolitik. In New York sind die vielen Armen, die ich vor fast 50 Jahren dort auf den Straßen und in den U-Bahn-Schächten sehen konnte, praktisch verschwunden. Die Politik hat sie vertrieben und für die Touristen und die Glitzerwelt unsichtbar gemacht. Salzburg und Graz versuchen es auch so zu handhaben. Aber die Armut bleibt, auch wenn sie nicht mehr ins Auge sticht. Die Notschlafstellen quellen über, die Suppenküchen kommen mit der Ausschank von warmen Mahlzeiten nicht nach. Und wieder einmal sind es die Privatinitiativen aus der Zivilgesellschaft, die hier einspringen müssen, um das schlimmste Elend zu lindern.

Mir ist durchaus bewusst, dass die Gesellschaft auf Leistung aufbaut und dass es Anreize für Leistung geben muss. Ich selbst bin ja ein Beispiel für sozialen Aufstieg durch ein Funktionieren nach diesen Spielregeln. Aber nicht allen stehen die Wege nach oben offen, nicht jeder kann vom Tellerwäscher zum Millionär aufsteigen, wie man einmal den amerikanischen Traum in ein griffiges Bild umsetzte. Und für jene Menschen, die es nicht schaffen können, aus welchen Gründen auch immer, braucht es gesellschaftliche Solidarität und das Knüpfen eines möglichst engmaschigen sozialen Netzes.

Es gibt ja Ansätze einer neuen Diskussion. In der Schweiz bringt man das arbeitsfreie, also vorbedingungslose Grundeinkommen für alle, ins Gespräch, auf dem dann die Leistungsgesellschaft differenzierend aufsetzen könnte. Ich weiß nicht, ob ein solches Modell dem Praxistest standhalten könnte, aber für mich ist die Diskussion darüber schon ein großer Fortschritt, den sie zeigt, dass es Menschen gibt, denen das Schicksal der Personen am unteren Rand der sozialen Skala nicht gleichgültig ist.

In früheren Zeiten waren es die Heimatgemeinden, die jene Menschen zu versorgen hatten, die in ihrem Gebiet geboren worden waren und später die Existenzgrundlagen verloren hatten. Da gab es dann die Armenhäuser, und ich erinnere mich dunkel daran, dass wir Kinder diese Menschen, die dort wohl mehr schlecht als recht versorgt wurden, mit einer Mischung aus Spott und Furcht beäugten. Es war sicher schlimm, im Armenhaus zu landen, aber heute im Karton unter einer Brücke schlafen zu müssen, stellt wohl keine Verbesserung dar.

Vielleicht gelingt es, in diesem noch ganz jungen Jahr ein paar Impulse gegen die soziale Kälte zu setzten. Es gibt ja viele, auch meine Kolleginnen aus den „Gedanken zur Zeit", die sich in bewundernswerter Weise dieser Aufgabe stellen. Sie sind für jene da, für die das staatliche soziale Netz nicht engmaschig genug gewesen ist. Es wäre schon sehr viel gewonnen, wenn die Mehrheit unserer Mitmenschen zumindest nicht die Augen vor der Not verschließt und dazu beiträgt, dass zumindest nicht nur abfällig über die Menschen am Rande gesprochen wird, sondern dass manchmal sogar eine helfende Hand ausgestreckt wird.

Selbst wenn Sie also ihre guten Vorsätze, die Sie sich zum Jahreswechsel vorgenommen haben, wohl nur teilweise Realität werden lassen, so wäre es aber doch angebracht, sich für 2018 als gute Tat vorzunehmen, zumindest einem Menschen in Not zu helfen. Wenn das viele tun, dann kann es ein gutes Jahr für uns alle werden.

Sendung vom 4. Februar 2018

Altern:
Selbstbild und Außenwahrnehmung

Es ist jetzt genau 35 Jahre her, dass ich im Auftrag des österreichischen Wissenschaftsministeriums ein Buch mit dem Titel „Der alte Mensch in der Geschichte" herausgeben durfte. Das war meine erste Beschäftigung mit den Einstellungen, die die Gesellschaft alten Menschen gegenüber einnimmt, und ich weiß noch genau, dass mich der Umstand verwirrte, dass Alter nur als Verlust wahrgenommen wird. Ich besuchte eine Seniorenmesse und sah dort Gehhilfen, Zahnprothesen und Windeln. Besonders verstörte mich eine Gruppe von älteren Menschen beiderlei Geschlechts, die unter der Anleitung eines Animateurs den Vogerltanz aufführen mussten. Alter galt und gilt als ein Lebensabschnitt, in dem laut Lexikon die Aktivität nachlässt und der mit allgemeinem körperlichen Niedergang verbunden ist.

Inzwischen bin ich doppelt so alt, und ich muss sehr wohl zur Kenntnis nehmen, dass das Alter gewisse körperliche Probleme mit sich bringt. Das Zubinden der Schuhbänder wird mühseliger, und wenn ich ein paar Kubikmeter Holz geschlichtet habe, spüre ich meinen Rücken für Tage. Man wird langsamer, gerät schneller außer Atem und die Muskelkraft lässt nach. Aber ich gehe noch jeden Tag ins Büro, schreibe und lese zumindest so viel wie in den vorangegangenen Jahrzehnten, nehme am kulturellen und politischen Leben teil und halte mich noch immer für eine Person mit einer eigenständigen Meinung. Mein Selbstbild lässt es also nicht zu, in mir jenen Greis zu sehen, der ich sein müsste, wenn ich an die Siebzigjährigen meiner Jugend denke. „Senex", also Greis, war man im alten Rom ab Fünfzig.

Aber stimmen Selbstbild und Außenwahrnehmung überein? Heinrich Böll hat einmal gesagt; „Wie alt man geworden ist, sieht man an den Gesichtern derer, die man jung gekannt hat". Da ist wirklich etwas dran, und zwar nicht bei den Menschen im nahen Umfeld, die man regelmäßig sieht, sondern etwa bei Maturatreffen, wo man auf Menschen trifft, die man fünf oder zehn Jahre lang nicht gesehen hat. Die schauen plötzlich erschreckend alt aus, und man erkennt in den Augen des gegenüber, dass ihm der gleiche Gedanke durch den Kopf fährt.

Wann aber ist man in der gesellschaftlichen Wahrnehmung nun wirklich ein alter Mensch? Und welche Rollen schreibt die Gesellschaft ihren Alten zu?

Alterseinschnitte gibt es ja viele. Signifikant ist wahrscheinlich das Ende des Berufslebens, aber das ist ja heute, freiwillig oder unfreiwillig, auf die Altersgruppe zwischen 55 und 70 aufgeteilt. Es gibt biologische Alterseinschnitte wie die Menopause, familiäre Wendepunkte wie das „emty nest", also das Ausziehen der Kinder, Schicksalsschläge wie der Tod des Lebenspartners oder aber ein Unfall mit gesundheitlichen Folgeproblemen. Es kann die Übergabe des Hofes am Land oder des Geschäftes in der Stadt sein. In Gesellschaften, in denen es immer mehr Single-Lebensformen gibt, wird der Alterseinschnitt wohl an Wendepunkten des eigenen Lebens, etwa der Pensionierung, gesehen. Die wahrscheinlich individuell zutreffendste Definition der Altersgrenze ist aber wohl der Schritt vom Unendlichen ins Endliche. Das bedeutet, dass der Glaube, ein Vorhaben irgendwann durchführen zu können, da man ja noch unbegrenzt Zeit hat, der Gewissheit gewichen ist, dass die Lebenszeit begrenzt ist und man planen sollte, was es noch zu verwirklichen gilt.

Welche Rollen den Alten zugeschrieben werden, hängt einerseits von den kulturellen oder religiösen Traditionen einer Gesellschaft ab, andersseits von den ökonomischen Möglichkeiten und vor allem auch von den dominanten Wohnformen. Gewisse Kulturen ehren das Alter, andere grenzen es aus. Aber das ist nicht nur aus der Tradition kommend. Lebt eine Familie bei uns auf 60 m², hat der alte Opa nur schlecht noch Platz, und braucht er vielleicht Pflege, so ist das mit den Berufen der nächsten Generation schwer vereinbar. Alte Menschen bleiben zudem wohl auch lieber in den eigenen vier Wänden. Die alte Großfamilie, der Mehrgenerationenhaushalt, ist sehr selten geworden und entspricht nicht mehr dem mobilen Selbstbild einer modernen Gesellschaft. Wirklich befriedigende Alternativen für ein Leben im hohen Alter, wenn das Alleinsein nicht mehr zumutbar ist, sehe ich aber nur sehr wenige. Daher werde wohl auch ich, der ich jetzt die Schwelle von 70 überschritten habe, möglichst lange in meinem vertrauten Umfeld bleiben.

Vorerst aber muss ich noch die letzten Feiern verkraften. Sie haben mich zu meiner Großfamilie nach Kärnten geführt und mit der Kernfamilie an unseren Lieblingsort in Ratsch an der Weinstraße. Und heute, als Abschluss der Feiermarathons, kann ich noch mit Freunden in Etmißl zusammensitzen, wo die Kleinheit des Ortes verkehrt proportional zur Qualität des Essens ist. Dann aber muss Schluss sein, dann heißt es zurück an der Schreibtisch. Und eine gewisse Spanne an Schaffenskraft wünsche ich mir schon noch, auch wenn ich die Endlichkeit durchaus im Auge habe.

Sendung vom 25. Februar 2018
Historisches Gedenken

In den nächsten Tagen und Wochen wird es für Menschen in unserem Land schwer sein, der Flut von historischem Gedenken zu entkommen. Es ist natürlich Zufall, dass sich die Geschichte unseres Landes gerade in den Jahren, deren Jahreszahl mit einer Acht endet, in dramatischer Weise bündelt. Acht ist in China eine heilige Zahl, und legt man die Ziffer quer, ist sie das Zeichen für Unendlichkeit. Aber das sind Spiele, es gibt keinen mythischen Zusammenhang, der einen historischen Erkenntniswert hätte. Aber man könnte die Geschichte Österreichs zu einem guten Teil entlang der Achterjahre erzählen zumindest, was die letzten beiden Jahrhunderte betrifft.

Zwar haben auch andere Endziffern historische Bedeutung, wie etwa die Vier, da ja der Erste Weltkrieg 1914 ausbrach, oder die Fünf, weil 1945 mit dem Ende des Zweiten Weltkriegs die Republik Österreich wieder erstand und 1955 der Staatsvertrag unterzeichnet werden konnte, der unser Land wieder zum anerkannten Partner in der Weltgemeinschaft machte. Aber die Achterjahre stechen doch hervor: 1848 beendete die letztlich gescheiterte Revolution das System Metternich und brachte erste Verfassungsversuche. 1918 Endete der Erste Weltkrieg und die Republik Österreich entstand als demokratischer Staat. Der sogenannte „Anschluss" von 1938 beendete diesen historischen Abschnitt. 1948 wurde die Erklärung der Menschenrechte verabschiedet, die Grundlage unseres Selbstverständnisses. Und das Jahr 1968 änderte die Wert- und Normensysteme auch bei uns nachhaltig. Daher stehen heuer die historischen Gedenken so zentral auf der Tagesordnung.

Dazu kommt, dass wir in Zeiten der raschen Veränderung leben. „Gegenwartsschrumpfung" hat dieses Phänomen jüngst eine deutsche Wochenzeitschrift genannt. Je weniger Systeme in Politik und

Wirtschaft auf stabile Langlebigkeit setzen können und je fragiler und unsicherer die Zukunftsperspektiven werden, desto stärker richtet sich der Blick auf die Vergangenheit. Dahinter steht manchmal die nicht wirklich stichhaltige Ansicht, dass man aus der Vergangenheit lernen könnte, aber die Kenntnis der Vergangenheit erlaubt es doch, die unterschiedlichen Positionen in der Gegenwart besser zu verstehen.

Wenn etwa gerade jetzt eine Historikerkommission startet, die die Geschichte der schlagenden Burschenschaften in Österreich durchleuchten will, um den ideologischen Hintergrund des sogenannten „Dritten Lagers" besser zu verstehen, so wird diese Arbeitsgruppe bei 1848 landen, da dieses Jahr für die Burschenschaften bis zur Gegenwart als Legitimationsfolie dient. Man wird sich aber auch dem Jahr 1938 stellen müssen, seiner Vorgeschichte und den dramatischen und menschenverachtenden Ereignissen, die dem Ende der Ersten Republik folgten.

Beide Ereignisse, die Revolution von 1848 und die Eingliederung Österreichs ins nationalsozialistische Deutsche Reich 1938 haben ihr Schlüsselereignis jeweils in der ersten Hälfte des Monats März. Sie liegen, fast auf den Tag genau, 140 Jahre auseinander. Und sie haben eine innere Verbindungslinie.

Am 13. März 1848 brach in Wien die sogenannte „Märzrevolution" aus, die das System Metternich hinwegfegte. Auch die Steiermark spielte in dieser Revolution eine Rolle. Träger der Bewegung waren vor allem die Studenten, und es ging um Meinungsfreiheit, um Grundentlastungen und um demokratische Mitsprache. Auch die Arbeiter forderten Rechte ein. Obwohl auch Karl Marx nach Wien kam, war es für die Formierung einer revolutionären Arbeiterpartei noch zu früh.

Da auch die Ungarn und die Böhmen auf ihre Rechte pochten, sahen sich die deutschsprachigen Bildungsbürger und die Studierenden nach Rückhalt in den deutschen Staaten um und nahmen unter den Farben Schwarz-Rot-Gold an den Bemühungen teil, eine großdeutsche Lösung der nationalen Frage zu erreichen. In der Frankfurter Paulskirche saßen auch österreichische Abgeordnete, und Erzherzog Johann wurde sogar von dieser Versammlung zum „Reichsverweser" bestimmt. Die Revolution scheiterte letztlich, aber die Idee eines Großdeutschen Staates mit Österreich als Teil davon blieb auf der Tagesordnung. Und die Burschenschaften sahen sich auch weiterhin als die Erben dieser Ideen.

Als 1919 die Friedenskonferenz von Paris den Anschluss Österreichs an Deutschland untersagte, war das nicht das Ende des Traumes eines deutschen Staates, der zumindest auch die deutschsprachigen Gebiete der ehemaligen Habsburgermonarchie umfassen sollte. Der März 1938 sollte diese Idee unter veränderten politischen Voraussetzungen Realität werden lassen. Und wieder waren es die Studierenden, in Wien und vor allem In Graz, die die Machtübernahme des Nationalsozialismus in unserem Land und damit die Aufgabe seiner Selbstständigkeit mit Nachdruck beförderten. Und sie waren auch eine wesentliche Trägerschicht des Antisemitismus, der schließlich in die Vertreibung und Vernichtung der österreichischen Juden führte.

Der sogenannte „Anschluss" vom 12. März 1938 war einerseits militärisch durch das Deutsche Reich erzwungen, anderseits aber auch von innen durch die Machtübernahme heimischer Kräfte ganz entscheidend mitgetragen. Nicht zufällig erhielt Graz den damals als Ehrentitel empfundenen Beinamen „Stadt der Volkserhebung".

Die Ideen hatten 140 Jahre überdauert, sie hatten aber unter den mehrfach veränderten politischen Rahmenbedingungen ihren vormals demokratischen Charakter weitgehend verloren. Und als 1945 Österreich vom Nationalsozialismus befreit wurde und als demokratische Republik wieder entstehen konnte, hatten viele Träger der alten Gesinnung Probleme, dies als Befreiung anzusehen. Die Akzeptanz einer „Österreichischen Nation" stellte viele der alten

Träume vor einen schwierigen Ablösungsprozess, der teilweise bis in die Gegenwart andauert.

Geschichte vergeht also nicht einfach. Sie holt uns immer wieder ein und stellt oft schmerzhafte Fragen über die Fundamente der eigenen Identität. Das sollten wir vor Augen haben, wenn wir historische Gedenktage begehen. Diese Gedenken sind nicht nur einfach staatspolitisch verordnete Feiern, sondern auch Standortbestimmungen. Und diese werden uns das ganze Jahr über begleiten. Kulminationspunkt wird schließlich der November sein, wenn es gilt, den vor 100 Jahren erfolgten Gründungsakt der Republik würdig und differenziert zu begehen.

Es erscheint mir wichtig, dass man sich gerade in einem solchen Jahr auch ganz persönlich seiner eigenen Geschichte und der Geschichte der Familie stellt. Man soll sich fragen, woher die Positionen und Ansichten stammen, mit denen wir jeweils individuell die Gegenwart in ihrer raschen Veränderung zu erklären versuchen. Geschichte wird dann auch zu einem Weg, sich selbst besser in der turbulenten Gegenwart verorten zu können.

Sendung vom 8. April 2018
Historische Rückschauen

Je unsicherer und instabiler die Zeit ist, desto größer wird das Bedürfnis der Menschen, sich über die Auseinandersetzung mit der eigenen Geschichte und der Geschichte der Vorfahren in einem Gesamtbild zu verankern. Man will verstehen, warum die Gegenwart so ist, wie man sie wahrnimmt, und man will vor allem wissen, woher die eigene Position in dieser fragilen Gegenwart kommt. Vor allem aber erhofft man sich davon Unterstützung für wichtige Entscheidungen in eigenen Leben.

Geschichte kann viel, sie kann aber ganz sicher nicht Prognosen erstellen. Das Wissen darüber, woher man kommt, ist kein Wegweiser dafür, wohin man gehen soll. Die Rückschau auf die Wege, Umwege oder gar Irrwege, die man selbst oder die Vorfahren gegangen waren, kann beschränkt lehrreich sein für das Vermeiden vergleichbarer Irrtümer, es ist aber kein Kompass dafür, die richtige Richtung in Gegenwart oder Zukunft zu finden.

Das Jahr 2018 ist jetzt gerade drei Monate alt, aber es hat uns schon eine Flut von historischen Rückschauen gebracht. Ich muss gestehen, ich habe selbst auch daran mitgewirkt, und gar nicht ungern. Fast jede Tageszeitung, jedes Journal, jeder Rundfunk- oder Fernsehsender, alle haben historische Rückschau gehalten, Spezialbeilagen oder Sonderprogramme entwickelt. Man ist geneigt „genug!" zu rufen. Aber dann sieht man es an den Reaktionen des Publikums, dass tatsächlich Interesse besteht, und bei den Leserbriefen dominieren die positiven Reaktionen ganz deutlich. Und auch auf der Straße laufen oftmals interessierte Diskussionen. Das gilt für alle Daten, die im heurigen Jahr als „runde" Jahreszahlen auf der Tagesordnung des Gedenkens stehen. Es beginnt mit 1848, geht über 1918 und 1938 zu

1948 und 1968. Da kommt man als einschlägig arbeitender Fachmann dem gigantischen Erinnerungsboom nicht aus.

Noch vor einigen Jahren war das anders. Geschichte war tabuisiert, ja sogar kontaminiert. Das galt ganz besonders für die Zeitgeschichte. Man nahm Zeitgeschichte als ein Fach wahr, in dem enge politische Interessenslagen ihren Ausdruck fanden, als eine Art parteipolitische Lagergeschichtsschreibung, die Argumente für, öfter allerdings gegen, eine jeweilige Position zu liefern hatte. Zeitgeschichte musste damals gegen die Überzeugung anlaufen, dass die älteren Menschen, also jene, die „dabei gewesen" waren, es viel genauer und besser wissen müssten als jene, die nur über Bücherwissen verfügen, deren Kenntnisse nur angelesen sind. „Wenn wir den Krieg gewonnen hätten, würdest Du eine andere Geschichte schreiben", sagte mir vor mehr als einem halben Jahrhundert mein Vater, und er hatte ja nicht ganz Unrecht. Ein Weiterbestehen der Naziherrschaft hätte andere Geschichtsbilder hervorgebracht, zwangsverordnet und einem ganz bestimmten Weltbild verpflichtet. Wer in den Publikationen dieser schrecklichen Jahre blättert, kann sich leicht einen Eindruck davon verschaffen, von welchen Grundsätzen ein solches Geschichtsbild geprägt wäre.

Es ist aber noch keine drei Jahrzehnte her, da sprach man davon, dass man viel zu viel Zeitgeschichte in den Schulen unterrichtet und dass die Medien dem Fach zu viel Platz einräumen würden. Es ist genug, so hieß es damals, wenn es wieder einmal um Geschichte ging. Das waren die Jahre, in denen rund um das fünfzigjährige Gedenken an den sogenannten „Anschluss" und um die Waldheimdebatte Österreich schmerzhaft aus der bequemen Opferrolle gerissen wurde. Ja, es war bis dahin angenehm, auf den „hässlichen Deutschen" verweisen zu können, der mit preußisch-militärischem Stechschritt zuerst Österreich und dann halb Europa unterjocht hatte. Wir, das erste Opfer, wir, die gemütlichen Älpler, wir, die wir Mozart, Sisi, die

Lipizzaner und die Sängerknaben hervorgebracht haben, mussten uns keiner Schuld bewusst sein. Das genaue Hinschauen der Wissenschaft war da nur störend, denn man hatte ja, wenn man in die Gräuel der Kriegsmaschinerie geraten war, nur seine Pflicht getan.

Inzwischen ist tatsächlich vieles anders geworden. Allein der Wechsel der Generationen hat dazu geführt, dass die Fragen der ganz persönlichen Verantwortung sich nicht mehr in dieser Schärfe stellen. Es geht nicht mehr um individuelle Schuld. Man kann heute gesamtgesellschaftlich die historischen Ambivalenzen akzeptieren, man kann sehen, dass es ein Bündel an Kräften war, das schließlich bestimmte Folgen zeitigte. Das macht Geschichte wieder für die Öffentlichkeit spannend: es geht um ein Wechselspiel von politischen, ökonomischen oder kulturellen Rahmenbedingungen auf der einen, und individuellen Handlungsspielräumen und Entscheidungen auf der anderen Seite. Man kann erkennen, dass Geschichte „gemacht" wird, innerhalb von Rahmenbedingungen aber nicht losgelöst von persönlichem Handeln.

„Geschichte lehrt andauernd, aber sie findet keine Schüler", hat vor Jahrzehnten resigniert Ingeborg Bachmann angemerkt. Aber die große Bachmann hatte Unrecht. Geschichte findet heute sehr viele und sehr aufmerksame Schüler, Menschen, die begreifen wollen, wie in der Vergangenheit Entscheidungen getroffen wurden und die im Erkennen dieser Ambivalenzen ihre Lehren für gegenwärtiges Handeln finden. Nicht in dem Sinn, dass man, wenn man die Geschichte kennt, weiß, was richtig und was falsch ist. Das kann Geschichte ganz sicher nicht. Aber sie lehrt, dass Entscheidungen Voraussetzungen haben, und vor allem auch Folgen. Man kann besser erkennen, warum man gerade so entscheidet, etwa beim Ankreuzen einer Partei am Stimmzettel oder bei der Teilnahme an einer Bürgerinitiative. Und man kann erkennen, dass es Konsequenzen gibt, die aus dem eigenen aktuellen Handeln entstehen. Die Beschäftigung mit Geschichte ist also eine Hilfe dabei, Entscheidungen reflektierter und bewusster zu treffen. Und auf diese Hilfestellung sollte man nicht verzichten.

Sendung vom 6. Mai 2018
Universalmuseum Joanneum

Zu jenen Einrichtungen, die die Steiermark so besonders machen, zählt ohne Zweifel das Universalmuseum Joanneum. Es ist das älteste Museum Österreichs und mit seinen 17 Standorten von Trautenfels bis nach Stainz ist es das zweitgrößte Museum der Republik. Und es ist bis heute bemüht, die Gründungsidee von Erzherzog Johann aufrechtzuerhalten. Das Museum sollte Dokumentation der Vielfalt des Landes sein und wissenschaftlicher Standort zur Weiterentwicklung von Kultur und Wirtschaft.

Ich hatte eben wieder Gelegenheit, in diesem wunderbaren Haus eine kleine Ausstellung zu gestalten. Diese widmet sich, ganz in der Tradition des Gründers, jener Region der Steiermark, durch die 1919 eine Linie gezogen wurde, die die Steiermark, wie man sie bis zum Ersten Weltkrieg kannte, in zwei Teile zerschnitt und die Untersteiermark zu einem Teil des SHS Staates, des Staates der Serben, Kroaten und Slowenen machte.

Diese Grenze hat nunmehr fast 100 Jahre einer bewegten Geschichte hinter sich. Aber schon bevor sie gezogen wurde, hatte sich in den Köpfen eine Trennlinie abgebildet im Ringen um die Vorherrschaft der deutschen oder der slowenischen Sprache. Dieser Kulturkampf wurde um jede Schule, um jede topografische Aufschrift, um jeden Verein und um jedes andere Signal im öffentlichen Raum geführt. Dabei war doch deutlich, dass es keine klare Trennlinie gab: die Städte waren überwiegend deutschsprachig, im Umland sprach man slowenisch. Die Mehrheit der Bevölkerung der Untersteiermark sprach slowenisch, die ökonomische und kulturelle Vorherrschaft lag aber beim deutschsprachigen Teil. Und die Kulturlandschaft kannte ohnedies keine Grenze. Erzherzog Johann begründete den Weinbau der Region in Marburg/Maribor und das Essen, die religiösen Feste, die Kleidung, die Arbeitsbedingungen und die Alltagsbewältigung war nicht verschieden, sie hatte mit der Sprache wenig zu tun.

Die Kriegsniederlage der Habsburgermonarchie und der Zerfall des Reiches erzwangen aber das Ziehen einer Grenze. Diese musste eine einheitliche Kulturlandschaft zerschneiden. Wohl hatte man für einen Abschnitt ein topografisches Argument, die Mur, aber diese teilte etwa die Stadt Radkersburg und man hatte im Krieg gerade an der Mur ein Kraftwerk für die Energieversorgung der Steiermark errichtet. Also selbst der Fluss war als Grenze nicht eindeutig, und für nicht weniger als 20 Monate hielten daher auch südslawische Truppen Radkersburg besetzt, ehe die Stadt endgültig Österreich zugesprochen wurde. Wo aber keinen Fluss mehr als Orientierung hatte, wurde es noch komplizierter, und die Grenze bis im Westen auf der Soboth zerschnitt ökonomische Einheiten und gewachsene Strukturen. Es sollte lange dauern, bis sie tatsächlich als Staatsgrenze von der Bevölkerung realisiert wurde, überschritt man sie doch im Alltag auf dem Weg zur Arbeit.

Diese Grenzlinie, die wir in dieser Ausstellung zeigen, hatte in den Folgejahrzehnten eine dramatische weitere Geschichte, die wir in zwei weiteren Ausstellungen heuer und nächstes Jahr zeigen wollen. Die Grenze verdichtet exemplarisch die Geschichte des europäischen Kontinents. Als die Nationalsozialisten 1941 von Graz aus den Angriff auf Jugoslawien begannen, schob sich die Grenze nach Süden vor. Das Abstaller Becken kam zur Steiermark, und die Untersteiermark wurde der Militärverwaltung unterstellt. Tausende Slowenen wurden ausgesiedelt und in Lagern in Deutschland zwangskaserniert. Die Untersteiermark sollte Deutsch werden, und viele Lehrer wurden hingeschickt, um einen deutschsprachigen Schulunterricht zu gewährleisten. Als sich die Kriegsniederlage des Deutschen Reiches abzuzeichnen begann, rückten die Truppen Titos, also die Partisanen vor, und es kam zum neuerlichen dramatische Bevölkerungstausch durch die Vertreibung der Deutschen. Viel Unrecht hat sich in dieser Periode auf beiden Seiten angehäuft.

In der Folge wurde diese Grenze sodann Abschnitt des Eisernen Vorhangs, der den europäischen Kontinent von der Ostsee bis zur

Adria durchtrennte und an dessen Unüberwindbarkeit manches Menschenleben zerbrach. Der Fall des Eisernen Vorhangs war daher für diese Grenzlinie ein Moment der Erleichterung, wenn auch an dieser Grenze durch den Separationskrieg der Slowenen auch von Dramatik begleitet. Aber endlich konnte man wieder zu den Nachbarn, endlich konnte man den gemeinsamen Kulturraum wieder als solchen erfassen. Aber noch einmal sollte es dramatisch werden: als 2015 die große Flüchtlingswelle auch über Spielfeld ins Land kam, gab es wieder Zäune, Sperren und Kontrollen.

Diese Geschichte wollen wir im Museum nacherzählen, als eine Geschichte, bei der sich in einer kleinen Region die ganze Dramatik eines Jahrhunderts spiegelt, und zwar konzentrierter als an allen anderen Orten unseres Landes. Vielleicht sind diese drei Ausstellungen für Sie ein Anlass, wieder einmal ins Museum zu gehen. Aber beschränken Sie den Besuch nicht auf diese kleine Ausstellung. Wenn sie ins Museum kommen, eröffnet sich Ihnen eine ganze Welt. Ich selbst gehe staunend durch die Kunstsammlungen, lasse mich spielerisch in der Naturkunde belehren und bin auch gern bei den Außenstellen in Stainz oder Trautenfels, wo man ebenfalls gediegene Sammlungen und Ausstellungen bewundern kann. Im Universalmuseum Joanneum spiegelt sich unser Land und zugleich geht der Blick weit darüber hinaus in die Welt, ein Blick, der vor allem im Bereich der modernen bildenden Kunst gar nicht weit genug gehen kann. In jedem Fall aber ist ein Museumsbesuch eine Gelegenheit, sich ein Bild nicht nur über die Vergangenheit zu machen, sondern er kann auch dazu dienen, gegenwärtige Entwicklungen zu verstehen. Nicht alles, was im Museum aufbereitet wird, ist zwangsläufig museal. So wird etwa gerade daran gearbeitet, ein naturwissenschaftliches Laboratorium einzurichten, mit dem man dann der Gründungsidee Erzherzog Johanns, den Entwicklungsstand der Wissenschaft zu zeigen, wieder ganz nahe kommt. Geschichte trifft Gegenwart und Zukunft. Gehen sie also hin!

Sendung vom 21. Oktober 2018
Zeitgeschichte

Seit mehr als einem halben Jahrhundert gilt meine Hauptbeschäftigung der Geschichte, genauer gesagt, der Geschichte des 20. Jahrhunderts. Das klingt vielleicht langweilig, ist es aber wirklich nicht. Noch immer entdecke ich Neues, noch immer sind viele Fragen für mich unbeantwortet, noch immer stochere ich manchmal im dicken Nebel der vergangenen Ereignisse, ohne wirklich Orientierungspunkte zu finden. Meine Lust zu forschen und zu vermitteln hat in diesen 50 Jahren eigentlich nie nachgelassen. Ich stand und stehe mit Begeisterung am Pult, und ich forsche und lese in Bibliotheken und Archiven noch immer mit Leidenschaft.

Heuer allerdings stellt sich langsam das Gefühl ein, dass es auch weniger sein dürfte. Bis zum Jahresende werde ich nicht weniger als 35 Vorträge gehalten haben, die alle dem Interesse an den Jubiläen dieses Jahres geschuldet sind. 1848, 1918, 1938 oder 1968 haben in der Öffentlichkeit heuer einen Stellenwert, der sich nicht nur in den Vorträgen, sondern auch in Ausstellungen, in Büchern oder in Artikelserien in den Zeitungen und Zeitschriften niederschlägt. Das fordert meine Kolleginnen und Kollegen und so auch mich. Klar, es ist reizvoll, in ganz Österreich, aber auch international nachgefragt zu werden und von Dublin über Bozen bis nach Belgrad Vorträge halten zu können, aber es ist in dieser Dichte auch ermüdend.

Woher kommt dieses neue, breite Interesse an der Geschichte?

In meiner Jugend galt Geschichte als langweiliges Unterrichtsfach, und die Generation der Eltern und Großeltern war heilfroh, wenn sie nicht auf ihre eigene Geschichte angesprochen wurde. Ich selbst habe vor 53 Jahren nur Geschichte zu studieren begonnen, weil ich ein sogenanntes leichtes Zweitfach zur Literatur gesucht habe. Für die Generationen vor uns war Verdrängung angesagt, ein

Wegschieben der Vergangenheit und ein Blick, der in die Zukunft zu richten war. Unsere Kinder sollen es einmal besser haben, das war die Devise. Und lange Zeit ging die Rechnung sogar auf. Uns ging es in den fünfziger und sechziger Jahren tatsächlich von Jahr zu Jahr sichtlich besser. Man konnte auf Urlaub fahren und ein sozialer Aufstieg über Bildungswillen und Leistung war denkbar geworden. Eine Rückschau, vor allem aber eine Rückschau auf die jüngere Vergangenheit, das stand nicht wirklich auf der Tagesordnung.

Selbst als in den sechziger Jahren die jungen Studierenden ihr Interesse an der Zeitgeschichte entdeckten und die Verdrängungen zu hinterfragen begannen, war das öffentliche Interesse an Geschichte gering. Ja sogar die Diskussionen um Waldheim, die insgesamt die österreichische Geschichtspolitik nachhaltig veränderten, führten zwar zu politischen Kontroversen, aber nicht wirklich zu einem breiteren Bedürfnis der Öffentlichkeit, sich zeithistorisch zu interessieren.

Es war erst der Generationswechsel, der uns heute kaum mehr Menschen gelassen hat, die aktiv an den Geschehnissen rund um Nationalsozialismus und Weltkrieg teilhaben konnten, der den Umgang mit der Geschichte der ersten Hälfte des 20. Jahrhunderts unbefangener gemacht hat. Diese Zeit konnte musealisiert werden, ihre Darstellung ist heute weg von der Gefahr persönlicher Kränkungen und Verletzungen.

Aber viel stärker als der Generationswechsel hat ein anderer Umstand das Interesse an der Zeitgeschichte geweckt. Die ruhige Entwicklung des ständigen Wachstums ist an ihr Ende gekommen. Die Entwicklungen haben sich beschleunigt, die Globalisierung hat alle Lebensbereiche erfasst. Alte Sicherheiten, alte Gewohnheiten sind weggebrochen, Grenzen sind gefallen, Mobilität und Tempo sind heute lebensbestimmende Faktoren.

In diesen Prozessen gibt es nicht nur Gewinner. Es gibt reale Verlierer, vor allem aber gibt es viele Menschen, die Verlustängste haben, die sich bedroht fühlen und fürchten, mit den immer rascher auf uns zukommenden Änderungen nicht Schritt halten zu können. Das führt zu nunmehr ganz neuen Blicken zurück, die Geschichte wird ein Sehnsuchtsort.

Stefan Zweig hat, als er in der Verzweiflung und Hoffnungslosigkeit angekommen war, im lateinamerikanischen Exil keinen neuen Halt fand, in seinem Buch „Die Welt von gestern" exemplarisch gezeigt, was Rückschau bewirken kann. Da geht es nicht nur um Erklären und Verstehen, sondern auch um Geborgenheit und Sicherheit. Liegt Geschichte weiter zurück, so wird sie Gegenstand des Staunens und des Fremdenverkehrs. Das gilt von den antiken Tempeln bis zu Schönbrunn. Geschichte ist dann, wie klassische Musik, Teil eines kulturellen Kanons. Die jüngere Geschichte aber hat noch so viel mit uns und unserer Gegenwart zu tun, dass man von ihr erwartet, sie möge Halt geben in einer schwankenden Welt.

Das kann die Wissenschaft natürlich nicht bieten. Sie kann nur sauber aufbereiten, korrekt forschen und bestenfalls Vermittlungsformen finden, die auch außerhalb von Fachkreisen angenommen werden. Dann dienen Ausstellungen wie jene über die steirische Grenze, die ich im Universalmuseum Joanneum kuratiere, das Haus der Geschichte in Wien, die große Ausstellung zu 1848 im Niederösterreichischen Landhaus, die vielen Vortragsreihen und Publikationen schon dazu, den Menschen von heute das Fundament zu zeigen, auf dem sie und alle Mitmenschen stehen. Das Fundament aber kann noch nicht das Haus selbst sein, es muss nur stabil sein, damit darauf aufgebaut werden kann. Und dieser Aufbau wird hoffentlich ohne Konflikte um Trennlinien sondern in einem möglichst friedvollem Miteinander erfolgen.

Man kann aus der Geschichte nicht viel für die Bewältigung von Gegenwart und Zukunft lernen. Aber eines vielleicht schon: Gewalt war immer das Schlechteste aller Konfliktbereinigungselemente. Wenn alle unsere Bemühungen in diesem Jahr diese Erkenntnis verbreiten, dann hat sich der Einsatz gelohnt.

Sendung vom 10. März 2019

Straßennamen

Die Universität Wien, an der ich in den sechziger Jahren des vorigen Jahrhunderts studiert habe, hatte damals als Adresse „Dr. Karl Lueger Ring 1". Das war die Postanschrift für tausende Universitätsbedienstete, für hunderte Institute oder Verwaltungseinheiten. Heute gibt es die Adresse nicht mehr, der Straßenname wurde geändert und heißt heute „Universitätsring".

Die etwa 200.000 Einwohner von Chemnitz mussten 1953 zur Kenntnis nehmen, dass der historische Stadtname in Karl Marx Stadt verändert wurde. 1990 stimmten dann 76 % der Bürgerinnen und Bürger der Stadt dafür, den Namen wieder auf Chemnitz abzuändern. Und aus St. Petersburg wurde einst Leningrad, dann wieder St. Petersburg. Aus Wolgograd wurde Stalingrad und auch hier ging es in der Namensgebung letztlich wieder zurück.

Topografische Bezeichnungen, Orts- oder Straßennamen, spiegeln stets das Selbstverständnis einer Epoche. Sie sind Ausdruck des dominanten Verständnisses der eigenen Geschichte und Kultur. Insofern ist es immer das Wissen einer jeweiligen Gegenwart, das sich in Benennungen und Umbenennungen ausdrückt. Es ist einfach naiv oder politisch völlig unsensibel, wenn jemand behauptet, man sollte nicht von einem heutigen Erkenntnisstand aus historische Benennungen überprüfen und notfalls korrigieren. Wer wollte denn etwa im heutigen Graz am Adolf-Hitler-Platz bei der Weikhard-Uhr ein Rendezvous ausmachen? Da ist es wohl klar, dass eine Um- und Rückbenennung notwendig gewesen ist und man nicht argumentieren konnte, dass vielleicht eine Zusatztafel ausgereicht hätte, um den Namen Adolf-Hitler-Platz in einen historischen Kontext zu stellen. Das wäre lächerlich, ja sogar peinlich, also eigentlich unvorstellbar.

Die Stadt Graz hat viel Geld und viel fachliche Kompetenz investiert, um ihre Straßennamen überprüfen zu lassen. Die wissenschaftlich ausgewiesene und ausgewogene Kommission hat schließlich 20 Straßennamen als besonders heikel eingestuft. Diese Namen sind durchaus unterschiedlich, die Personen lebten zu verschieden Zeiten und die heutigen Vorwürfe haben daher auch unterschiedliche Kontexte. Dazu seien zwei der Personen herausgegriffen.

Franz Xaver Josef Conrad von Hötzendorf war österreichischer Feldmarschall und Generalstabschef im Ersten Weltkrieg. 1914 war er einer der Kriegstreiber. Er, der schon einen Präventivkrieg gefordert hatte, wollte sofort nach dem Attentat von Sarajewo einen Angriffskrieg gegen Serbien starten, und nach dem weitgehend von Serbien erfüllten Ultimatum drängte er den alten Kaiser in den Krieg. Diese Mitverantwortung für das Massensterben lastet auf seinem Namen, dazu kamen militärische Fehleinschätzungen, die Hunderttausenden Soldaten der habsburgischen Armee das Leben kosten sollten. Nach dem Ersten Weltkrieg war sein Bild für die Geschichtswissenschaft ambivalent: Er war einerseits die Identifikationsfigur für die untergegangene Armee, andererseits aber einer der Hauptverantwortlichen für das Massensterben. Zudem hatte er das Internierungslager am Thalerhof zu verantworten, in dem Tausende Ruthenen ihr Leben verloren.

Was also tun mit einer über zwei Kilometer langen Straße mit vielen offiziellen Ämtern wie dem Finanzamt und dem Landesgericht? Reicht hier eine Zusatztafel, eine Erklärung der historischen Situation, oder ist eine andere Intervention notwendig? Dass auch eine Umbenennung machbar ist, das hat der Dr. Karl Lueger Ring in Wien ja eindrucksvoll unter Beweis gestellt.

Das zweite Beispiel berührt mich ganz unmittelbar. Meine Familie wohnt, seit wir 1984 nach Graz gezogen sind, in einer kleinen, damals neu errichteten Straße in Andritz, die sich Jaritzweg nennt. Dieser Straßenname stammt also nicht aus einer finsteren Vergangenheit, der Name wurde erst in den achtziger Jahren vergeben. Wusste man damals nicht, dass Paul Jaritz, ein Techniker und Flugpionier, schon 1932 Mitglied der illegalen NSDAP gewesen war, dass er deswegen im Gefängnis saß und 1934 in das sogenannte „Altreich" geflüchtet war? War seine Karriere unter den Nazis wirklich unbekannt? Und wer hatte ein Interesse daran, mehr als 35 Jahre nach dem Ende der nationalsozialistischen Herrschaft diesem Mann ein Denkmal zu setzten? Dass auch am Flughafen eine Büste von ihm steht, lässt sich aus seiner beruflichen Tätigkeit erklären. Dass diese aber direkt neben der Erinnerungstafel an die ermordeten Ruthenen im Lager Thalerhof steht, ist allerdings schon eine Peinlichkeit, die in anderen Städten nicht möglich wäre.

Was also tun? Mir war die Namensgebung für meine Wohnstraße lange nicht sonderlich wichtig, bis ich über die Arbeit der Kommission die Dimension dieser Absurdität erfasst habe. Hier schiene mir eine gründliche Korrektur, also eine Umbenennung, die notwendige Konsequenz, mit der man auf einen absurden Beschluss des Gemeinderats aus den frühen Achtzigerjahren reagieren sollte. Und es täte auch niemanden wirklich weh. Bei Conrad von Hötzendorf ist die Lage komplizierter. Wünschen kann man sich zweifellos auch hier eine Umbenennung, aber an seiner Person hängt sich so vieles aus unserer Geschichte auf, dass man daraus auch einen gut sichtbaren Erklärungszusammenhang, mit Interventionen im öffentlichen Raum und Orten des Nachdenkens, schaffen könnte. Kunst im öffentlichen Raum als Antwort auf die Schrecken des 20. Jahrhunderts, das wäre doch eine gute Lösung, die einer Menschenrechtsstadt angemessen wäre.

Sendung vom 9. Juni 2019

Unsere Verfassung

Wenn man alle vier Wochen an der Reihe ist, eine Sendung unserer „Gedanken zur Zeit" gestalten zu dürfen, so denke zumindest ich meist diese vier Wochen voraus und überlege, was denn wohl dann an Themen anstehen könnte. Meine letzte Sendung war dem Muttertag gewidmet, und der Mai hatte sich gerade kühl und regnerisch angelassen. Niemand konnte aber damals ahnen, dass wir schon wenige Tage später ein politisches Erdbeben in unserem Lande erleben mussten. Und heute ist Österreich politisch grundlegend verändert, wenn auch zum Glück nicht in seiner demokratischen Stabilität erschüttert.

Es ist hier nicht der Ort, die Ereignisse noch einmal Revue passieren zu lassen. Es wird wohl kaum jemanden geben, der davon völlig unberührt geblieben ist. Ein entlarvendes Video, mit dem politische Unkultur in einem Ausmaß sichtbar geworden ist, hat zu Rücktritten und zur Ausrufung von Neuwahlen, letztlich sogar zum Sturz der gesamten Regierung geführt. Und nun ist ein vom Bundespräsidenten eingesetztes Expertinnenkabinett in der Regierungsverantwortung, geführt von der ersten Bundeskanzlerin in der Geschichte Österreichs. Diese handverlesene Gruppe aus wirklichen Fachleuten wird den Staat lenken, bis nach der Neuwahl im Herbst wieder eine Regierung gebildet werden kann, die sich aus den Parteienverhandlungen ergeben wird.

Dass aus der Regierungskrise keine Staatskrise geworden ist, ist einerseits unserer Verfassung zu verdanken, anderseits aber hat auch Bundespräsident mit ruhiger Hand durch die Krise gesteuert. Unsere Verfassung, die 1920 als letzte Großtat 1920 der bereits zerbrochenen Koalition zwischen Sozialdemokraten und Christlichsozialen verabschiedet werden konnte, stammt größtenteils aus der Feder von Hans

Kelsen, der eng mit Karl Renner zusammengearbeitet hat. Geboren 1881 in einer deutschsprachigen jüdischen Familie in Prag hatte er es in der jungen Republik zum unabhängigen Verfassungsrichter gebracht, womit sich der Kreis zu unserer jetzigen Bundeskanzlerin symbolisch schließt. Als die Konservativen Kelsens Mandat als Verfassungsrichter 1930 nicht mehr verlängerten, da ihnen einige Entscheidungen des Obersten Gerichtshofs nicht ins politische Konzept passten, Kelsen seinerseits sich aber nicht als Parteikandidat der Sozialdemokraten aufstellen lassen wollte, wechselte er zuerst in die Schweiz, dann nach Deutschland und schließlich nach Prag. Heftige politische Proteste von Deutschnationalen und Nationalsozialisten begleiteten seinen wissenschaftlichen Weg. 1940 musste er emigrieren und ging in die Vereinigten Staaten, wo er 1973 verstarb.

Diese Verfassung von 1920 wurde aus der Not geboren. Sie war eine vorbildliche Regelung für unser Gemeinwesen, mit einem genauen Verhältniswahlrecht und einem schwachen Präsidenten. Der Bundespräsident war eine reine Symbolfigur, auch noch nicht vom Volk gewählt. Die Stärkung der Position des Präsidenten erfolgte erst mit der Novelle der Verfassung von 1929, und diese Version ist bis heute die Grundlage für das Funktionieren unseres Staatswesens.

Es mutet heute fast ironisch an, dass man die Grundstruktur unserer Verfassung politisch stärker der Sozialdemokratie zuschreiben kann, die Rolle des Bundespräsidenten aber 1929 durch den politischen Willen der Konservativen aufgewertet wurde. So ist jenes Regelwerk, das uns in diesen Wochen so beispielhaft sicher durch die Wirren geführt hat, erkennbar ein politischer Kompromiss der beiden großen politischen Gruppierungen in unserem Land, entwickelt im Pendelschlag eines politisch umkämpften Jahrzehnts in unserer Ersten Republik. Schaut man in Länder mit wesentlich älteren und historisch gewachsenen Verfassungen, etwa England, das angebliche Mutterland der Demokratie, dann kann man sehen, dass dort die Mechanismen im Konflikt oder im Krisenfall nicht wirklich funktionieren, während bei uns das Staatsschiff gut steuerbar geblieben ist.

Sehr viele Österreicherinnen und Österreicher sind so wie ich aber auch froh, dass wir eine besonnene und unaufgeregte Person an der Spitze unseres Staates haben. Unser Bundespräsident will uns nicht vor Augen führen, was „alles möglich ist", sondern er mahnt zu Augenmaß und zu Optimismus. Es scheint ihm gelungen zu sein, dieses Gefühl den Menschen in unserem Land zu vermitteln. „Wir schaffen das schon" das ist für mich der Spruch des Jahres. Die Verfassung ist das stabile Fundament, und darauf kann man auch in stürmischen Zeiten das Haus Österreich bauen. „Mutig in die neuen Zeiten", auch diese Zeile der Bundeshymne hat der Präsident zitiert. Ja, es sind neue Zeiten, das gefestigte Machtgefüge der Zweiten Republik hat Risse abbekommen. Aber wenn vernünftige Menschen mit brauchbaren Instrumenten, und dazu zähle ich unsere Verfassung, daran gehen, die Risse zu kitten, dann wird das Haus Österreich die Erschütterungen sicher aushalten und „kelsenfest", wie dies ein politischer Kommentator genannt hat, auch in Zukunft gut weiterbestehen. Haben wir also Vertrauen in unsere Institutionen und in deren Grundlagen.

Sendung vom 29. September 2019

Wahlpflicht?

Heute ist in Österreich also wieder einmal Wahltag. Nach Wochen eines etwas seltsamen Wahlkampfes sind nun glücklicherweise vorbei. „Wahlkampf ist Zeit fokussierter Unintelligenz" hat es Wiens ehemaliger Bürgermeister Michael Häupl schon 2005 auf den Punkt gebracht.

Dennoch, vor zwei Wochen hat hier an dieser Stelle mein Kollege Frido Hütter die entscheidenden Punkte dargelegt, warum man unbedingt an Wahlen teilnehmen sollte. Es tun zu dürfen ist ein Privileg, das weder historisch noch aktuell im Weltmaßstab selbstverständlich war und ist. Das Wahlrecht wurde mühsam und unter Opfern erkämpft und zum Glück bei uns auch schrittweise ausgeweitet. Erst waren es die Begüterten, dann, ab 1907, vorerst alle Männer und ab 1918 dann auch alle Frauen. Das Wahlalter wurde schrittweise gesenkt, und heute dürfen auch schon recht junge Menschen mitbestimmen, wenn es um ihr Schicksal und ihre Zukunft geht. Und es sind ja gerade die jungen Menschen aus der „Friday for Future"-Generation, die derzeit die politischen Themen setzen.

Noch aber können weit nicht alle Menschen mitreden, wenn es um die politische, wirtschaftliche, soziale oder kulturelle Ausgestaltung ihres Lebensumfeldes geht. In der Stadt Salzburg sind es etwa 28 % der erwachsenen Einwohner, die vom Wahlrecht ausgeschlossen sind, weil sie keinen österreichischen Pass besitzen. Das sind meist EU-Bürger, die oft schon Jahrzehnte ihren Lebensmittelpunkt in Österreich haben, hier arbeiten und Steuern zahlen, hier ihr Geld ausgeben und hier ihre Kinder in die Schule schicken. An einer Landtagswahl in Mecklenburg-Vorpommern teilnehmen zu dürfen, interessiert sie wahrscheinlich herzlich wenig. Da tut sich also noch ein weites Feld für die Diskussion um Mitbestimmung und Mitgestaltung auf.

Dennoch, wir leben zum Glück in einer stabilen Demokratie mit funktionierenden Regelsystemen, mit Gewaltenteilung und einem Rechtssystem, das oft zwar langsam arbeitet, dafür aber Willkür vermeidet. Das ist nicht selbstverständlich. Ich komme gerade aus einem wunderschönen, ja atemberaubend eindrucksvollen Land in Zentralasien zurück, aus Usbekistan. Das Land ist seit 1991 eine Demokratie, es gibt ein Parlament und es gibt Wahlen. Aber es ist ein hartes Präsidialsystem, in dem von oben herab auch willkürliche politische Entscheidungen getroffen werden, wo politisch Andersdenkende eingesperrt werden und wo freie Meinungsäußerung risikobehaftet ist. Dabei gibt es inzwischen eine gut ausgebildete junge Generation, mit der man sich leicht auch auf Englisch verständigen kann und die hoffnungsfroh an einer lebenswerten Zukunft arbeiten. Für sie ist jedoch noch längst nicht selbstverständlich, dass man sagen kann, was man denkt, dass man reisen kann, wohin man will und dass die Ordnungsmacht immer auf der Seite der Gerechtigkeit steht. Meine Tochter, mit der ich unterwegs war, hat aber in stundenlangen Gesprächen mit einem Mann aus ihrer Generation so viel Optimismus verspürt, dass man hoffen kann, dass die Tore in eine wirklich funktionierende Demokratie weit geöffnet werden.

Bei uns nimmt man das alles als selbstverständlich, ja viel zu selbstverständlich. Man kann immer wieder hören, dass in der Politik ohnehin alle lügen, dass es um Posten und um persönliche Vorteile gehe und dass sich alle auf Kosten der Allgemeinheit, also der Steuerzahler, bereichern. Es ist nun tatsächlich so, dass die Politik der letzten Jahre und Jahrzehnte uns manche Ungeheuerlichkeit zugemutet hat und dass vieles aus der Politik vor dem Richter endet. Aber Politikverdrossenheit ist die falsche Antwort auf die tatsächlich vorhandenen Missstände. Das System kann nur dann besser funktionieren, wenn die Kritik sich nicht in einer Abwendung von der Politik äußert, sondern in einer Hinwendung, in aktiver Teilnahme, in engagiertem Hinterfragen und in überlegt getroffenen Entscheidungen in der Wahlkabine.

Gerade diesmal unterscheiden sich die von den einzelnen Parteien angebotenen Wege in die Zukunft unseres Landes ja wirklich. Politik ist merklich bunter geworden, und jenseits aller persönlichen Animositäten zwischen den Politikerinnen und Politikern, die bis heute um unsere Stimmen geworben haben, sind tatsächlich unterschiedlich konturierte Konzepte erkennbar, die ab morgen dann in irgendwelchen Kooperationen unsere gemeinsame Zukunft zu gestalten haben. Es gibt zum Glück nicht nur Ibiza, nicht nur Schamlosigkeit, sondern auch ernsthafte Bemühungen.

Das Image der Politikerinnen und Politiker ist derzeit im Keller. Mit dem Berufswunsch, Politiker zu werden, kann ein Kind heute seine Eltern ordentlich erschrecken. Das haben sich die agierenden Personen weitgehend selbst zuzuschreiben. Aber das Image ist weit schlechter als die Realität. Die meisten der gewählten Repräsentanten in unserem Land sind ehrlich und mit großem Engagement bemüht, unsere Demokratie zu schützen und unsere Lebensqualität zu sichern. Sie haben dazu sicher unterschiedliche, oft konkurrierende Konzepte. Aber gerade das ist das Wesen der Demokratie. Also, gehen sie heute bitte auf jeden Fall wählen!

Sendung vom 24. November 2019

Bin ich ein Kärntner oder Steirer?

Liebe Hörerinnen und Hörer, es ist sicher nur Zufall, aber immer wenn es ein Wahlsonntag ist, bin ich mit meinen Gedanken zur Zeit an der Reihe. So ist es also an mir, sie auch heute aufzufordern, zur Wahl zu gehen und damit an einem demokratischen Entscheidungsprozess teilzunehmen. Das ist schließlich eine Möglichkeit, um die uns wohl mehr als die Hälfte der Menschheit mit gutem Recht beneidet.

Mehr will ich zu diesen Wahlen aber nicht sagen. Es sind Wahlen zum Steiermärkischen Landtag, und das bietet die Gelegenheit, über die Bundesländer und ihr Verhältnis zum Gesamtstaat nachzudenken. Gerhard Hirschmann, der unlängst verstorbene steirische Querdenker, wollte ja einmal die Landtage abschaffen oder genauer gesagt einzelne Länder zusammenlegen, um damit eine Verwaltungsvereinfachung und eine Kostenreduktion zu erreichen. Das klingt im Prinzip vernünftig, ist allerdings in der durch Geschichte und Tradition geprägten politischen Realität ein weltfremder Vorschlag.

In der Zeit der Habsburger Monarchie gab es Kronländer, aber kein Österreich. Sieht man von der Bezeichnung österreichische Reichshälfte ab, was ein Gebiet umschrieb, das von Czernowitz in der Bukowina bis nach Triest reichte. Wohl aber gab es Kronländer, es gab die Steiermark, es gab Kärnten, es gab Tirol. 1918 wollte der deutschsprachige Rest der Habsburger Monarchie ja den Anschluss an ein demokratisches Deutschland. Und dann hätte es wieder kein Österreich, sondern nur Länder wie Steiermark unter einem anderen politischen Dach gegeben. Die Länder waren also die emotionale Einheit, in der sich die Identität festmachte. Und das galt lange und zieht sich bis in die Gegenwart.

Bis heute lesen die Vorarlberger überwiegend die Vorarlberger Nachrichten, die Tiroler, die Tiroler Tageszeitung, Salzburger lesen die Salzburger Nachrichten, für Oberösterreicher sind es die Oberösterreichischen Nachrichten. Wir in der Steiermark lesen seit 115 Jahren die Kleine Zeitung, der ich übrigens zum stolzen Geburtstag gratulieren kann. Und Sie hören gerade Radio Steiermark. Und bis heute sitzt wohl die Mehrheit unserer Landsleute vor den Fernsehapparaten. Unser regionales länderspezifisches Selbstverständnis hat noch immer einen hohen Stellenwert. Ländergrenzen sind noch immer Scheidelinie, wohl spielerischer als in der Vergangenheit, aber durchaus existent.

Aber wer ist eigentlich eine Steirerin oder ein Steirer? Darf ich mich selbst als Steirer bezeichnen? Das ist gar nicht so einfach oder eindeutig.

Meine ersten 18 Lebensjahre verbrachte ich in Kärnten.

Da habe ich mich als Kärntner gefühlt. Und wenn mich meine Klagenfurter Schulkollegen wegen meiner lavanttaler Herkunft als „Halbsteirer" titulierten, habe ich das als Schmach empfunden. Dann ging es für sechs Jahre nach Wien. In der Zeit des Aufbruchs und der Erweiterung des Horizonts. Aber noch immer war ich mit einem Kärntner Selbstverständnis unterwegs. Es folgten zwölf Jahre in Oberösterreich inklusive Familiengründung, Geburt unseres Sohnes und eines beruflichen Erfolgs, die uns fast ortsfest und emotional zu Oberösterreichern werden ließen. Nun sind es aber schon 35 Jahre, unterbrochen von insgesamt drei Jahren im Ausland, die meine Familie und ich hier in Graz leben. Und längst ist hier unser Lebensmittelpunkt. Aber viele nennen mich noch immer Kärntner und sagen zu meiner Frau Vorarlbergerin. Wir gelten zumindest nicht als steirisches Ehepaar.

Die Mutter meiner Frau warnte diese dereinst also vor unserer Hochzeit vor einem Kärntner. Die Kärntner gelten in Vorarlberg nämlich als wilde Hunde. Unser Sohn, der in Linz geboren ist, hat trotz dieses Umstandes überhaupt keinen Oberösterreichbezug, denn aufgewachsen ist er in der Steiermark. Und sein Lebensmittelpunkt ist seit Jahren in Wien. Unsere Tochter, die gebürtige Steirerin, lebt auch in Wien, geht aber wohl als einzige von uns wirklich als Steirerin durch. Ich bezweifle allerdings, dass dies ihrem Selbstverständnis entspricht.

Fragt man mich, ob ich Steirer bin, antworte ich mit Ja. Fragt man mich aber, ob ich ein Kärntner bin, sage ich ebenfalls Ja. Wiener zu sein, würde ich nicht bejahen. Und Oberösterreich rückt inzwischen auch weit weg. Aber zumindest auf zwei aufrechte Landesidentitäten kann ich verweisen. Sicher bei jemandem, der einen Hof geerbt hat, auf dem seit Generationen seine Familie lebt, dessen Identität ist klarer, nicht durch Mobilität multipel überformt. Für eine solche Person ist doch der Begriff Heimat klar. Während ich in meinem Fall stets von Heimaten spreche.

Eines ist aber nicht nur durch das Gesetz, sondern auch durch die Vernunft vorgegeben. Wahlberechtigt bin ich dort, wo ich meinen Hauptwohnsitz habe. Obwohl ich also einige Male an oberösterreichischen Wahlen teilgenommen habe, wähle ich nun seit Jahrzehnten hier. Ich werde mein Wahlrecht selbstverständlich ausüben, denn ich halte es nicht nur für ein Recht, sondern vielmehr eindeutig auch für eine Pflicht. Und ich hoffe sehr, dass Sie, falls Sie es noch nicht erledigt haben, es mir heute gleichtun.

Sendung vom 17. Mai 2020

Ibiza

Heute vor einem Jahr rief mich ein Freund an und forderte mich auf, rasch den Fernsehapparat einzuschalten, es gäbe unglaubliche Neuigkeiten. Und tatsächlich, da lief ein Ausschnitt aus einem längerem, verdeckt aufgenommenen Video, das unter dem Synonym „Ibiza" unsere Republik nachhaltig erschüttert und verändert hat.

Es ist heute unvorstellbar, dass wir vor einem Jahr und einem Tag noch eine Regierung mit einem Vizekanzler Strache gehabt haben, mit einem Innenminister Kickl oder einer Gesundheitsministerin Hartinger-Klein an seiner Seite. Letzterer war es damals gerade gelungen, die zentrale Struktur für öffentliche Gesundheit im Ministerium zu zerschlagen und uns damit eines Steuerungsinstruments in gesundheitlichen Krisen wie der Pandemie zu berauben. Ohne die politischen Folgen des Ibiza-Videos wäre sie in den letzten Monaten die zentrale Persönlichkeit in der Bekämpfung des Virus und dessen Auswirkungen auf unser Land gewesen. Und ein Innenminister Kickl hätte sicher nicht nur mir schlaflose Nächte bereitet. Ich weiß, manche sehen das vielleicht grundlegend anders, das ist in einer Demokratie durchaus legitim.

Die Ausstrahlung des Videos am 17. Mai 2019 hat aber nicht nur den Startschuss für die grundlegende Umgestaltung der politischen Landschaft gegeben, mit Rücktritten und schließlich mit Neuwahlen. Die Ausstrahlung hat der österreichischen und wohl auch der internationalen Öffentlichkeit gezeigt, wie gering sich unsere politische Kultur manchmal von der Politik jener Länder unterscheidet, die man oftmals verächtlich als „Bananenrepubliken" bezeichnet und wie fragil demokratische und rechtsstaatliche Strukturen sein können. Dabei waren viele wie auch ich davon ausgegangen, dass

Österreich seine Lektion gelernt hat und dass unsere 75 Jahre Zweite Republik eine Vorzeigegeschichte an Rechtsstaatlichkeit und Demokratie geschaffen hätten. Wir blickten auf die jungen Demokratien im Osten und Südosten von uns und waren uns ziemlich sicher, dass es „bei uns" um ein Vielfaches geordneter, transparenter und demokratisch legitimierter abläuft. Und dann plötzlich das: da wird politischer Einfluss gekauft, da fließen angeblich unvorstellbare Summen an illegalen Parteienfinanzierungen, da kann man sich Meinungsmacher gefügig machen und alle moralischen Grenzen überschreiten.

Selbst wenn man den in diesem Video auftretenden Personen politisch fern steht, so war doch ein erstes Gefühl, zumindest bei mir, nicht Schadenfreude, sondern Scham. Unser Bundespräsident hat es später auf den Punkt gebracht mit seinen Worten „So sind wir nicht". Aber ein wenig war auch das wie ein Pfeifen im finsteren Wald, um die eigene Verunsicherung zu überspielen. Richtiger wäre wohl gewesen zu sagen. „So ist die überwiegende Mehrheit der Österreicherinnen und Österreicher nicht", oder aber: „So wollen wir nicht sein". Dahinter steht die große Frage, ob für die Menschen in diesem Land demokratisches Verhalten und nachvollziehbare, transparente Entscheidungen wesentliche Elemente ihres eigenen Lebensentwurfs sind oder ob hinter der Fassade manches augenzwinkernd akzeptiert wird: Hier ein wenig Schwarzarbeit, dort ein kleines Geldkuvert, dann wieder ein „Der Papa wird's schon richten"-Verhalten. Ganz aus der Welt ist es jedenfalls nicht, wenn man annimmt, dass bei uns (und wohl nicht nur bei uns) noch einiges möglich ist.

Die Reaktion der im Ibiza-Video auftretenden Personen war auch typisch: Es galt die Devise „Haltet den Dieb!" Natürlich kann und muss gefragt und rechtsstaatlich geklärt werden, wie das Video zustande gekommen ist, aber das ist ein Nebenschauplatz zum Skandal des Inhalts. Wenn ich per Zufall einen versuchten Raub mit meiner Handykamera gefilmt habe, dann ist die Frage, ob ich ohne Einwilligung, also widerrechtlich, Personen abgebildet habe, gänzlich nebensächlich zu dem, was auf der Aufnahme zu sehen ist.

Irgendwie habe ich das Gefühl, dass diese Ereignisse vor 365 Tagen schon viel weiter zurückliegen als dieses eine Jahr. Wir leben in einem Land nicht nur mit einer anderen Regierung, sondern mit anderen Strukturen und unter anderen Rahmenbedingungen. Die nach Ibizia geformten politischen Verhältnisse haben sehr rasch einen Härtetest durchlaufen müssen und sie haben diesen auch recht gut bestanden. Dies war wohl auch deshalb möglich, weil man in Österreich noch ganz gut auf die Autoritätsgläubigkeit zählen kann. Jetzt aber geht es langsam wieder darum, auch kritischen Stimmen Gehör zu verschaffen, auf demokratische Vielfalt der Meinungen zu setzen, komplexere Abläufe bei der politischen Entscheidungsfindung nicht nur zuzulassen, sondern als Wesen der Demokratie zu akzeptieren. Dann hätte der in diesen Wochen oft gehörte Slogan „Wir schaffen das" nicht nur die Funktion, Regeln durchzusetzen, sondern diese auch zur rechten Zeit wieder zu lockern.

Sendung vom 16. August 2020
Das Ende des Zweiten Weltkrieges

In den letzten Monaten waren die österreichischen und internationalen Medien voll von Gedenkartikeln zum Ende des zweiten Weltkriegs vor 75 Jahren. Es ist unzweifelhaft richtig, dass bei uns im Mai vor einem dreiviertelten Jahrhundert die Waffen schwiegen, die Konzentrationslager befreit und die unmittelbaren Schrecken des Krieges vorbei waren. Man konnte, wenn auch unter unvorstellbaren Bedingungen, an die Gestaltung einer Nachkriegsgesellschaft gehen.

Dennoch, im Weltmaßstab war der Krieg noch nicht vorbei. Die USA und Japan kämpften noch im Pazifik um jede Insel, und Russland war eben erst in den Krieg auf der Seite der Amerikaner eingetreten, nicht zuletzt, um sich einen Anteil an der Kriegsbeute zu sichern. Erst die beiden Atombombenabwürfe auf Hiroshima und Nagasaki am 6. und am 9. August entschieden den Krieg im Fernen Osten.

Es ist heute genau 75 Jahre und einen Tag her, dass der japanische Tenno Hirohito im Rundfunk die bedingungslose Kapitulation Japans ankündigte. Man hatte also noch fast eine Woche lang gezögert, um sich letztendlich in die unvermeidliche Niederlage zu fügen. An diesem Tag wurden auch Formosa und Korea wieder zu Staaten, die von Japan unabhängig waren. Und es sollte noch mehr als zwei Wochen dauern, bis am 2. September 1945 Japan die Kapitulationsurkunde unterschrieb. Erst mit diesem Akt war der Zweite Weltkrieg endgültig zu Ende gegangen.

Japan ist für die meisten von uns ein fremdes Land. Meine Tochter hat drei Jahre dort gelebt, und ich konnte ein paar Mal Japan bereisen, als weite Reisen noch eine reale Möglichkeit gewesen waren. Bei mir an der Universität Graz hat auch eine Gruppe von Japanerinnen und Japanern erfolgreich studiert, einige von ihnen sitzen heute auf

Lehrstühlen in ihrem Heimatland. Und besucht man die Gedenkstätte in Hiroshima, so hört man im deutschsprachigen Audioguide den Text mit der Stimme einer meiner Studentinnen. Sie und ihr Mann haben mich und meine Frau auch durch Hiroshima geführt, und man steht erschüttert vor den Zeugnissen jener gewaltigen und wohl militärisch schwer zu rechtfertigenden Katastrophe, die der Abwurf der Atombombe verursacht hat. Dieser Abwurf hat den Lauf der Geschichte ganz wesentlich beeinflusst.

Trotz der mehrfachen Besuche und der vielen persönlichen Kontakte, trotz meiner Gastvorträge an japanischen Universitäten und trotz der Begegnungen mit vielen jungen Menschen dort ist mir das Land fremd und wohl auch unverständlich geblieben. Es war leicht, mit meiner Tochter an meiner Seite zurecht zu kommen, aber alleine wäre ich mir wohl meist verloren vorgekommen. Manchmal am ganz frühen Morgen, nicht später als um fünf Uhr, am alten Fischmarkt in Tokyo, konnte man bei der Thunfischauktion ein Schauspiel sehen, das wie von einem anderen Stern aussah. Ich hatte einmal das Glück, ein paar Tage in einem Hotel direkt daneben untergebracht zu sein, und bin täglich zeitig aufgestanden, um dieses Schauspiel nicht zu versäumen. Aber sonst war ich immer froh, mich nicht alleine zurechtfinden zu müssen.

Dabei hatte das Resultat des Zweiten Weltkriegs Japan nachhaltig verändert. Der Tenno, also der japanische Kaiser, wird zwar immer noch als Sohn der göttlichen Sonne verehrt, er hat aber nur eine symbolische Funktion im Staat. Besucht man den Jasukuni-Schrein, den wichtigsten Erinnerungsort Japans, den auch alle Regierungschefs gleich nach ihrer Angelobung besuchen, so werden dort noch immer auch alle Kriegsverbrecher verehrt, ja als Heilige angesehen, da sie ihr Leben für Japan und den Tenno gaben. Hinter der fast totalen Verwestlichung des Erscheinungsbilds, betrachtet man die Geschäfte oder die Kleidung der Menschen, hat sich ein Verständnis der eigenen Geschichte gehalten, das wenig mit unserer Aufarbeitung der

Vergangenheit zu tun hat. Und wir sogenannten „Langnasen" werden wohl von vielen noch immer für nicht gleichwertig gehalten.

Dennoch, das Land ist faszinierend und wunderschön. Wenn man die Gelegenheit hat, in der alten Kaiserstadt Kyoto die Tempel zu sehen, dann ist man sprachlos, vor allem, weil es hier gelingt, eine Harmonie zu erzeugen, die sich wie selbstverständlich aus den Tempeln, den Steinen, den Pflanzen und dem Wasser ergibt. Man wird mit einer Perfektion konfrontiert, die in Europa wohl nirgendwo übertroffen wird.

Trotz der Globalisierung ist unsere Welt auch nach dem Ende des Zweiten Weltkrieges vielfältig geblieben. Kulturen, Sprachen, Religionen, Speisen, Traditionen und Weltbilder unterscheiden sich grundlegend. Es kann nicht Ziel sein, das alles zu vereinheitlichen und nur eine dominante Kultur darüberzustülpen. Aber es muss Ziel sein, dass all dies friedlich nebeneinander existieren kann, dass die Menschenrechte universell Gültigkeit haben und dass die Unterschiede nicht zu Vorurteilen und Blutvergießen führen. Erst wenn das erreicht ist, dann ist der Zweite Weltkrieg auch in den Köpfen der Menschen wirklich zu Ende.

Sendung vom 11. Oktober 2020

Die Kärntner Landesausstellung

Hundert Jahre und einen Tag ist es heute her, dass in unserem Nachbarbundesland Kärnten eine Volksabstimmung die Einheit des Landes sicherstellte. Fast 60 % der Bevölkerung in der damaligen Abstimmungszone A, die mehrheitlich von Menschen mit slowenischer Muttersprache bewohnt wurde, haben sich damals für den Verbleib bei Österreich ausgesprochen. Dieses erstaunliche Ergebnis war möglich, weil das Gift der nationalen Emotionalisierung die slowenisch sprechende Landbevölkerung noch nicht wirklich erfasst hatte und man daher rational die Argumente, die für oder gegen einen Verbleib bei Österreich sprachen, abwägen konnte. Die Vernunft konnte die nationale Emotion noch in Zaum halten, was in der damaligen Zeit ein bemerkenswerter Sonderfall war.

Das Abstimmungsresultat kam aber auch deshalb zustande, weil es damals in Kärnten einen politischen Schulterschluss gab. Die Parteien standen zusammen, jede Partei sprach ihr eigenes Klientel an, und gemeinsam hatten sie auch den Abwehrkampf getragen, der eine der Ursachen dafür war, dass es überhaupt zur Volksabstimmung kommen konnte. Deutsch oder Slowenisch sprechende Kärntnerinnen und Kärntner, Bauern, Arbeiter und Bürger, sie alle haben ihren Beitrag geleistet, dass die Grenze auch künftig entlang der Karawanken und nicht entlang der Drau verlief.

Dieses gemeinsame Erringen eines politischen Erfolges wurde aber sehr rasch umgedeutet. Der immer stärker werdende Deutschnationalismus vereinnahmte die Volksabstimmung als einen „Sieg in deutscher Nacht", und dem Kärntner Heimatlied wurde eine vierte Strophe hinzugefügt, in der man zu singen hatte, dass man „mit Blut die Grenze schrieb". Den Kärntner Slowenen verweigerte man die Einlösung der Zugeständnisse, die man ihnen vor der

Volksabstimmung gemacht hatte, und wer das weitere Schicksal dieser Menschen in den Folgejahrzehnten emotional nachvollziehen will, sollte zu Maja Haderlaps großartigem und berührenden Roman „Engel des Vergessens" greifen.

Hundert Jahre sind aber auch als Zeitraum lange genug, um aus einem gewissen Abstand die Geschichte zu betrachten. Die Verwundungen, von denen die Familiengeschichten zu erzählen wissen, sollten langsam vernarben und hinter dem Nebel der politischen Vereinnahmungen sollte sich die Geschichte von Abwehrkampf und Volksabstimmung langsam in ihren Strukturen einordnen lassen. Die Wissenschaft hat das ja schon seit einiger Zeit getan, und inzwischen scheinen auch die öffentliche Wahrnehmung und der politische Diskurs dazu bereit. Es werden keine zweisprachigen Ortstafeln mehr ausgerissen und auf konsensbereiten Politikern landen keine Eier oder Tomaten mehr. Die Volksabstimmung kann also langsam als gemeinsamer Erfolg wahrgenommen werden, als ein Erfolg, der auch zukunftsweisend ist, als er den emotionsgeladenen Nationalismus jener Zeit mit Vernunftargumenten in die Schranken weisen konnte.

Ich hatte die Möglichkeit, bei der Gestaltung der diesjährigen Kärntner Landesausstellung, die natürlich der Volksabstimmung gewidmet ist, mitarbeiten zu können. Als große Wanderausstellung tourt sie durch die Bezirke, coronabedingt mit Verspätung und auch mit Einschränkungen bei den Besuchen, nichtsdestotrotz aber von der Bevölkerung weitgehend positiv aufgenommen. Wir versuchen zu zeigen, dass auf einem wissenschaftlich gut gesicherten Fundament das Gemeinsame aus jener Zeit vor hundert Jahren die Grundlage für eine gute Zukunft sein kann.

Die Steiermark hat im Gegensatz zu Kärnten vor gut einem Jahrhundert fast ein Drittel ihres Landes an den neuen Nachbarstaat im Süden verloren. Die Abtrennung der Untersteiermark erzeugte lange Jahrzehnte Phantomschmerzen, und so zeigen beide Beispiele,

Kärnten und die Steiermark, dass das Definieren von Grenzen in gewisser Weise stets Kollateralschäden erzeugt. Das gilt für die politischen Vereinnahmungen und Uminterpretationen in den Folgejahrzehnten, es gilt aber in erster Linie für die unmittelbar betroffenen Menschen. Sie sind es, die Geschichte und auch die Folgen von Geschichtsinterpretationen zu erdulden haben.

Von Olga Tokarczuk, der großartigen Nobelpreisträgerin für Literatur, deren Werke ich derzeit verschlinge, habe ich in ihrem eben erschienenen Buch „Letzte Geschichten" gerade die berührenden Sätze gelesen: „Eines Nachts machte sich die Grenze auf den Weg und fand sich an einem völlig anderen Ort wieder. Und es stellte sich heraus, dass wir auf der falschen Seite waren. Und da der Mensch nicht ohne Grenzen leben kann, mussten wir uns auf die Suche nach ihr machen." Das Buch handelt zwar von der Grenze zwischen Polen und der Ukraine, aber die Sätze bringen gut zum Ausdruck, wie hilflos sich Einzelschicksale gegenüber welt- und machtpolitischen Entscheidungen ausmachen. Über Frauen und Männer, über Kinder und Greise rollen diese Entscheidungen hinweg, greifen tief ins Leben ein, verletzen und beschränken Handlungsspielräume. Eigene Verletzungen vernarben zu lassen und auch die Verletzungen beim anderen zu sehen, das sollte im Abstand von hundert Jahren möglich sein.

Sendung vom 8. November 2020

Mögest Du in interessanten Zeiten leben

„Mögest Du in interessanten Zeiten leben", das ist ein angeblich chinesisches Sprichwort, das meist als Fluch angesehen wird. Interessante Zeiten, das ist der Gegensatz zu ruhigen und friedlichen Zeitabschnitten. Das Zitat, das auch das Motto der letztjährigen Biennale in Venedig war, deutet also Phasen der Verunsicherung und der großen Krisen an.

Die abgelaufene Woche brachte uns solche interessanten, ja dramatischen und schrecklichen Tage. Am Montag am Abend saß ich mit meiner Frau vor dem Fernseher, und wir hörten die Rede des Bundespräsidenten, der uns darauf einschwor, die Bedrohlichkeit der zweiten Welle der Coronakrise ernst zu nehmen und die angeordneten Maßnahmen zu befolgen. Der zweite, zumindest partielle Lockdown stand ja bevor, und die Entwicklungen seither sollten den Warnungen leider nur allzu deutlich Recht geben.

Kaum war die Rede des Bundespräsidenten vorbei, erreichte uns eine Nachricht von einer Freundin aus Wien, deren Sohn in der Wiener Innenstadt vor einer Schießerei in einen Hauseingang flüchten musste. Und innerhalb weniger Minuten war es offiziell: Ein Terrorist war durch einen am Abend vor dem Lockdown besonders belebten Stadtteil gelaufen und hatte wahllos in die Menschenmenge geschossen, ehe die Polizei ihn ausschalten konnte. Der islamistische Terror, wie ihn vor allem Frankreich in den letzten Jahren und Wochen erleben musste, war also auch bei uns, auf der vermeintlichen Insel der Seligen, angekommen. Stundenlang verfolgten wir die Berichterstattung, tief erschüttert und aufgewühlt. Und erst langsam erhellten sich die Hintergründe, darunter später auch die Pannen der österreichischen Behörden.

Am Dienstag fanden schließlich in den Vereinigten Staaten von Amerika die Präsidentschaftswahlen statt. Und obwohl nun ein vorläufiges Resultat vorliegt, nachdem mehr als drei Tage lang ausgezählt wurde, ist der Kampf um das Weiße Haus wohl noch länger nicht vorbei. Jetzt werden die Gerichte bemüht, Neuauszählungen verlangt und wohl auch durchgeführt und Emotionen geschürt. Man spricht davon, dass der Wahlsieg gestohlen worden wäre, und der Sohn des derzeitigen Verlierers rief sogar, wie einst Goebbels, zum „totalen Krieg" auf. Fassungslos verfolgten wir die Ereignisse im Fernsehen und auf den amerikanischen Nachrichtenportalen im Internet. Es war also eine Woche mit wenig Schlaf, geschuldet diesen interessanten Zeiten.

Alle drei Erschütterungen, die Verschärfung der Coronakrise, der terroristische Anschlag und die umkämpfte Wahl, die in weniger als zwei Tagen kulminierten, deuten entscheidende Zeitenwenden an. Wie werden wohl noch in Jahren darüber sprechen, wie wir diesen 2. und 3. November 2020 erlebt haben, wo wir gerade waren und was die Ereignisse in uns ausgelöst haben.

Der Terrorismus als Kampfform von islamistischen Fundamentalisten gegen die liberalen Demokratien ist nun auch für uns ganz unmittelbar zu einer Bedrohung geworden, auf die man im gemeinsamen Bemühen der aufgeklärten Welt Antworten finden muss, ohne rechtsstaatliche Grundsätze in Frage zu stellen. Die drei Tage Staatstrauer sind vorbei, nun gilt es, Schlüsse aus den Fehlern, die hier in Österreich im Vorfeld passiert sind, zu ziehen und wirkungsvolle Konzepte zu entwickeln.

Das Coronavirus wird uns hingegen noch lange begleiten, und es wird noch dauern, bis dieser Kampf auf der Ebenen der medizinischen Forschung gewonnen sein wird. Aber, und das lehrt uns die historische Erfahrung, dieser Kampf wird gewonnen werden. Da bin ich zukunftsgläubig und optimistisch.

Wer aber in den nächsten Jahren an der Spitze der führenden Weltmacht, also den USA stehen wird, der wird in diesen beiden anderen Problemfeldern ein entscheidendes Wort mitzureden haben, entweder als Teil des Problems oder aber als Teil der Lösung. Darüber hinaus wird diese Person auch mit entscheiden, ob die globale Klimakatastrophe verhindert werden kann oder nicht. Die USA werden unser aller Schicksal entscheidend mit beeinflussen.

Ich gestehe, dass ich derzeit ein ambivalentes Empfinden habe, wenn ich an die USA denke. Dabei habe ich diesen Staat wirklich geliebt. Das begann schon vor einem halben Jahrhundert, als ich ihn mit einem 99-Dollar-Ticket der Greyhound-Buslinie wochenlang bereisen konnte, um nach all den Nächten im Bus über 30 Bundesstaaten zumindest angesteuert zu haben. Insgesamt habe ich, die Reisen und die Gastsemester zusammengezählt, etwa 3 Lebensjahre dort verbracht, ich bin dort zehntausende Kilometer im großen Wohnmobil oder in eigenen Autos gefahren und meine Familie konnte glückliche Zeiten verleben. Nie gab es bedrohliche Situationen, nie mussten wir uns fürchten. Aber in den letzten Jahren konnte man die Spaltung des Landes erkennen. Tiefe Risse gehen durch diese angeblich „vereinigten" Staaten, und der nächste Präsident wird alle Hände voll zu tun haben, die Gräben zumindest notdürftig zuzuschütten.

Interessante Zeiten dauern zum Glück nicht ewig. Es werden auch wieder ruhigere Tage, Wochen und Jahre kommen. Das wünsche ich mir, und ich wünsche es auch Ihnen. Bis dahin: bleiben Sie gesund!

Sendung vom 30. Mai 2021

Eine bessere Welt im Lauf der Geschichte?

In den knapp fünf Jahrzehnten, in denen ich in jungen Menschen Interesse und Begeisterung für die Geschichte zu wecken versuchte, stellten diese oft eine entscheidende Frage an mich: Wurde und wird die Welt im Lauf der Geschichte besser und woran erkennen wir das?

Das ist wirklich eine grundsätzliche Überlegung wert. Ist der geschichtliche Ablauf eine Kreisbewegung, in der, wie bei den Jahreszeiten, kalt auf warm folgt, oder zeigt sich eine Richtung, eine Aufwärtsbewegung, unterbrochen von Rückschlägen, aber doch hin zu einer langfristig besseren Welt? Und mit welchen Instrumenten, mit welchen Fakten, lassen sich stichhaltige Argumente finden?

Ein Indikator, für den relativ verlässliche Daten vorliegen, ist ohne Zweifel die allgemeine Lebenserwartung. Dabei ist klar, wie lange man lebt sagt noch nicht viel darüber aus, wie man lebt, also welche objektive und subjektive Qualität dieses Leben hat. Meinen Studierenden war allerdings rasch klar erkennbar, dass aus den nackten Zahlen doch einiges abgeleitet werden kann. Vor dem 18. Jahrhundert konnten nur kleine und elitäre Gruppen einen Lebenserwartungsdurchschnitt von über 40 Jahren erzielen. Sogar in Europa lag um 1820 die durchschnittliche Lebenserwartung gesamt betrachtet bei etwa 36 Jahren. Ein guter der Teil der Neugeborenen hatte keine Überlebenschancen, Krankheiten und Seuchen rafften die Menschen oft jung dahin. Erst in der zweiten Hälfte des 19. Jahrhunderts wurde die Medizin zu jener Wissenschaft, die ein frühzeitiges Sterben nachhaltig zu verhindern wusste und somit die Welt veränderte.

Im 19. Jahrhundert brachten noch die Kinderarbeit in der Frühindustrialisierung, die Sklaverei und auch die schlechte Versorgung mit ausreichend reinem Trinkwasser manchmal ein Absinken der

Lebenserwartung mit sich. Ich selbst konnte noch für die 1870er Jahre in Industriegebieten Österreichs eine Lebenserwartung von unter 30 Jahren errechnen. Dennoch, es ging seither ständig aufwärts, eingebremst durch die großen Kriege, durch Seuchen wie die Spanische Grippe oder durch den organisierten Massenmord an ausgegrenzten Bevölkerungsgruppen. Auch die etlichen Millionen an Toten, die die Corona-Pandemie jetzt schon zählt, werden einen statistischen Eindruck hinterlassen.

Allen Rückschlägen zum Trotz: von der durchschnittlichen Lebenserwartung von 36 Jahren aus der Zeit von vor 2 Jahrhunderten haben wir uns auf derzeit 73,4 Jahre hochgearbeitet. Ich bin auf diese Zahl fixiert, denn sie entspricht haargenau meinem derzeitigen Alter. Jeder Tag, den ich noch vor mir habe, bringt mich über den statistischen Durchschnitt hinaus.

Weltweit sind die Chancen, diese Alter zu erreichen, natürlich höchst ungleich verteilt. In Hongkong und in der Schweiz liegt man bei 82 Jahren, in Zentralafrika bei 51. Diese mehr als drei Jahrzehnte Unterschied sind ein Indikator für die Ungerechtigkeit in dieser Welt. Die Verteilung der Impfstoffe gegen die Pandemie verstärkt dieses Ungleichgewicht zusätzlich. Österreich liegt erwartungsgemäß ganz gut im Spitzenfeld der Lebenserwartung.

Die Statistik Austria hat übrigens ein nicht uninteressantes Tool im Angebot. Bei Angabe seines Geburtsdatums und seines Geschlechts wird berechnet, wie lange man statistisch noch zu leben hat. Bei mir sind das noch 11,9 Jahre, von der Statistik her werde ich 85,22 Jahre alt und kann mein Ableben also im März 2033 erwarten. Meine Frau, fünf Jahre jünger und auch durch das Geschlecht im Vorteil, sollte mich um ein Jahrzehnt überleben.

Die Statistik, herabgebrochen auf ein Individuum, ist natürlich Humbug. Sie ist nur ein Gedankenspiel, das mir zeigt, dass ich um 25 Jahre länger leben sollte als es meinen Eltern vergönnt war. Und es ist klar, dass eine Erkrankung, ein Verkehrsunfall oder irgendein Naturereignis jederzeit und überall in Menschenleben eingreifen können und dass dann die Statistik nur Makulatur ist.

In seiner Gesamtheit scheint mir aber das Zahlenwerk der durchschnittlichen Lebenserwartung doch zu zeigen, dass es so etwas wie Fortschritt im historischen Verlauf zu geben scheint. Die Zahlen sagen nichts über die Möglichkeiten aus, ob man diese Lebensjahre auch in Würde und mit Lebensqualität verbringen kann, ob man Freiheiten genießt oder in Unterdrückung lebt. Aber sie sollten Hoffnung geben, dass auch die kommenden Generationen zumindest einen zeitlichen Handlungsspielraum für die Gestaltung ihres Lebens haben werden. Und das eröffnet zumindest Chancen, dass sollte Mut machen, gerade nach diesem schweren Jahr der Einschränkungen.

Sendung vom 22. August 2021

Krieg in Afghanistan

Es ist jetzt gerade eine Woche her, als wohl nicht nur ich von der Nachricht überrascht wurden, dass mit der kampflosen Übergabe der Hauptstadt Kabul an die Kämpfer der Taliban der Krieg in Afghanistan für beendet erklärt wird. Ob er tatsächlich vorbei ist, werden wohl erst die nächsten Jahre zeigen. Und die Auswirkungen dieses Kriegsendes werden wir wohl bis zu uns nach Europa spüren.

Ich selbst bin nie in Afghanistan gewesen. Wohl hatte ich einmal einen Studenten, der von dort kam, von dort erzählte und sich gut in unser System eingefügt hat. Das Nachbarland Usbekistan, eine meiner Traumdestinationen, konnte ich bereisen, und immerhin sind etwa 9 % der afghanischen Bevölkerung Usbeken.

Afghanistan ist jedenfalls früh zum Spielball kolonialer Interessen geworden. Das Zaristische Russland drängte an den Indischen Ozean und die Briten versuchten, Afghanistan als Bollwerk dagegen militärisch zu kontrollieren und zugleich den Herrschaftsbereich in Südasien auszubauen. Nach dem Jahrzehnte dauernden Ringen wurde das Land in der Zwischenkriegszeit unabhängig und beschritt ab 1933 als konstitutionelles Königreich eine Politik der Modernisierung und Demokratisierung. Sogar das Frauenwahlrecht wurde eingeführt und Afghanistan war schon seit 1946 Mitglied der Vereinten Nationen. 1973 wurde das Königshaus gestürzt und eine linksgerichtete Regierung begann, mit Anlehnung an die Sowjetunion eine gesellschaftliche Umgestaltung, vorerst mit durchaus ambitionierten Zielen wie einer großen Alphabetisierungskampagne. Allerdings regte sich gegen diese Politik regionaler, religiös motivierter Widerstand.

Mit dem Einmarsch sowjetischer Truppe vor nunmehr 42 Jahren begann die aktuelle Leidensgeschichte des Landes. Die sowjetischen

Truppen trafen auf afghanische Widerstandskämpfer, die „Mudschahedin", die, da es gegen die Sowjetunion ging, von den Vereinigten Staaten und auch von Saudi-Arabien und Pakistan unterstützt wurden. Die Niederlage der sowjetischen Truppen 1989 beschleunigte die Implosion der Sowjetunion, in Afghanistan selbst kam es, als die Mudschahedin 1992 Kabul einnehmen konnten, zur Gründung eines islamischen Staates.

Den religiös radikalen Taliban selbst war dieses neue System aber noch immer zu sehr an westlichen Systemen orientiert. Sie organisierten bewaffneten Widerstand, und 1996 konnten sie in Kabul einmarschieren und das Islamische Emirat Afghanistan errichten, allerdings ohne das ganze Land zu kontrollieren. Über eine Million Menschen flohen aus dem Land, diejenigen, die blieben, mussten sich mit den neuen Gegebenheiten, etwa der Einschränkung von Frauenrechten, arrangieren.

Nach dem 11. September 2001, als islamische Terroristen Flugzeuge in beide Türme des World Trade Centers in New York steuerten, verweigerte Afghanistan die Auslieferung des Drahtziehers, Osama Bin Laden. Daraufhin begannen die USA gemeinsam mit Verbündeten ihre Invasion in Afghanistan, was einen Krieg zur Folge hatte, der nunmehr, nach zwei Jahrzehnten, mit dem Abzug der NATO-Truppen und der sichtlich vollständigen Machtübernahme der Taliban endet.

War es schon bisher so, dass man aus Teilen des Landes fliehen musste, wenn man sich nicht den Vorschriften der radikalen Islamisten unterordnen wollte, so stehen jetzt wohl Zehntausende Menschen nicht nur vor den Trümmern ihrer Existenz, sie sind wohl auch tatsächlich gefährdet, in eine Hinrichtungsmaschinerie zu geraten. Man denke etwa an alle jene, die als Übersetzer, Fahrer oder Reinigungskraft mit den Amerikanern und ihren Verbündeten gearbeitet haben. Welches Schicksal erwartet all diese Menschen in diesen

Tagen und Wochen? Man kann nur hoffen, dass möglichst Vielen noch die Flucht gelingt. Aber wohin?

Die bei uns lebenden Flüchtlinge aus Afghanistan sind durch die unverzeihlichen Taten von jungen, schlecht integrierten Männern unter Generalverdacht gestellt worden. „Abschieben, so lange es geht", scheint noch immer die Devise zu sein, wenn man als Afghanin oder Afghane keinen gültigen Aufenthaltstitel in unserem Land hat. Aber in welches Land? Zurück zu den Taliban dürfte wohl ein Flug, so dieser überhaupt möglich wäre, ein Flug in den sicheren Tod sein, ist man doch vor ihnen geflohen.

Eine humane Lösung ist im Moment außer Sichtweite. Aber ein Stoppen der Abschiebungen nach Afghanistan oder auch nur in ein Nachbarland Afghanistans sollte derzeit außer Frage stehen. Das ist allerdings noch immer keine Lösung für jene, die nun unmittelbar aus Afghanistan weg müssen, um ihr Leben zu retten. Die Welt, oder zumindest jene Teile davon, in denen die Menschenrechte Gültigkeit haben, müssten sich wohl zu einer gemeinsamen Rettungsaktion durchringen. Aber das ist im Moment wohl nur ein frommer Wusch.

Sendung vom 10. Oktober 2021

Landesfeiertag in Kärnten

Für die meisten Menschen in unserem Bundesland ist der heutige Tag, der 10. Oktober, ein ganz gewöhnliches Datum. Heuer fällt er zufällig auf einen Sonntag, im nächsten Jahr wird es ein Montag sein. Für mich aber hat dieser Tag eine spezielle Bedeutung.

Ich bin in Kärnten geboren und aufgewachsen. Der 10. Oktober ist dort ein Landesfeiertag. Das ist nicht so, wie hier in der Steiermark, wo es am 19. März, am Josefitag, ein paar Einschränkungen im öffentlichen Leben gibt, die emotional aber sehr wenige Menschen berühren. Ein 10. Oktober in Kärnten war, zumindest bis in die jüngste Vergangenheit, ein Tag der leidenschaftlichen Auseinandersetzungen um die Identität dieses Bundeslandes. Da wurden und werden unterschiedliche Positionen bezogen, und manchmal, wie etwa noch in den siebziger Jahren, kochte sogar Gewalt gegen Sachen und durchaus auch gegen Personen hoch. Das Verhalten am 10. Oktober entschied für Politikerinnen und Politiker über Erfolg oder Misserfolg bei Wahlen.

Aber worum geht es eigentlich bei diesen Auseinandersetzungen um ein historisches Datum? Der 10. Oktober 1920 war der Tag der Kärntner Volksabstimmung. Dabei ging es um die Frage, ob jener Teil des alten Kronlandes Kärnten, den der Siegerstaat im Süden, der später Jugoslawien heißen sollte, bei Kärnten bleiben oder abgetrennt werden sollte. Das geschah in einer Zeit aufgeheizter nationaler Emotionen, wo fast ausschließlich die jeweils verwendete Sprache über die Zugehörigkeit zu einer zumindest vorgestellten Nation entschied. In ganz Europa versuchte man damals, eher wenig erfolgreich, neue Staatsgrenzen entlang nationaler Trennlinien zu ziehen.

In jenem Gebiet, in dem in Kärnten nach dem Willen der Siegermächte abgestimmt werden sollte, sprachen zwei von drei

Bewohnerinnen und Bewohnern zu Hause Slowenisch, fühlten sich also zumindest sprachlich als Sloweninnen oder Slowenen. Slowenien, Teil des Siegerstaats, hatte also eine gewisse Attraktivität, verglichen zu Österreich, dem armen Verliererstaat. Aber jene Menschen waren noch nicht vollständig vom Fieber des Nationalismus erfasst, sie fühlten sich auch als Kärntnerinnen und Kärntner, die ihre landwirtschaftlichen Produkte auf dem Markt in Klagenfurt verkaufen konnten und die schon über Generationen Seite an Seite mit deutschsprachigen Nachbarn gelebt hatten.

Die Volksabstimmung ging mit einem eindeutigen Votum von fast 60 % zugunsten Österreichs aus. Etwa die Hälfte der slowenischsprachigen Bevölkerung hatte sich also gegen den Siegerstaat und für die Einheit Kärntens entschieden – eine Sensation, wenn man das mit anderen Volksabstimmungen jener Zeit, etwa in Sopron/Ödenburg vergleicht.

Aber das Ergebnis der Abstimmung wurde nur allzu rasch politisch umgedeutet und verhängnisvoll interpretiert. Als ein sogenannter „Sieg in deutscher Nacht" bildete der 10. Oktober bald die Grundlage für deutschnationale Triumphzüge, für eine soziale und kulturelle Abwertung des Slowenischen. Darauf aufbauend konnten die Nationalsozialisten vor knapp 80 Jahren die slowenischsprachige Bevölkerung deportieren, viele in die Konzentrationslager schicken und deren Höfe an Deutschsprachige übergeben. Das Leid jener Zeit wirkt bis heute nach. Maja Haderlaps wunderbares Buch „Engel des Vergessens" hat vor einigen Jahren diese Gefühlswelt für viele Menschen in- und außerhalb Kärntens erschlossen.

Aber diese ersten Schritte in eine Aufarbeitung der Vergangenheit und hin zu einem gemeinsamen Annehmen der positiven und negativen Elemente der Geschichte des Bundeslandes haben Jahrzehnte gedauert. Da gab es den Ortstafelsturm, da wurde ein Landeshauptmann gestürzt und ein Bundeskanzler mit Eiern und Tomaten beworfen. Da wurden Denkmäler gesprengt und Erinnerungstafeln übermalt, und an jedem 10. Oktober wurde Macht demonstriert und Ohnmacht deutlich gemacht. Und Menschen wie mich hat all das dazu gebracht, mit dem Land meiner Herkunft gefühlsmäßig auf Distanz zu gehen.

Doch die letzten Jahre, vor allem aber das ganz andere Gedenken, das 100 Jahre nach der Volksabstimmung zelebriert wurde, mit den Präsidenten Österreichs und Sloweniens, mit der Landesausstellung, die nunmehr durch die Bezirke Kärntens tourt, haben deutlich gemacht, dass Gräben überwunden werden können. Am heutigen Tag wird es ein friedliches Kärnten geben – so hoffe ich zumindest. Das Gemeinsame wird dominieren, die Anerkennung des entscheidenden Beitrags, den die kleinere Volksgruppe zur Einheit des Bundeslandes geleistet hat, kann als gegeben betrachtet werden. Und daher kann auch ich inzwischen ganz ohne mentale Reserve wieder über die Pack fahren und mich nicht nur in der Steiermark, sondern auch in Kärnten zu Hause fühlen. Ich wünsche also allen Kärntnerinnen und Kärntnern einen nachdenklichen, aber zukunftsoptimistischen Landesfeiertag!

Sendung vom 12. Dezember 2021

Regierungsumbildung

Die Adventzeit hat, soweit ich mich zurückerinnern kann, immer als die stillste Zeit des Jahres gegolten. Wohl haben über die Jahre die Betriebsamkeiten im Handel zugenommen und es hat eine Dauerbeschallung durch Weihnachtslieder eingesetzt, es blieb aber auch die Zeit für das Backen der Kekse und das Lesen eines guten Buches im warmen Zimmer.

Heuer ist das deutlich anders. Erst ab morgen öffnen zumindest für den geimpften Teil der österreichischen Bevölkerung Geschäfte und Weihnachtsmärkte, und den Trubel, der dann dort herrschen wird, kann man gut voraussehen. Sogar die Sonntagsruhe für das nächste Wochenende wurde ausgesetzt. Der Lockdown hat den Rhythmus unserer vorweihnachtlichen Abläufe ganz schön durcheinandergewirbelt. Dazu kommt, dass es den meisten Menschen wohl bewusst ist, dass das Virus noch nicht wirklich besiegt ist. Vielmehr kommen die Einschläge näher, die Zahl der Menschen auf den Intensivstationen ist besorgniserregend, und inzwischen kennt wohl wirklich jeder jemanden, dem die Krankheit zugesetzt hat. 13.000 tote Menschen in Österreich, das entspricht 100 Abstürzen von vollbesetzten großen Passagierflugzeugen oder aber die Ausrottung zweier Städte wie Weiz und Gleisdorf. Leugnern oder Verharmlosern sollte man wohl zu einem Besuch auf einer Intensivstation raten, um die Realität zur Kenntnis zu nehmen.

Mitten in diesen turbulenten Wochen haben auch wichtige politische Ereignisse stattgefunden. Unsere Regierung wurde wieder einmal umgebildet. Das hätte an sich wenig Neuigkeitswert, unser Bundespräsident musste in seiner Amtszeit schon gut 100 Angelobungen vornehmen, aber diesmal scheint es sich tatsächlich um eine Weichenstellung gehandelt zu haben. Es ist zu hoffen, dass damit einigermaßen gesichert ist, dass wir nicht wählen müssen, so lange die Pandemie in der ganzen Bedrohlichkeit anhält.

Für mich haben einzelne Details der Regierungsumbildung allerdings ambivalente Erinnerungen hervorgerufen. Vor mehr als 25 Jahren stand ich selbst, damals als Rektor der Karl Franzens Universität Graz, urplötzlich auf der Liste als Minister für Wissenschaft und Kultur. Es hatte aber niemand mit mir gesprochen, kein Mensch hat mich gefragt, ob ich das Amt auch annehmen würde. Aber plötzlich standen Fernsehen, Rundfunk und Printmedien im Rektorat, um mir einerseits zu gratulieren und mich anderseits mit Fragen zu konfrontieren, die ich mir selbst noch gar nie gestellt hatte. Der Wirbel war rasch vorbei, man hatte eine politische Notwendigkeit nicht berücksichtigt gehabt und mich daher als Spielfigur einfach wieder vom Brett genommen. Auch das wurde mit mir nicht kommuniziert. Rückschauend bin ich überzeugt, dass mir hier eine gute Fee die Tür zugeschlagen hat. Ich wäre, ehrgeizig und nicht uneitel, sicher hindurchgeschritten. Mein Leben wäre anders verlaufen, wohl beschädigter, brüchiger und unharmonischer.

Daher habe ich bei dieser Regierungsumbildung vor allem mit Heinz Fassmann mitgelitten. Ein untadeliger Mensch, ein weltweit angesehener und anerkannter Wissenschaftler, der bei aller Detailkritik jedenfalls einen besseren Job gemacht hat als manche Regierungskollegin, passte plötzlich nicht mehr in ein Machtgefüge und hatte auch keine sogenannte „Hausmacht", weder regional noch bündisch. Sein unfreiwilliger Abgang hat ihn auch ganz offensichtlich geschmerzt, obwohl er als Gentleman jede direkte Kritik an der Vorgangsweise vermied.

Umgekehrt ist es aus steirischer Sicht, nach dem grandiosen Scheitern der letzten Nominierung, gut und wichtig, wieder einen Vertreter in der Regierung zu haben. Für den Bildungs- und Wissenschaftsstandort ist es zudem günstig, dass mit Martin Polaschek ein Mann zum Zug kommt, der einerseits die Universitätslandschaft bestens kennt, der anderseits aber mit seinem Bemühen um die Ausbildung der Lehrerinnen und Lehrer auch das Schulsystem überblickt und der, gemeinsam mit den Pädagogischen Hochschulen manche Verbesserung in der Ausbildung anregen konnte. Es ist ihm jedenfalls alles Gute in der neuen und verantwortungsvollen Aufgabe zu wünschen, Ausdauer, gute Nerven und auch Widerborstigkeit, wo sie angebracht sein sollte. Und zur persönlichen Erdung ist es wahrscheinlich gut, mit dem Blick auf seinen Vorgänger nicht zu vergessen, dass man in der Politik auch in diesen Höhen eine Spielfigur ist, die nicht autonom über die Spielregeln entscheidet. Und Schonzeit wird es nicht geben, auch nicht in dieser Adventzeit. Aber vielleicht ein paar besinnliche Tage zu Weihnachten, die ich nicht nur dem neuen Minister, sondern uns allen wünsche.

Sendung vom 9. Jänner 2022

Gedanken zum Jahreswechsel

Der Jahreswechsel ist für viele Menschen ein Zeitpunkt, gute Vorsätze für die nächsten 12 Monate zu fassen. Da nimmt man sich vor, die durch die Weihnachtskekse zugelegten Kilos abzuarbeiten, man verordnet sich mehr Bewegung und plant, den Menschen des persönlichen Umfelds freundlicher zu begegnen. Die jahrelange Erfahrung lehrt aber, dass meist der gewohnte Trott fortgesetzt wird.

Daher haben zu diesem Jahreswechsel meine Frau, eine gute Freundin und ich uns vorgenommen, dass wir uns nichts vornehmen wollen. Wir leben ohnedies seit vielen Monaten zurückgezogen, verreisen nicht, gehen dafür jeden Tag eine Stunde zu dritt spazieren und haben, außer zu den Kindern, so gut wie keine Außenkontakte. Statt guter Vorsätze an uns selbst haben wir allerdings Wünsche an das eben begonnene Jahr.

Da steht an vorderster Stelle der Wunsch nach einer Rücknahme der Emotionen im Streit um den richtigen Weg heraus der medizinischen und gesellschaftlichen Krise, in die wir durch das Corona-Virus geraten sind. Die Bilder von Eskalationen in manchen Teilen der Welt und in Ansätzen durchaus auch bei uns erschrecken wohl nicht nur mich.

Als Kind der Aufklärung war und bin ich davon überzeugt, dass es in allen Streit- und Konfliktsituationen vernünftige Lösungen geben kann. Es geht um ein Abwägen der Standpunkte, um ein Hinhören auch bei den Argumenten der jeweiligen Gegenseite und um eine Definition der gemeinsamen Schnittmenge, auf der dann mögliche Kompromisse aufgebaut werden können. Das ist nicht einfach der kleinste gemeinsame Nenner, sondern es geht vor allem um ein Gewichten der Seriosität der Argumente.

Aber wer bestimmt das? Wenn man wie ich mehr als ein halbes Jahrhundert im Wissenschaftsbetrieb verbracht hat, dann weiß man einerseits, dass seriöse Wissenschaft immer nach bestem Wissen und Gewissen und unter Einbeziehung aller zu diesem Zeitpunkt vorhandenen Informationen und Erkenntnisse Urteile abgibt und Entscheidungen fällt. Man weiß anderseits aber auch, dass diese Entscheidungen Kinder ihrer Zeit sind und daher hinterfragbar sind. Sogar so stabile Wissenschaften wie die Physik mussten etwa durch Einsteins Relativitätstheorie zur Kenntnis nehmen, wie viel auch in ihrem Bereich hinterfragbar ist.

Die Wissenschaft hat gerade in den beiden letzten Jahren Großes geleistet. In weltweit koordinierten Forschungen ist es gelungen, in Rekordzeit medizinische Antworten auf die Pandemie zu finden. Natürlich stehen dahinter auch wirtschaftliche Interessen, der Einfluss der Pharmaindustrie ist wohl nicht zu übersehen, aber insgesamt ist es beeindruckend, was hier geleistet wurde. Da aber gewonnene Erkenntnisse auch entlang der Zeitachse überprüft werden müssen, ist es selbstverständlich, dass etwa Fragen, wie lange ein Impfschutz anhält, erst dann beantwortet werden können, wenn ausreichend Beobachtungen dazu vorliegen. Und vorschnelle Annahmen, meist auch von der Politik eingefordert, müssen korrigiert werden.

In meinem familiären Umfeld sind alle Erwachsenen dreifach geimpft. Trotzdem hat das Virus Wege gefunden, auch hier einzudringen und einmal, bedingt durch eine ernsthafte Vorerkrankung, zur Bedrohung zu werden. Wer aber den Blick auf die wissenschaftlichen Daten nicht scheut, der kann erkennen, dass die Impfung wirkt, dass dadurch tausende Todesfälle vermieden werden konnten. Die Vernunft sollte unzweifelhaft dazu führen, sich impfen zu lassen.

Dennoch, die Impfpflicht scheint mir nicht wirklich geeignet, um das Ziel einer möglichst hohen Durchimpfungsrate zu erreichen. Zu schnell werden hier die Fronten verhärtet und es wird die ultimative Trumpfkarte ausgespielt. Schon längst hätten positive Anreize, sanfter Zwang wie etwa ein persönlicher Brief mit einem vorgegebenen Termin für die Impfung oder vieles mehr eingesetzt werden sollen. Durch die Strafandrohung und durch das damit einhergehende Einschreiten durch die Exekutive wird der sorgende Staat zum kontrollierenden Staat, zum Feindbild für Menschen unterschiedlichster politischer Überzeugungen.

Für mich persönlich ist es klar, und ich möchte auch möglichst viele Menschen davon überzeugen: aus wissenschaftlicher Sicht ist die Impfung die derzeit einzig effektive Antwort auf die Bedrohungen durch die Pandemie. Wir alle hoffen, dass sich durch die Forschung das Spektrum der Antworten erweitert, aber das wird dauern. Darauf zu warten, das scheint kein guter Vorsatz für 2022 zu sein. Jedenfalls, bleiben Sie gesund!

Sendung vom 6. Februar 2022

Queen Elisabeth

Es ist sicher nicht falsch, die heutige Zeit schnelllebig zu nennen. Das gilt nicht nur für die Zeit der Pandemie. Neue Technologien fordern uns schon länger ständig heraus, ein tragbares Telefon aus der Zeit vor 20 Jahren ist heute ein Museumsgegenstand. Politische Kometen steigen auf und verglühen, und nicht nur Österreich bietet dafür gute Beispiele. Moden, Musikstile, Werte und Normen, alles scheint im raschen Fluss.

Aber es gibt auch bemerkenswerte Kontinuitäten und beispielhafte Beständigkeit, mitten im Wandel. Ein gutes Beispiel dafür ist für mich, der ich mich als leidenschaftlicher Republikaner verstehe, Queen Elisabeth II, das formale Oberhaupt des Vereinigten Königreiches und des Commonwealth. Aus der Zeit gefallen steht sie heute auf den Tag genau seit 70 Jahren an der Spitze ihres Imperiums. Sie ist damit schon zwei Jahre länger Herrscherin als Kaiser Franz Joseph, der die Habsburgermonarchie von 1848 bis zu seinem Tod 1916 regierte. Als Elisabeth Königin wurde, waren in Österreich noch die Besatzungsmächte anwesend, Stalin war noch am Leben und die geteilte Welt hatte sich gerade erst formiert. Großbritannien selbst steckte in einer schweren Wirtschaftskrise und die Politik, aber auch die Menschen des Landes mussten erst zu akzeptieren lernen, dass man in der Weltpolitik nur mehr die zweite Geige spielen konnte.

Als Elisabeths Vater starb, musste die damals noch nicht 25-jährige Elisabeth am 6. Februar 1952 die Funktion der Monarchin übernehmen. Sie befand sich gerade in Kenia, als sie die Nachricht erreichte. Sie war nun Königin des Vereinten Königreiches und Nordirland, und formale Herrscherin von 14 weiteren souveränen Staaten, darunter Australien, Neuseeland, Kanada, Jamaika, die Bahamas oder Papua-Neuguinea. Zudem ist man in ihrer Funktion auch weltliches

Oberhaupt der anglikanischen Church of England. Es war also eine gewaltige Last, die vor sieben Jahrzehnten auf ihre Schultern gelegt wurde.

Elisabeth war damals schon fünf Jahre verheiratet, mit ihrem Cousin dritten Grades, Philip von Griechenland. Queen Victoria war die gemeinsame Ururgroßmutter der beiden. Die Ehe dauerte bis zum Tod, weit über sieben Jahrzehnte lang, und die einsam trauernde alte Frau im Chorgestühl der Kirche wurde zu einem ikonografischen Bild. Dabei ist die Familiengeschichte durchaus nicht harmonisch: von Lady Diana bis hin zu Andrew und dessen unerhörten Skandalgeschichten spannt sich ein emotionaler Stressbogen. Und auch die Enkelkinder machen es ihr nicht immer leicht. Die Queen selbst blieb aber all die Jahrzehnte unbestritten eine Sauberfrau, nicht immer von allen geliebt, aber stets respektiert.

Wenn man wie ich noch in der Sandkiste gespielt hat, als Elisabeth den Thron bestieg, der in den 70 Jahren seither aber immer Staatsbürger einer Republik war und dem Adel oder Herrscherhäusern maximal ein wissenschaftlich-historisches Interesse entgegengebracht hat, stellt sich eine grundsätzliche Frage: Was berechtigt und befähigt zur Ausübung einer zentralen Leitungsfunktion mehr, Abstammung oder Leistung? Es gibt darauf eine klare Antwort: das ist nicht notwendigerweise ein Gegensatz. Man kann Scharlatane und Blender auf beiden Wegen nicht ausschließen. Wir kennen Monarchen, wie den alten und nunmehr verstoßenen spanischen König, die nach anfänglichen Verdiensten schändliche Wege eingeschlagen haben, aber das kennen wir auch bei sogenannten bürgerlichen Spitzenpolitikern. Kaum jemandem aus der Familie der Queen würde man es zutrauen, untadelig das Land zu repräsentieren. Wichtig ist aber in allen Fällen, dass es ein demokratisches System gibt, welches den Menschen des jeweiligen Landes Schutz und Rechtssicherheit gibt.

Im Zweifelsfalle halte ich es persönlich mit der Republik. Diese kann alle ihre Führungspositionen bei demokratischen Wahlen bestätigen oder ablösen, kein durch Geburt erworbenes Recht schützt davor, abgewählt und damit aus der politischen Verantwortung entlassen zu werden. Queen Elisabeth hat aber ihre Funktion, das Königreich nach außen zu repräsentieren und nach innen über alle politischen Differenzen hinweg zusammenzuhalten, beachtenswert ausgeführt. Sie war sich stets ihrer Verantwortung bewusst, und das über einen viel längeren Berufszeitraum hinweg als praktisch alle anderen Menschen. Daher sage ich, auch gerade als Republikaner und Agnostiker: „God save the Queen".

Sendung vom 6. März 2022

Krieg, mitten in Europa

Als ich mir vor etwa 10 Tagen erste Gedanken darüber machte, was ich in dieser Sendung sagen soll, war ich voller Optimismus. Der Winter schien so gut wie vorbei, das Ende der Beschränkungen durch die Pandemie war nahe und die sonnigen Tage sorgten wohl nicht nur bei mir für eine positive Grundstimmung. Auf den wunderbaren Bauernmärkten in Graz wurde zumindest schon Schnittlauch in Töpfen angeboten, und die Hoffnung auf den ersten Bärlauch war nicht ganz unrealistisch. Ich hatte also einen Frühlingstext vor Augen, getragen von heiterer Aufbruchsstimmung.

Heute ist das alles ganz anders. Plötzlich brach die Meldung von einem Krieg in Europa über uns herein, aggressiv vom Zaun gebrochen durch den Herrscher eines mächtigen Landes, der einem kleineren und schwächeren Nachbarn seinen politischen Willen aufzwingen will. Die angegriffene Ukraine, die ja im Zentrum Europas liegt, kann sich sicher sein, dass die Weltöffentlichkeit hinter ihr steht und dass diese den Angreifer nicht nur moralisch verurteilt, sondern auch wirtschaftlich für sein Verhalten abstraft. Wie historisch wohl nur 1956 und 1968 kann man eine Welle der Hilfsbereitschaft in Europa und der Welt sehen. Polen, ein Land, das ja nicht gerade für seine liberale Flüchtlingspolitik bekannt war, agiert plötzlich beispielhaft, und auch arme kleine Staaten wie Moldau zeigen, was gelebte Solidarität ist.

Krieg, das schafft für die meisten von uns eine Sondersituation im Leben. Ich denke etwa daran, wie man mir als Volksschulkind in St. Gertraud im Lavanttal zugeflüstert hat, dass man 45 Jahre alt sein muss, um nicht im Kriegsfall zwangsrekrutiert und an eine Front geschickt werden zu können. Der Zweite Weltkrieg war damals erst ein Jahrzehnt vorbei, und ängstlich berechnete ich die Jahre, die für ein Durchtauchen für mich vor mir lagen.

Später waren Kriege weit weg. Sie dienten, da sie im fernen Osten oder aber in Afrika stattfanden, als Folie für politische Diskussionen und als Möglichkeit, seine Gesinnung auch auf der Straße kundzutun. Insgesamt waren sie, auch bei uns friedensbewegten Menschen, abstrakt. Da hatte sich seit Goethes Zeiten nicht viel geändert. Dieser ließ ja seinen Faust sagen:

Nichts Bessers weiß ich mir an Sonn- und Feiertagen
Als ein Gespräch von Krieg und Kriegsgeschrei,
Wenn hinten, weit in der Türkei,
Die Völker aufeinander schlagen.
Man steht am Fenster, trinkt sein Gläschen aus
Und sieht den Fluss hinab die bunten Schiffe gleiten;
Dann kehrt man abends froh nach Haus.

Der Zerfall Jugoslawiens brachte uns den Krieg dann aber näher. Es gab kleine Grenzverletzungen und es gab Flüchtlinge und damit erstmals seit 1956 oder 1968 den konkreten Auftrag zur Hilfe. Dann aber war für ein Vierteljahrhundert wieder Ruhe, und für Menschen unter 40 Jahren ist bei uns Krieg wirklich fern. Das alles ist aber seit 10 Tagen anders und das Bedrohungspotenzial ist wohl größer denn je.

Europa, das von außerhalb als alter und schwacher Kontinent wahrgenommen wird, dessen glorreichen Epochen in der Vergangenheit liegen, hat zur Überraschung vieler zur politischen Handlungsfähigkeit zurückgefunden. Selbst Großbritannien bringt sich konstruktiv ein, Deutschland vollzieht eine sicherheitspolitische Kehrtwende und Frankreich lässt sich durch den gerade laufenden Präsidentenwahlkampf nicht davon abbringen, den derzeitigen EU-Ratsvorsitz als Motor einer neuen Einigung zu nutzen. Damit hat

Putin bei seinem Vorgehen gegen die Ukraine sicher nicht gerechnet. Aber die Ukraine liegt in der Mitte Europas, und was wäre etwa unsere österreichische Geschichte ohne Galizien oder die Bukowina, ohne Joseph Roth, ohne Paul Celan oder ohne Joseph Schumpeter? So entsteht gerade durch die Aggression von außen so etwas wie eine gesamteuropäische Identität, eine Entwicklung, die Hoffnung macht.

Ja, es ist gerade jetzt, wo Millionen von Ukrainern verzweifelt und gefährdet sind, tröstlich, diesen Hoffnungsschimmer zu sehen. Brecht hat geschrieben:

Am Grunde der Moldau wandern die Steine,
Es liegen drei Kaiser begraben zu Prag.
Das Große bleibt groß nicht und klein nicht das Kleine
Die Nacht hat zwölf Stunden, dann kommt schon der Tag.

So wünsche ich Ihnen einen schönen Sonntag der Solidarität mit der Ukraine.

Sendung vom 27. März 2022

Unterstützung für die Ukraine

Vor einer Woche war mein Sohn einer von den 45.000 Menschen, die im Ernst-Happel-Stadion in Wien das gewaltige Benefizkonzert für die Ukraine live miterleben konnten. Meine Frau sucht Kleidung zusammen, um sie zur Caritas zu bringen und die Volkshilfe wird von uns bei ihren wichtigen Hilfsmissionen natürlich finanziell unterstützt. Gar keine Frage: Wie wohl fast ganz Österreich stehen wir mit unseren Emotionen und unseren Möglichkeiten auf der Seite der Ukraine, die sich tapfer gegen die russische Aggression stellt. Und auch wir sehen in diesem Krieg einen Kampf der grundlegenden Wertesysteme, der unterdrückenden Diktatur gegen die liberale Demokratie. Die Ukraine ist emotional Teil unseres sogenannten Westens, während uns Russland derzeit kalt und fremd erscheint.

Aber dann gibt es plötzlich das Bild einer jungen Frau im Fernsehen, Marina Owsjannikowa, die sich von ihrer sicheren Stelle beim staatlichen russischen Fernsehen aus wagte, ein Plakat mit der Wahrheit über diesen Krieg für einige Sekunden ins Bild zu halten. Sie wusste um den Preis, den diese Aktion hatte, nicht nur für sie, sondern auch für ihre Kinder. Russland hat also auch ein anderes Gesicht, und es sind nicht wenige, die täglich auf den Straßen verprügelt und verhaftet werden, weil sie ihre Stimme gegen die Unterdrückung der Meinungsfreiheit erheben.

Es ist ziemlich genau 60 Jahre her, dass ich von meinem damaligen Lehrer im Fach Deutsch die Aufgabe gestellt erhalten hatte, mich mit Nikolai Gogols Theaterstück „Der Revisor" auseinanderzusetzen. Das war für mich ein Augenöffner, ich fand zu Alexander Puschkin, zu Fjodor Dostojewski, zu Leo Tolstoy oder zu Anton Tschechow. Europäische Literatur war für mich ohne den russischen Beitrag seither nicht denkbar. Aus dem 20. Jahrhundert kamen Boris

Pasternak und Alexander Solschenizyn dazu. Und, ohne mich als großer Kenner der Musikgeschichte bezeichnen zu wollen, so sind Rachmaninow, Tschaikowksy oder Strawinsky Komponisten, die zu Recht auf den Spielplänen der Konzertsäle weltweit stehen. Und als Zeithistoriker hat mich immer Dimitri Schostakowitsch interessiert, der sich mit Stalin zu arrangieren hatte und dennoch großartige Musik schrieb, die von der Nachwelt als „Geheimgeschichte Russlands" mit all ihrem subversiven Charakter bezeichnet wurde. Und was wäre die moderne bildende Kunst ohne Kasimir Malewitsch und dessen „Schwarzem Quadrat", das einen Durchbruch in der Wahrnehmung signalisiert.

Dieses Russland, ja und zu einen kleinen Teil auch die Sowjetunion, kann nur europäisch gedacht und verstanden werden. Die europäische Kulturgeschichte würde sich selbst verleugnen, wenn man den russischen Anteil auszublenden versucht. Der Vorsitzende des deutschen PEN-Klubs hat es auf den Punkt gebracht: „Der Feind heißt Putin, nicht Puschkin."

In den Ländern, die jetzt im Krieg die Aggressoren sind, also in Russland und in Weißrussland, gibt es auch heute eine Zivilgesellschaft, die nur mit Gewalt kurzfristig zum Schweigen gebracht werden kann. Die regierenden Eliten, und Lukaschenko hat das in Minsk brutal vorgezeigt, können Wahlen fälschen, Tausende ins Gefängnis stecken oder aus dem Land vertreiben. Aber Lukaschenko und Putin schlafen sicher schlecht, denn in ihren Träumen werden, so hoffe ich zumindest, jene Massen erscheinen, die gegen die Unterdrückung aufstehen und ein Menetekel an die Wände in den Schlafgemächern schreiben.

Es ist nicht Russland, zumindest nicht ganz Russland, das hier in den Krieg gezogen ist. Es sind kleine, immens reich gewordenen politische Eliten, die um ihre Positionen fürchten und die willfährige Jasager um sich gescharrt haben und abweichende Meinungen durch Säuberungen, ganz in der Tradition Stalins, zum Schweigen bringen wollen. Diese Eliten können kaum von außen vom Sockel geholt werden, aber sie werden auf Dauer dem Druck der eigenen Bevölkerung nicht standhalten. Die öffentliche Meinung kann heute nicht mehr komplett gesteuert und manipuliert werden, und Russlands Jugend dürfte sich in der großen Mehrheit nach einem Leben sehnen, in dem nicht vorgeschrieben wird, was man zu denken oder wen man zu lieben hat.

Daher ist es, neben der Solidarität mit Ukraine, auch wichtig, das „andere Russland" zu sehen und moralisch zu unterstützen. Europas kulturelle und moralische Grenzen decken sich nicht mit den derzeitigen politischen Trennlinien. Und es sollte sich dieses gemeinsame Europa zumindest für die Lebensspanne unserer Kinder realisieren lassen.

Sendung vom 8. Mai 2022

Muttertag und Mütter im Krieg

Am heutigen Muttertag ziemt es sich zu allererst, sich in die Schlange der Gratulantinnen und Gratulanten einzureihen, die heute ihre Mütter Hoch leben lassen.

Meine eigene Mutter, mit der mich eine intensive Beziehung verbunden hat, wäre vor wenigen Tagen 98 Jahre alt geworden. Leider ist sie schon vor 36 Jahren verstorben, 17 Jahre nach ihrem Mann, meinem Vater. Noch viele Jahre nach ihrem Tod hatte ich oft das Gefühl, ihr unbedingt etwas zeigen oder sie etwas Wichtiges fragen zu müssen. Sie war auf ihre ruhige Art für mich eine Instanz.

Meine Mutter war 14, als die Erste Republik Österreich von der Landkarte verschwand. Und sie stand unter den jungen Mädchen, die jubelten, als Hitler Graz besuchte. Als der Krieg zu Ende war, genau heute vor 77 Jahren, war sie verheiratet und hatte schon eine Tochter. Die Furcht vor den sowjetischen Soldaten ließ sie zu den Briten fliehen, und zweifellos empfand sie das Kriegsende als Niederlage, als das Ende mancher ihrer Träume und Hoffnungen. Den 8. Mai als Tag der Freude zu empfinden, das erschien ihr damals schlechthin unmöglich.

Es hat einige Jahre gebraucht, bis die Generation meiner Mutter erkennen konnte, welchen falschen Versprechungen sie in ihrer Jugend Glauben geschenkt hatte. Erst als sie die Alternative zur nationalsozialistischen Diktatur, die demokratische Republik, zu schätzen gelernt hatte, vor allem aber, nachdem sie mit mir das Konzentrationslager Mauthausen besucht hatte, wurde ihr die Dimension der Unmenschlichkeit von faschistischen Systemen, insbesondere des Nationalsozialismus, bewusst. Meine Mutter hat ihre Lektion gelernt, schmerzhaft und unter einem mühsamen Ablösungsprozess von den Überzeugungen, die ihrer Generation in den Jugendjahren eingeimpft worden waren.

Heute stellt die überwältigende Mehrheit der bei uns lebenden Menschen wohl nicht mehr in Frage, dass die Niederringung des Nationalsozialismus und das damit verbundene Ende des Zweiten Weltkriegs nicht nur ein entscheidendes Datum in der Geschichte des 20. Jahrhunderts darstellt, sondern auch den Wendepunkt hin zu ganz neuen Möglichkeiten für Österreich und andere Staaten ermöglichte. Der 8. Mai ist ein Tag der Freude.

Wenige Tage vor dem Ende des Krieges konnten amerikanische Soldaten das Konzentrationslager Mauthausen befreien. Die Dinge, die sie dort sahen, übersteigen unser heutiges Vorstellungsvermögen. Wie schon, und wohl noch in einer größeren Dimension, am 27. Jänner 1945, bei der Befreiung von Auschwitz, als die sowjetischen Truppen auf Leichenberge und vollständig ausgemergelte Überlebende stießen, bot auch Mauthausen ein Bild des Grauens. Auch auf österreichischem Boden hatten sich Verbrechen gegen die Menschlichkeit abgespielt.

Die Gedenktage 5. Mai für Mauthausen und 8. Mai für das Kriegsende stehen zweifelsfrei für das Ende einer grausamen Epoche, wobei die Frage nach der Kriegsschuld praktisch eindeutiger beantwortbar war als bei allen vorangegangenen Kriegen. Mauthausen steht als dunkler Gedächtnisort in unserer Geschichte. Aber gerade die Schreckensbilder haben zu einem europaweiten „Nie wieder" geführt. Sie haben sich in das kollektive Gedächtnis des Kontinents eingebrannt, und es schien, dass die Erinnerung daran keine weiteren Kriege zumindest auf diesem Kontinent mehr möglich machen sollten.

Diese Hoffnung erwies sich lange als stabil. Aber schon die blutigen Kriege beim Zerfall Jugoslawiens machten deutlich, dass in dem „Nie wieder" allzu viel Optimismus mitgeschwungen hatte. Und die Gegenwart, mit dem dramatischen Überfall Russlands auf die Ukraine und mit den Bildern, die uns von dort erreichen, zeigt, dass Kriege und Verbrechen gegen die Menschlichkeit noch nicht im Museum gelandet sind. Friede und Sicherheit sind keine Gewissheit mehr.

Umso wichtiger erscheinen mir am heutigen Tag die Erinnerungen an den 8. Mai vor 77 Jahren. Dieses Datum sollte Hoffnung geben. Es gibt auch eine Zeit nachher, wenn die Waffen schweigen. Und es wird hoffentlich auch bald für die Ukraine einen Gedenktag an das Ende des Krieges geben, einen Tag, der der Startpunkt in eine bessere Zukunft sein kann und soll. Dann wird es auch in der Ukraine Mütter geben, die mit ihren Kindern wieder einen Muttertag feiern können, der nicht von Angst, sondern von Zukunftshoffnung geprägt sein wird.

Sendung vom 5. Juni 2022

Der Marshallplan

Es ist heute auf den Tag genau ein dreivierteltes Jahrhundert her, dass der damalige Außenminister der Vereinigten Staaten, George C. Marshall, in einer sehr kurzen, knapp zehnminütigen Rede vor Absolventinnen und Absolventen der berühmten Harvard University vorschlug, ein großzügiges Hilfsprogramm für alle vom Zweiten Weltkrieg zerstörten Länder Europas einzurichten.

Hinter dieser später als „Marshallplan" in die Geschichtsbücher eingegangen Idee stand einerseits der tatsächliche politische Wille, Europa wirtschaftlich wieder aufzubauen und so den Kontinent als langfristigen Partner und auch als Absatzmarkt für die damalige Überproduktion der US-Wirtschaft zu gewinnen. Anderseits war aber der Kalte Krieg bereits im Anlaufen, und das Hilfsprogramm sollte auch dazu dienen, den demokratischen Teil des europäischen Kontinents rasch als die lebenswertere Alternative zu jenem Teil Europas zu gestalten, der in den Machtbereich der Sowjetunion geraten war. Und tatsächlich war die Hilfe rasch und effizient. Neben den bereits verschickten Care-Paketen entstand so, im Gegenwert von unvorstellbaren 13 Milliarden Dollar, nach heutigem Wert etwa 160 Milliarden Dollar, eine solide Basis für eine Gesundung der Westeuropäischen Wirtschaft.

Österreich profitierte damals überproportional. Das hatte einerseits damit zu tun, dass die Gefahr bestand, dass der Eiserne Vorhang auch unser Land zerteilen könnte, anderseits aber mit der Auslagenfunktion, die Österreich als das östlichste Zielland der Hilfsaktion gegenüber der Tschechoslowakei und Ungarn hatte. Damit wurde die Grundlage dafür gelegt, dass meine Generation in sozialer Sicherheit aufwachsen und leben konnte.

Vor 75 Jahren konnte das niemand ahnen. Meine Mutter hat wohl damals gerade erst begriffen, dass sie schon wieder schwanger war, wobei ihr zweites Kind gerade erst 9 Monate alt war. Sie wurde sicher von Existenz- und Zukunftsängsten geplagt. Der Krieg war ja gerade erst einmal zwei Jahre vorbei, die Ernährungssituation war noch unvorstellbar schlecht, und tatsächlich sollte etwa die Milch nicht für alle drei Kinder reichen. Meine eigene Erinnerung reicht natürlich nicht in jene Jahre zurück. Seit diese einsetzt, also seit den frühen fünfziger Jahren, ging es stetig aufwärts, und Zukunftsängste waren meiner Generation fremd, obwohl wir objektiv, zumindest aus heutiger Sicht, arm gewesen sind. Das European Recovery Program, wie sich die praktische Umsetzung des Marshallplans nannte, bot also schon sehr rasch die Chance, an eine gute Zukunft glauben zu können. Bis heute ist der ERP-Fonds eine verlässliche Stütze der österreichischen Wirtschaft.

Das Modell des Marshallplans wurde in den Jahrzehnten seither immer wieder in die politische Diskussion eingebracht, aber nie mehr wirklich umgesetzt. Bruno Kreisky sprach von einem Marshallplan für Afrika, und nach dem Fall des Eisernen Vorhangs war ein Marshallplan für Osteuropa in Diskussion. Und es verwundert nicht, dass man jetzt, nach über 3 Monaten Krieg in der Ukraine, bereits davon spricht, dass es notwendig sein würde, das durch den Aggressor so schwer zerstörte Land durch einen Marshallplan, nach dem hoffentlich nicht allzu fernen Kriegsende, wieder aufzubauen.

Man wird es nicht Marshallplan nennen müssen. Es sollte aber außer Streit stehen, dass der demokratische und überwiegend auch nicht gerade arme Teil der Welt in der Pflicht steht, dem zweitgrößten Land Europas beim kommenden Wiederaufbau jene Hilfe zu teil werden zu lassen, die ein tragfähiges Fundament für einen erfolgreichen Wiederaufbau ermöglicht. Die Ukraine hat mit einem hohen Blutzoll unsere Werte verteidigt, wir stehen diesem Land gegenüber in der Schuld.

Aber noch tobt ja der Krieg, noch schweigen die Waffen nicht. Noch immer ist der militärische Ausgang offen. Wenn Putins Russland auch seine primären Kriegsziele deutlich verfehlt hat, so wird aber für die Zukunft wohl entscheidend sein, wer die Häfen am Schwarzen Meer kontrolliert und wie es möglich sein wird, der ukrainischen Wirtschaft eine gedeihliche Entwicklung zu ermöglichen.

Noch geht es aber für uns um die unmittelbare humanitäre Hilfe, um jene Hilfe, die für uns nach 1945 die Care-Pakete dargestellt haben. Aber parallel dazu ist es hoch an der Zeit, sich die effektivsten Formen für einen Wiederaufbau des Landes zu überlegen. Diese Frage wird sich stellen, denn es wird nach dem Krieg eine Ukraine geben, in der die so geschätzte Kultur und Wissenschaft nur dann blühen können, wenn es dafür eine ökonomische Basis gibt. Und dass es dazu kommen möge, das wünsche ich mir von ganzem Herzen.

Sendung vom 31. Juli 2022

Medienvielfalt und Wahrheit

Wenn man in irgendwelchen Gesprächsrunden, die sich unweigerlich um die aktuellen Krisen, also um den Krieg in Ukraine, um Corona, um die Inflation oder um die drohende Knappheit der Energieressourcen drehen, frage ich mich oft, woher denn die Gesprächspartner ihre Informationen beziehen. Da ich mich selbst für nicht allzu schlecht informiert halte, staune ich oft, wie andere Menschen zu Positionen kommen können, die mit meinem Wissensstand wenig Überlappung aufweisen.

Informationen entstehen in den seltensten Fällen durch eigene Beobachtung oder Nachforschung. Sie werden uns zugetragen, vorgegeben oder eingeflüstert. Und je vielfältiger das Angebot an Informationsquellen wird, je größer die Menge an unterschiedlichen technischen Möglichkeiten des Zugangs dazu wird, desto disparater werden die jeweiligen Informationsstände.

Meine Großmutter war noch der festen Überzeugung, dass etwas, das gedruckt wurde, automatisch richtig sein musste. Sie antwortete manchmal auf ein Argument: „Ja, aber die Zeitung hat geschrieben ..." Sie ging davon aus, dass vor dem Druck eine genaue Kontrolle der Korrektheit stattgefunden haben muss. Das galt für ihre Generation auch für den Rundfunk und später dann für die Nachrichten aus dem Fernsehen. Sie konnte die Vielfalt der hunderten von Sendern, der anderen Nachrichtenwege über die sozialen Medien klarerweise nicht ahnen.

Ohne Zweifel gab es auch zu Lebzeiten meiner Großmutter eine gewisse Medienvielfalt. Die Zeitungen hatten klar unterschiedliche politische Positionen und man war eigentlich nur innerhalb einer gewissen Blase gut informiert. Aber zum allergrößten Teil gab es keine Falschmeldungen, sondern nur unterschiedliche Einschätzungen und Gewichtungen. Dass „fake news" zu einem politischen Instrument werden könnten, war undenkbar. Journalistinnen und Journalisten hatten ein hohes Berufsethos.

In der heute auf uns einstürmenden Welle an Nachrichten, die die meisten Menschen „overnewsed but underinformed", also mit Neuigkeiten zugemüllt und gerade dadurch uninformiert zurücklassen, ist es ein Glück, dass es bei uns noch eine seriöse Printmedienlandschaft und einen öffentlich-rechtlichen ORF gibt. So war möglich, dass die Kleine Zeitung gut ein Dutzend Wissenschaftlerinnen und Wissenschaftler zusammengebracht hat, um in einer umfangreichen Broschüre den Krieg in der Ukraine in den globalen Kontext einzuordnen. Und dass der ORF bald auch Gebühren von jenen Nutzern erhält, die nicht vor dem Fernseher oder Radio sitzen, halte ich für fair. Die Nachrichtensendungen des ORF sind tatsächlich auch für mich zwar nicht die einzige, aber eine unverzichtbare Informationsquelle. Und ich gestehe, dass ich zwischen 19 und 20 Uhr nicht gestört werden will, denn da sitze ich vor dem Fernseher. Meine Kinder wissen, dass das eine ganz schlechte Zeit ist, um mich anzurufen.

Zur Qualität des ORF trägt sicher auch bei, dass vor einem halben Jahrhundert die Landesstudios geschaffen wurden, die eine unmittelbarere Nähe zu den Bewohnerinnen und Bewohnern der jeweiligen Region haben. Auch diese Sendeleiste, die „Gedanken zur Zeit", versucht, dem Anspruch von Seriosität, von Regionalität bei gleichzeitigem Blick auf die Welt und von Meinungsvielfalt gerecht zu werden. Dass ich schon 24 Jahre dabei sein darf, dass ich also schon weit über 400 Sendungen gestalten durfte, empfinde ich als ein Privileg. Ich nehme zwar an, dass jene Menschen, die mir seit längerem zuhören, auch nicht jünger geworden sind, aber vielleicht finden auch hin und wieder Jüngere zumindest zufällig das Programm.

In der langen Zeit dieser Sendung hat sich viel geändert. Am Anfang fand die Aufnahme in großen Studios statt, mit Tonbändern, groß wie Autoreifen, und komplizierten Schnitt-Techniken.

Wir durften aber eigene Musik mitbringen und anfangs sogar ohne Manuskript reden. Heute sitzen wir im kleinen Studio, und Sylvia Rauter hat die Schnitte, die notwendig geworden sind, weil wir uns versprechen, in wenigen Minuten erledigt. Frau Rauter ist ja seit vielen Jahren der gute Geist hinter den „Gedanken zur Zeit", und wir als Team wissen, dass es ohne sie unser Programm wohl nicht mehr gäbe. Und gerade mit dem heutigen Tag geht sie in den Ruhestand, allerdings mit der Zusicherung, die „Gedanken zur Zeit" auch weiterhin in ihren Händen zu halten. Das nehmen wir, und ich denke, ich kann das im Namen meiner Kolleginnen und Kollegen sagen, sehr dankbar zur Kenntnis als ein Zeichen der wechselseitigen Wertschätzung. Also, herzlichen Dank und alles Gute!

Sendung vom 28. August 2022

Martin Luther King

Heute vor 59 Jahren schien sich, ausgehend von den Vereinigten Staaten, eine neue Zeit anzukündigen. In der Hauptstadt des Landes zogen 250.000 Menschen beim Marsch auf Washington friedlich in das politische Zentrum der Macht, um für die Bürgerrechte zu demonstrieren. Die Rassentrennung war noch immer Realität, obwohl schon Jahre zuvor Rosa Parks, eine einfache schwarze Frau, sich geweigert hatte, in einem Bus einen Sitzplatz, der Weißen vorbehalten war, zu räumen und damit Demonstrationen, aber auch Diskussionen ausgelöst hatte. Martin Luther King, ein schwarzer Pastor aus Alabama, führte am 28. August 1963 den großen Demonstrationszug, in dem auch gut 60.000 Weiße mitmarschierten, an und hielt seine berühmte Rede „I have a dream" – „Ich habe einen Traum". Er träumte von Gleichberechtigung für alle, egal welcher Hautfarbe. Dies sollte ihm 1964 den Friedensnobelpreis eintragen. John F. Kennedy war noch am Leben, er und King waren die Symbolfiguren eines Aufbruchs, der begleitet wurde von großen kulturellen Veränderungen. Musiker, vor allem Elvis Presley, hatten die alten und strikten Trennlinien zwischen den Hautfarben bereits durchlässig gemacht. Die „wilden Sechziger" schienen politisch und kulturell eingeleitet.

Das schwappte auch nach Europa über. Ich war damals 15 Jahre alt, aber die amerikanischen Ikonen waren sehr rasch auch unsere. Eine neue, eine bessere Welt schien sich anzudeuten. Das galt zumindest für den westlichen Teil des Kontinents.

Aber wenige Monate später wurde Kennedy ermordet. Martin Luther King wurde vom FBI umfassend bespitzelt und politisch einflussreiche Kreise wollten verhindern, dass er den Friedensnobelpreis erhält. Man arbeitete damals schon mit gut gestreuten „Fake

News" also mit gezielter Desinformation, um sein Ansehen in der Öffentlichkeit zu beschädigen. Der Vietnam-Krieg, unter Kennedy eingeleitet, nahm unter dessen Nachfolger Johnson rasch verheerende Ausmaße an, und 1968 wurden sowohl King als auch Kennedys jüngerer Bruder, Opfer von politischen Attentaten. Kulturell aber war der Zeitgeist nachhaltig und irreversibel verändert worden, wofür dann Woodstock als Wegmarke stehen kann.

Der Gesamtbefund bleibt aber, zumindest für die Vereinigten Staaten, ambivalent. Martin Luther Kings Traum ist selbst heute und selbst nach der Präsidentschaft von Barack Obama noch immer nicht Realität. Als ich vor mehr als einem halben Jahrhundert zum ersten Mal die USA bereiste und mit dem damals berühmten 99 Dollar Ticket mit den Greyhound-Bussen über 40 Bundesstaaten zumindest durchquerte, war es noch immer ein Tabubruch, in den Sitzreihen Platz zu nehmen, die, wenn auch nicht offiziell, für die schwarzen Reisenden vorgesehen waren. Und auch in den vielen Besuchen und beruflichen Aufenthalten in den folgenden Jahrzehnten stand uns die soziale Trennlinie stets klar vor Augen. Klar, diese Trennlinie ist durchlässig geworden, aber sie ist noch immer da. Eine wirklich gerechte Welt ist ein noch lange nicht eingelöstes Ziel, nicht nur in Amerika.

Martin Luther Kings Rede vor 59 Jahren war aber der symbolische Startschuss für uns junge Europäerinnen und Europäer, die das Glück hatten, auf der besseren Seite des Eisernen Vorhangs zu leben, an diese bessere Welt zu glauben. Es schienen ja tatsächlich viele Türen aufzugehen. Jahr für Jahr verbesserte sich die ökonomische Situation und Bildung schien sozialen Aufstieg zu garantieren. Mein Bruder und ich waren die Ersten in unserer Familiengeschichte, die es an die Universität schafften und vieles, wovon unsere Eltern nicht einmal zu träumen wagten, schien Realität zu werden. Man konnte an eine bessere Zukunft glauben. Die „Durchflutung aller Lebensbereiche mit Demokratie", die Bruno Kreisky ankündigte, schien eine österreichische Weiterführung der Aufbruchsstimmung der sechziger Jahre zu sein.

Inzwischen hat uns natürlich eine neue Realität eingeholt. Sozialer Aufstieg ist nicht mehr selbstverständlich, der Glaube an die Wissenschaft und an ihre Lösungskapazität für gesellschaftliche Probleme schwindet. In den USA zeigt sich wieder einmal am schnellsten, wie rasch Gesellschaften sich spalten können und wie groß der Anteil der Bevölkerung ist, die Martin Luther Kings Traum nicht mehr mit zu träumen bereit sind. Und das schwappt langsam auch auf Europa über. Die Zukunft malen sich unterschiedliche gesellschaftliche Gruppen ganz verschieden aus.

Man kann und muss dagegenhalten. Mit Aufklärung, mit seriösen Medien, mit dem gesamten Bildungssystem. Das sind wir der nächsten und übernächsten Generation schuldig. In unserer immer komplexer werdenden Welt sollen Argumente, die der sozialen Gerechtigkeit und den Menschenrechten verpflichtet sind, laut und deutlich hörbar sein.

Sendung vom 23. April 2023

Präsidentenwahl in der Türkei

Etwas im Schatten der großen Herausforderungen und Krisen, die uns in den letzten Monaten oder sogar Jahren begleitet haben, könnte sich in der globalen Ordnung in den nächsten Wochen eine wichtige Weichenstellung ergeben. In drei Wochen wählt die Türkei den nächsten Präsidenten, und es ist keinesfalls ausgemacht, dass dieser wieder Recep Erdogan heißen wird. Und das verleitet zu einem kurzen Blick in die türkische Geschichte, denn genau heute vor 103 Jahren vollzog die Türkei den Schritt von der Herrschaft des Sultans über das Osmanische Reich hin zur parlamentarischen Demokratie unter Mustafa Kemal, der später den Ehrennamen Atatürk, also Vater der Türken verliehen bekam.

Ich kann und will hier nicht in den wenigen Minuten die Geschichte der Türkei im 20. und 21. Jahrhundert erzählen. Aber um zu verstehen, was sich in Ankara und Istanbul gerade passiert, müssen ein paar Hinweise auf die Strukturen genügen. Das ist auch für unseren Alltag und unser Zusammenleben wichtig, denn es sind in drei Wochen auch die in Europa lebenden über 3 Millionen erwachsenen Türkinnen und Türken wahlberechtigt, und über 100.000 davon leben bei uns in Österreich. Und zuletzt hat die große Mehrheit für Erdogan gestimmt.

Was Mustafa Kemal Atatürk nach dem Zusammenbruch des Osmanischen Reiches und all den begleitenden Tragödien vom Völkermord an den Armeniern, den unerfüllten Hoffnungen der Kurden auf einen eigenen Staat, dem Krieg mit den Griechen und der Auslöschung der multikulturellen Stadt Smyrna aus der Türkei geformt hatte, war ein Sprung in die Moderne, über Jahrzehnte hinweg. Ein säkularer Staat, ohne politischen Einfluss des Islams, mit unverschleierten Frauen in der Öffentlichkeit, mit moderner

Infrastruktur, mit Flughäfen, Eisenbahnen und Straßen. Das ging nicht einfach, sondern musste durchgesetzt werden, von oben nach unten und unter einer besonderen Rolle des Militärs. Eine diktatorisch verordnete Demokratie, ein Widerspruch in sich selbst.

Vor nicht allzu langer Zeit konnte ich in der Vorlesung noch erzählen, dass das einzige Land der Welt, in dem Frauen mit Verschleierung nicht studieren dürfen, die Türkei ist. Tatsächlich war das Kopftuch abzulegen, wenn man die Universität besuchen wollte, die Trennung von Staat und Religion wurde konsequent umgesetzt.

Es kann nicht verwundern, dass große Teile der Bevölkerung dies alles nicht mittragen konnten. Zu sehr und zu lange waren die Menschen durch Glauben und Tradition geprägt, zu heftig griffen die neuen Regeln auch in die privatesten Lebensbereiche ein. Und viel zu wenig war es gelungen, die Modernisierung zu einem Anliegen der Menschen selbst zu machen. Viele waren eher verängstigt als hoffnungsfroh.

Demokratische Systeme sind, wenn sie vom Volk gegen eine alte, meist feudale Herrschaftsform erkämpft werden, meist haltbar. Demokratie wird zur „res publica", zur Sache des Volkes, also in Republiken oder parlamentarischen Monarchien. Das gilt vor allem für Westeuropa und Nordamerika. In Deutschland und in der Habsburgermonarchie scheiterten die bürgerlichen Revolutionen von 1848, und unter schlimmsten Verwerfungen wurde dieser Prozess erst im 20. Jahrhundert nachvollzogen. Gefestigte Demokratien brauchen diesen Klärungsprozess.

In der inneren Vielfalt der heutigen Türkei ist dieser alte Widerspruch zwischen Modernität und Tradition noch nicht aufgehoben. Auch die Auslandstürken träumen von einer vermeintlich guten alten Zeit, für viele Menschen im Land oder in der Emigration ist Erdogan der „neue Sultan". Aber sein Machtanspruch ist erstmals ernsthaft gefährdet. Ökonomische Schwierigkeiten, dazu auch noch die menschlichen und materiellen Folgen der schrecklichen

Erdbebenkatastrophe, das hat den Glauben in die Regierung geschwächt. Dazu kommen die Verfolgungen und der Terror gegen die Opposition. Auch das außenpolitische Lavieren hat wohl dazu geführt, dass ein Wahlsieg von Erdogan nicht mehr selbstverständlich ist. Ob aber eine politische Alternative die Türkei zu einer stabilen Demokratie formen kann, bleibt allerdings abzuwarten. Es scheint aber jedenfalls nicht ausgeschlossen, dass dem Regieren von Autokraten, das in innerlich wenig gefestigten Demokratien in den letzten Jahren mehrfach zu sehen war, von der eigenen Bevölkerung die Grenzen aufgezeigt werden. Und das ist eine Hoffnung für die ganze Welt.

Sendung vom 18. Juni 2023
Waterloo

Es war ein nasser und unfreundlicher Morgen, als sich heute vor 208 Jahren etwa 15 Kilometer südlich von Brüssel bei Waterloo Napoleon Bonaparte seiner letzten Schlacht stellte. Mit 72.000 Mann stand er den Truppen des Vereinigten Königreiches, Preußen und weiterer Verbündeter mit einer Gesamtstärke von gut 125.000 Soldaten gegenüber. Bei den Kämpfen gab es an diesem einen Tag 47.000 Tote und Verwundete, und der Ausgang der Schlacht beendete endgültig Napoleons Machtansprüche. Waterloo wurde zu seinem persönlichen „Waterloo", und bis heute ist dieser Name als Bezeichnung für eine vernichtende Niederlage, vom Sport bis zur Politik geblieben.

Ehe Napoleon aus seiner Verbannung auf Elba seine Truppen letztmalig sammelte und in diese Schlacht zog, hatte der Wiener Kongress bereits die Neuordnung Europas beschlossen und war 9 Tage vor Waterloo zu Ende gegangen. Der Schreck musste den Gestaltern Europas in die Glieder gefahren sein, als Napoleon gleichsam als Geist aus der Flasche das Ordnungswerk nochmals in Frage stellte. Mit dem Ausgang des Kampfes von Waterloo waren aber die Weichen für die damalige Zukunft gestellt.

Diese Neuordnung war eigentlich eine Altordnung. Die aristokratischen Eliten Europas, inklusive jener aus Frankreich, hatten sich verständigt, das bedrohlich Neue, das von der Französischen Revolution ausgegangen war und das in Teilen davon von Napoleon über Europa verbreitet worden war, einzudämmen und den Kontinent unter einer Daunendecke ruhig zu halten. Das System Metternich steht dafür, diese Ruhe auch mit polizeistaatlichen Methoden zu erzwingen. Und die „Heilige Allianz", das Großmächtebündnis, sollte den Status quo der Herrschaftsansprüche garantieren. Liberales und vor allem auch nationales Denken sollte zumindest erschwert werden, Bewegungen von unten blockiert und Frieden durch Beharrung erzwungen werden.

Napoleon hatte zuvor Europa gründlich umgestaltet, nicht nur als Kriegsherr, sondern auch durch politische Modernisierung. Der Code Napoleon brachte ein neues Rechtsverständnis. Er war Überwinder, zugleich aber auch Weiterentwickler der Französischen Revolution. Sein Wirken fand Bewunderer, auch außerhalb Frankreichs, so etwa auch Ludwig van Beethoven, der ihn die dritte Symphonie widmete, ehe er dann in Napoleon den Tyrannen sah und die Symphonie „Eroica" nannte. Das drückt ganz gut die Ambivalenz aus, die bis heute das Bild Napoleons in der europäischen Erinnerungslandschaft beschreibt. Und seine Spuren hat er an vielen Orten des europäischen Kontinents hinterlassen.

Vor einer Woche war ich mit meiner Frau und den Kindern in Istrien, und wie immer verbanden wir die Erholung auch mit kulturellen Erkundigungen. In Vodnjan, italienisch Dignano, kann man etwa in der Kirche Mumien bestaunen, die nicht verwesen, und die, neben zahlreichen anderen Reliquien, wie etwa einen Dorn aus der Krone Christi oder einen Splitter aus dem Kreuz aus der Furcht vor Napoleon aus Venedig ins damals sichere Dignano verfrachtet wurden und letztlich dort verblieben. Dabei hatten die Franzosen 1805 auch Istrien besetzt, nach acht Jahren aber an Österreich zurückgegeben, während Venedig weiter französisch kontrolliert war. Den Venezianern schienen die Reliquien in Istrien jedenfalls sicherer. Auf Auswirkungen der napoleonischen Jahre kann man an vielen Orten Europas stoßen.

Waterloo am 18. Juni 1815 war als kein wirklich finales Waterloo. Das Erbe Napoleons war nicht auszulöschen. Das gelang zwar mit den Grenzziehungen, also mit politischen Herrschaftsbereichen, nicht aber mit den Ideen der Aufklärung und damit mit den veränderten Denkmustern in Teilen der europäischen Bevölkerung. Die Geschichte zeigt immer wieder, dass ein Waterloo kein Endpunkt ist. Das sollte auch in anderen Bereichen Geltung haben. Nach einer schlimmen Niederlage im Sport geht es trotzdem weiter, Niederlagen bei Wahlen sind auch selten Endpunkte. Diese setzt final erst der Tod. Dass vor einer Woche Silvio Berlusconi verstorben ist, ist Ausdruck davon. Er hat viele Waterloos erlebt und war doch danach stets eine Art Wiedergänger seiner selbst. Er möge, bei allem was man ihm vorwerfen kann und muss, in Frieden ruhen.

Sendung vom 5. November 2023

Krieg als Fortsetzung der Politik

Als Zeithistoriker muss ich gestehen, dass ich beim Versuch, die derzeitigen Konfliktherde in der Welt richtig zu verstehen und einzuordnen, ebenso hilflos bin wie wohl die meisten Menschen, nicht nur hier bei uns. Dennoch scheint es mir notwendig, mit Ihnen einige meiner Überlegungen zur Weltlage zu teilen.

„Nie, nie wolln wir Waffen tragen, nie, nie ziehn wir in den Krieg!", das sang ich in meiner Jugend voller Überzeugung. „Stell Dir vor, es ist Krieg und keiner geht hin", das war etwas später eine der Losungen aus jugendbewegten Tagen. Ich war überzeugt, dass niemand, vor allem nach den bitteren Erfahrungen der beiden Weltkriege, in einen Krieg ziehen will.

Das war natürlich naiv. Kriege haben, wenn auch in der Ferne, unser ganzes Leben begleitet. Der Koreakrieg, vor allem dann der Vietnamkrieg, die Kriege im Nahen Osten, die Befreiungskriege in Afrika, gefolgt von Bürgerkriegen, Afghanistan, Irak, die Balkankriege, die Falklandinseln und viele mehr. Manche gingen uns näher, weil sie mit unserer eigenen Geschichte zu tun hatten, man ergriff leidenschaftlich Partei, andere liefen in emotionaler Distanz.

Kriege waren stets die Fortsetzung von Politik unter Einsatz von Gewalt. Und, wenn auch meist nicht freiwillig, junge Männer und später auch junge Frauen zogen in diese Kriege, wurden getötet, verwundet oder traumatisiert. Wir hingegen konnten bei uns nun fast acht Jahrzehnte in Frieden leben. Ich durfte den Dienst mit der Waffe ablehnen, ohne dadurch gesellschaftlich ausgegrenzt zu werden.

Die beiden großen Kriegsschauplätze der Gegenwart haben eine Gemeinsamkeit. In beiden Fällen ist der Aggressor klar zu benennen. Wladimir Putins „Spezialoperation", also sein Versuch, die Ukraine rasch militärisch zu überrennen und in seinen Einflussbereich zurückzuholen, lässt keinen Zweifel an der Kriegsschuldfrage. Und auch die ungeheure Terroraktion der Hamas, in der weit über tausend israelische Zivilisten, Kinder und alte Menschen, Frauen und Männer, einfach abgeschlachtet und über 200 als Geiseln verschleppt wurden, macht für mich auch im Nahen Osten die Frage der Schuld eindeutig. Sowohl die Ukraine als auch Israel haben das Recht, sich zu verteidigen und die eigene Bevölkerung zu schützen.

Die beiden Schauplätze haben aber auch große Unterschiede. In der Ukraine tobt ein Krieg, der in der Tradition der Kriege des letzten Jahrhunderts steht. Es handelt sich um eine Auseinandersetzung von zwei Armeen, und auch die emotionale Reaktion der demokratischen Weltöffentlichkeit ist eindeutig: Man muss der Ukraine helfen, ihre Unabhängigkeit zu bewahren, wenn es auch nicht klar ist, welche territorialen Lösungen am Ende herauskommen sollten, etwa im Fall der Halbinsel Krim, und was eine russische Niederlage für den Frieden in der Welt bedeuten würde.

Rund um den Gazastreifen ist die Situation anders. Die Terrororganisation Hamas ist keine Armee, sie hat sogar die eigene Bevölkerung in Geiselhaft. Jeder Mensch, auf den israelische Soldaten treffen, könnte ein Hamas-Kämpfer sein, der Feind ist nicht erkennbar, operiert von zivilen Orten aus, etwa auch von Krankenhäusern. Was ein Krieg gegen eine solche Struktur bedeutet, konnte die Welt in Vietnam oder in Afghanistan sehen. Die zivilen Opfer führen dazu, dass die Weltöffentlichkeit Bilder geliefert bekommt, die berechtigte humanitäre Hilfeschreie sind.

Das polarisiert die Weltöffentlichkeit und vermischt sich mit dem an vielen Orten zumindest als Bodensatz erhaltenen Antisemitismus. Das trägt den Konflikt somit auch auf die Straßen der Demokratien. Es sollte aber klar sein: der Kampf der Hamas ist kein antiimperialistischer Befreiungskampf. Es geht um das Existenzrecht Israels.

Man darf, ja man soll die israelische Politik auch kritisieren. Die politische Situation im Land ist gespalten, demokratische

Errungenschaften stehen nicht außer Frage. Das muss man ansprechen dürfen. Auch humanitäre Hilfe sollte im Gazastreifen ankommen können. Aber das beeinflusst nicht die klare Beantwortung der Schuldfrage im laufenden Konflikt.

Ich weiß, meine hier vertretenen Positionen werden auch auf Widerspruch stoßen. Man kann und soll diskutieren. Aber dem Antisemitismus Nahrung zu geben, dem will ich entschieden entgegentreten.

2. Gesundheit und Pandemie

Sendung vom 15. März 2020

Winterende

Das war es also mit dem heurigen Winter. Nach der Rechnung der Meteorologen ist er ja schon zwei Wochen vorbei, und in unseren traditionellen Kalendern ist es am nächsten Wochenende so weit. Aber heuer werden nicht wirklich Frühlingsgefühle wach, man braucht kein blaues Band durch die Lüfte schweben sehen. Dazu war der Winter viel zu wenig ein echter Winter, in dem die Sehnsucht nach Sonne und Wärme in uns gewachsen wäre. Wir mussten etwa vor unserem Haus in diesem Winter überhaupt nie Schnee schieben, und nur einmal war etwas Salz gegen das Eis auf der Straße im Einsatz. Die Klimaerwärmung wurde heuer wohl auch für all jene deutlich, die die „Friday for Future"-Bewegung gerne als ferngesteuerte und aufgebauschte Kampagne sehen würden.

Es war der letzte Februartag, als am Markt schon der erste steirische Bärlauch zu haben war, in den vergangenen Jahren für mich das kulinarische Frühlingssignal. Diesmal aber stand er nicht für das Ende einer kalten Jahreszeit mit kulinarischen Einschränkungen. Sein frühes Auftauchen ist vielmehr ein Mosaikstein für die die Sorgen, die wir alle und beim Thema globale Erwärmung machen müssten. Die Gletscher schmelzen, an den Polen herrschen manchmal Frühlingstemperaturen, viele Tiere verlieren ihre Lebensräume und manche Insel wird wohl bald unter der Meeresoberfläche verschwunden sein.

Ich sehe nicht wirklich schwarz, denn ich bin überzeugt davon, dass der Wissenschaft und hoffentlich auch der Politik wirksame Gegensteuerungen gelingen werden und dass diese kritische Situation zwar ihre ökonomischen und sozialen Kosten haben wird, das aber Weltuntergangsszenarien übertrieben sind. Die globale Tragweite des Themas ist ja inzwischen erkannt. Wichtig wird nur sein, die Lasten gerecht zu verteilen und sie nicht auf die Schultern der ohnehin Schwachen abzuladen. Eine ökosoziale Steuerreform, eines der zentralen Instrumente für die Gegensteuerung, muss also nicht nur ökologisch, sondern auch sozial sein.

Dass keine wirklichen Frühlingsgefühle erwachen, hat aber wohl auch damit zu tun, dass derzeit wohl die ganze Welt im Banne des Coronavirus steht. Tatsächlich ist die Geschwindigkeit, mit der sich das Virus verbreitet, beängstigend. Das hat zu einem ökonomischen Einbruch, zu Milliardenverlusten an den Börsen, zu Kultur- und Sportveranstaltungen ohne Publikum und zu Stornierungen in der Reisebranche geführt. Die AUA schickt alle 7.000 Mitarbeiterinnen und Mitarbeiter auf Kurzarbeit, und weltweit bleiben Flugzeuge am Boden. Und seit vier Tagen sieht sich unser Land mit Einschränkungen konfrontiert, wie es sie in meiner Lebensspanne noch nicht gegeben hat. Wohin das eventuell noch führen kann, zeigt uns ein Blick auf das besonders betroffene Italien.

Dennoch, die Geschichte kann uns zeigen, dass nicht wirklich Panik angebracht ist. Als vor gut 100 Jahren, am Ende des ersten Weltkriegs, die erste Pandemie die Welt erschütterte, die damals die „Spanische Grippe" genannt wurde, raffte diese mehr als 10 Millionen Menschen weltweit hinweg und forderte somit ebenso viele Todesopfer wie der gesamte Weltkrieg. Dieser Krieg hatte die Welt noch einmal entscheidend globalisiert und damit die Verbreitung des tödlichen Virus begünstigt. Das Virus unterschied nicht zwischen Siegern und Verlierern, nicht zwischen arm und reich, es schlug gnadenlos überall zu und traf etwa auch Egon Schiele, der gerade 28 Jahre alt geworden war.

Alle seither aufgetretenen Grippeepidemien, so etwa auch die berüchtigte Vogelgrippe, waren in den Auswirkungen auf die Menschen nicht mehr mit der Spanischen Grippe vergleichbar. Der Straßenverkehr oder der Alkohol waren meist die häufigeren Todesursachen als das Virus.

Was aber doch heute sichtbar ist, das ist die Tatsache, dass in einer globalisierten Welt eine Virenverbreitung explosionsartig erfolgt. Wer trifft nicht laufend Leute, die gerade irgendwo in der Welt unterwegs waren? Und steigt man in einen Bus, in die Straßenbahn oder einen Zug, so sitzen dort sicher Menschen, die innerhalb der letzten zwei Wochen in einem Gebiet mit hoher Ansteckungsgefahr gewesen sind. Konzerte, Festivals, Kinos, Sportveranstaltungen, Ausstellungen, Messen und vieles mehr bringen uns ungewollt in Kontakt mit potenziellen Übertragern. Daher sind die jetzt verordneten Absagen vernünftige Maßnahmen. Eine weitere Verbreitung wird sich aber trotz aller Vorsichtsmaßnahmen nicht verhindern lassen. Man kann nur das Tempo der Ausbreitung verlangsamen. Die Einhaltung von Hygienevorschriften ist dabei wohl besonders wichtig. Panik ist aber unangebracht. Selbst bei einer Ansteckung ist die Lebensgefahr nicht sehr viel größer als bei einer üblichen Grippeerkrankung.

So ist also der diesjährige Frühlingsbeginn kein wirkliches Signal zum Aufbruch, kein Osterspaziergang, wie ihn Goethes Faust beschreibt. Kaum jemand sehnt sich nach dem bunten Gewimmel, kaum jemand würde heute noch drängen, um Platz auf dem „bis zum Sinken überladenen Kahn" zu finden. Aber umgekehrt ist dieser Frühlingsbeginn vielleicht ein Aufbruch zu einem Überdenken der einen oder anderen Lebensgewohnheit, um einerseits die Ausbreitung des Virus nicht zu begünstigen und anderseits die Klimakrise nicht zu vergrößern. So könnte die Krise zur Chance werden.

Sendung vom 19. April 2020

Lockdown

„Mögest Du in interessanten Zeiten leben", so lautet ein chinesisches Sprichwort, das oft als Fluch interpretiert wird. „Interessante Zeiten" sind nicht die leichten, die gewohnten, sondern die herausfordernden.

Ob wir es nun wollen oder nicht, wir erleben gerade interessante Zeiten. Wohl jeder Mensch hier bei uns hat die letzten fünf Wochen als Ausnahmezustand erlebt, als eine Zeit, in der wir uns von manchen Selbstverständlichkeiten schlagartig verabschieden mussten.

Dabei haben wir in Österreich eine im internationalen Maßstab gute Situation. Die Regierung hat, wie immer man sonst zu ihr stehen mag, sehr viel richtig gemacht und damit Zustände, wie sie in Italien, Frankreich, Spanien oder den Vereinigten Staaten herrschen, verhindert. Unser Gesundheitssystem ist nicht in eine Situation geraten, in dem ein Kapazitätsmangel an Intensivbetten Ärztinnen und Ärzten Entscheidungen über Leben oder Tod von Menschen, die im Prinzip heilbar wären, abverlangt. Die Verflachung der Ansteckungskurve hatte und hat daher Priorität, und das ist vernünftig.

Das Herunterfahren der Bewegungsfreiheit und damit der gesamten Wirtschaft war also ein gut zu begründender Schritt. Die meisten von uns tragen das auch sehr gut mit. Wir, also meine Frau und ich, bleiben zu Hause, holen unsere Lebensmittel kontaktlos direkt bei den Höfen jener Bauern, denen wir seit Jahrzehnten am Markt vertrauen, und die kleinen Einkäufe übernehmen freundliche Nachbarn. Wir tragen außer Haus brav unsere Gesichtsmasken. Mit unseren Kindern ist der Kontakt auf das tägliche telefonieren zurückgefahren.

So haben wir wenig Grund zur Klage, aber wir sehen natürlich, wie schlimm die Folgen für viele Menschen sind. Das beginnt mit den Schülerinnen und Schülern, wo sich die Bildungsschere zwischen arm und reich weiter auftun wird. Es geht über die Maturantinnen und Maturanten, die Zivil- oder Grundwehrdiener bis hin zu den kleinen Unternehmen, deren Besitzer nun oftmals vor den Trümmern eines Lebenswerkes stehen. Die Zahl der Arbeitslosen ist explodiert, und auch unsere Tochter ist in verordneter Kurzarbeit. Auf der anderen Seite werden dem medizinischen Personal, den Menschen, die die Informations- oder Versorgungsketten aufrechterhalten und vielen anderen, die im Arbeitsprozess stehen, Leistungen abverlangt, die an die Belastbarkeitsgrenze gehen.

Das Herunterfahren in Zeiten der Coronakrise war allerdings der leichtere Teil der Übung. Wenn langsam wieder Normalität einkehrt, werden Kollateralschäden sichtbar werden. Pleiten haben vor allem kleine Betriebe und Geschäfte ruiniert, und hunderttausende Arbeitsplätze sind sicher nicht von heute auf morgen wieder zu schaffen. Das ökonomische Stützen börsennotierter Unternehmen hat Unmengen von staatlichem Geld privatisiert, die ökonomische Ungleichheit wird mit Sicherheit größer sein als vorher. Ganze Branchen werden die Folgen der Krise noch lange Zeit spüren. Und die wirtschaftlichen Lasten werden wohl wieder die kleinen Leute zu schultern haben.

Besondere Aufmerksamkeit sollte aber den politischen Folgen gelten. Dass man in Zeiten der Krise rasch reagieren musste, ist verständlich, aber die Demokratie und ihre Spielregeln sind sensible Güter. Das hat die Geschichte schon deutlich bewiesen. Das sicher notwendige österreichische „Kriegswirtschaftliche Ermächtigungsgesetz" von 1917 hat dadurch, dass man es nach dem Krieg nicht beseitigt hat, 1933 zur Zerschlagung der Demokratie in unserem Land geführt. Daher sollte sehr rasch nach der Krise eine politische Inventur erfolgen, um all das wieder zu entsorgen, was nur in der Ausnahmesituation Berechtigung hatte und hat. Ein Blick ins Nachbarland Ungarn zeigt, wie schnell sich ein Parlament lahmlegen lässt und wie zügig autoritäre Strukturen gebildet werden können. Es heißt daher, wachsam zu sein.

Angeblich ist eine Krise aber auch immer eine Chance. Ja, da gäbe es vieles, was man an Lehren aus der Krise in positiver Hinsicht ziehen kann. Nicht jede Reise ist notwendig, nicht jedes Genussmittel muss immer und überall verfügbar sein. Die Globalisierung zu entschleunigen, das wäre eine vernünftige Schlussfolgerung. Produktionen auch dann, wenn es teurer sein sollte, wieder nach Europa zu holen, wäre eine zweite wünschenswerte Maßnahme. Das soll aber nicht heißen, dass der Nationalstaat eine Renaissance erleben muss. Europäische Solidarität, die in den letzten Wochen nicht immer spürbar war, darf und muss eingefordert werden. Gemeinsam ist man mit Sicherheit stärker und gegen etwaige kommende Krisen auch viel besser gesichert.

Seien wir also auch weiterhin vorsichtig, halten wir Abstand und befolgen auch weiterhin die Verhaltensregeln. Seien wir aber auch wachsam, kritisch und sensibel dafür, dass wir wieder in einem Land leben wollen, das die demokratischen Spielregeln mustergültig einhält und das sich darum kümmert, dass ein sozialer Ausgleich sicherstellt wird, damit es nicht am Ende einige Krisengewinner und viele Krisenverlierer gibt.

Sendung vom 14. Juni 2020

Rassismus

Jetzt gibt es sie also wieder, die Bewegungsfreiheit, die uns seit genau drei Monaten so gefehlt hat Aber noch immer ist Vorsicht angebracht, es gilt weiter Abstand halten und auf die Hygiene achten. Und vor uns allen steht nun der Berg der wirtschaftlichen Probleme, der sich durch das Zurückfahren des öffentlichen Lebens aufgetürmt hat. Die Zahl der Arbeitslosen sinkt zwar schon wieder leicht, sie ist jedoch noch immer die höchste in der Zweiten Republik. Europaweit gut koordinierte Hilfs- und Steuerungsmaßnahmen werden nötig sein, um die Krise zu überwinden.

Krisen haben immer die Nebenwirkung, dass sich die Ungleichheit in der Gesellschaft erhöht. Menschen rutschen unverschuldet in die Armut ab, während es auf der anderen Seite Krisengewinner gibt. Die soziale Schere geht weiter auf, und viele Menschen flüchten sich in Verschwörungstheorien, um dieses Phänomen zu erklären. Da muss ein Bill Gates oder ein George Soros herhalten, und wenn das nicht reicht, dann gibt es Steigerungen der Feindbilder vom Weltjudentum bis zu den Außerirdischen.

In solch schwierigen Zeiten blüht meist auch der Rassismus auf, und tatsächlich kann man auch bei uns eine Zunahme von Zwischenfällen der unliebsamsten Art registrieren. Antisemitische Aktionen, aber auch islamophobe Äußerungen und Taten werden in deutlich größerer Anzahl registriert. Aber das ist natürlich nicht nur bei uns in Österreich ein großes Problem.

Rassismus hat in den letzten Jahrhunderten, vom Kolonialismus bis hin zu den jüngsten Unruhen und Gewalttakten in den USA unvorstellbares Leid verursacht. Die Ausrottung indigener Bevölkerungsgruppen, den Sklavenhandel und letztlich auch den Holocaust, der in Europa Millionen von Menschen in einer grausamen

Tötungsmaschinerie der Vernichtung preisgab. Wer geglaubt hatte, dass mit der Niederringung der Faschismen eine grundlegende Änderung eintreten würde, der wird gerade jetzt wieder enttäuscht.

Der Tod des Afroamerikaners George Floyd, dem minutenlang ein weißer Polizist auf dem Hals kniete und den verzweifelten Hilferufen „Ich kann nicht atmen" keine Beachtung schenkte, hat der Weltöffentlichkeit vor Augen geführt, wie virulent das Problem des Rassismus noch immer ist. Schwarze Amerikaner verdienen deutlich weniger als weiße, sie haben eine um Jahre kürzere Lebenserwartung und sind ungleich häufiger Opfer von polizeilicher Gewalt. Der brutale Polizeieinsatz wurde mitgefilmt und ins Netz gestellt. Dieses Video verbreitete sich rasch. Das führte dazu, dass Unruhen aufflammten und zu teilweise bürgerkriegsähnlichen Zuständen in amerikanischen Städten führten. Der amerikanische Präsident trat aber nicht als Vermittler oder Versöhner auf, sondern goss aus wahltaktischen Überlegungen Öl ins Feuer.

Es ist aber ein ermutigendes Signal, dass nicht nur in den USA, sondern weltweit auf dieses Ereignis reagiert wurde. Allein in Wien wurde die nun wieder mögliche Versammlungsfreiheit von gut 50.000 Menschen genutzt, um gegen den Rassismus in einer friedlichen Demonstration auf die Straße zu gehen. 8.000 hatten sich für diese Demonstration angemeldet, mehr als die sechsfache Zahl fand sich aber schließlich ein. In Graz waren es am letzten Samstag 10.000, angemeldet waren nur 1.000. Obwohl das auslösende Ereignis in Minneapolis stattgefunden hatte, erkannten diese Menschen, dass es sich um ein weltweites Problem handelt und dass es notwendig ist, ein starkes Zeichen zu setzen. Mit dieser größten Demonstration seit Jahren hat die österreichische Zivilgesellschaft demonstriert, dass sie in der Lage ist, lautstark und kraftvoll aufzutreten.

Fast alle Parolen auf den Transparenten und Plakaten nutzten Englisch als Sprache für ihre Botschaften. Das dokumentiert nicht nur den Bildungsgrad der überwiegend jungen Demonstrantinnen und Demonstranten, sondern zeigt auch, dass die Pandemie, die zu einem Erstarken nationalstaatlicher Problemlösungsmaßnahmen geführt hatte, die weltweiten Zusammenhänge nicht zurückdrängen konnte. Ob in Australien oder in Österreich, die Ereignisse in den USA wurden als wesentlich für das politische Klima auch im eigenen Land erkannt. Und das macht Hoffnung. Die Menschenrechte haben nicht nur auf dem Papier universelle Gültigkeit. Junge, aber nicht nur junge Menschen verstehen sich über Länder und Kontinente hinweg als Teil einer Wertegemeinschaft, die in der Lage ist, gegen Rassismus, Ausgrenzung und Ungerechtigkeit aufzutreten. Diese Menschen sind in meinen Augen ein Garant dafür, dass es um die Zukunft unseres Planeten allen Unkenrufen zum Trotz nicht schlecht bestellt ist. Und es zeigt auch, dass meine Generation in der Erziehung und Bildung der nächsten Generationen wohl nicht alles falsch gemacht hat.

Sendung vom 2. August 2020
Beschränkungen im Reisen

Der Sommer in diesem Jahr unterscheidet sich von den Sommern der vergangenen Jahre und Jahrzehnte ganz grundlegend. Sommerzeit war für gewöhnlich Reisezeit: Man packte die Badesachen und ab ging es für gewöhnlich in den Süden. Schon das legendäre Sängerduo Piron und Knapp besangen vor mehr als einem halben Jahrhundert die Tücken einer solchen Reise von Wien mach Italien. „Wir hätten schon in Italien sein soll'n nach unserer Uhr, dabei war'n wir noch nicht einmal in Bruck an der Mur ..." Staus waren also schon damals ein Thema, und in den Zeiten, als wir noch ohne Autobahn den Semmering überquerten, stand bei einer Bahnunterführung der Werbespruch: „Ohne Mühe, ohne Plage, mit der Bahn die Urlaubstage".

Ja, fünf Jahrzehnte lang gab es einen Wettstreit um das beste Verkehrsmittel für eine Urlaubsreise. Auto, Bus oder Bahn sahen sich bald der Konkurrenz durch das Flugzeug ausgesetzt. Sie gerieten rasch ins Hintertreffen, denn wenn man um 50 Euro von Wien nach Berlin und zurück fliegen kann, dann setzt sich niemand einen ganzen Tag in die Bahn oder quält sich mit dem Auto durch die Staus in Deutschland. Das Fliegen, lange Zeit Ausdruck des Luxuslebens, wurde zur leistbaren Selbstverständlichkeit, auch für Menschen mit einer schwächeren ökonomischen Basis.

All das galt bis zum Vorjahr. Jetzt hat die Corona-Pandemie alles grundlegend verändert. Die Flughäfen bleiben fast leer, Wien hatte etwa im letzten Monat nur 5 % der üblichen Zahl von Reisenden. Für viele Länder gilt eine Reisewarnung, und selbst bei Ländern, die man frei besuchen kann, fährt die Angst mit, ob die Reisefreiheit bei der Rückkehr nach Österreich noch gilt. Daher bleiben die meisten Menschen heuer im Urlaub zu Hause oder zumindest im Land. Obwohl diese Entscheidung meist durch Angst bestimmt ist, kann man sie als durchaus vernünftig betrachten.

Sie ist jedenfalls einmal wirklich gut für das Klima. Der Rückgang des Flugverkehrs, aber auch das Schrumpfen der Wirtschaft und die insgesamt geringere individuelle Mobilität machen es sehr wahrscheinlich, dass Österreich heuer die Klimaziele erreichen kann. Die Luft wird reiner, die Gewässer erholen sich, Mensch und Natur atmen auf. Aber das hat leider auch seinen Preis. Die Zahl der Arbeitslosen ist hoch wie schon Jahrzehnte nicht mehr, und rechnet man die Menschen in Kurzarbeit oder in Schulung dazu, so kommt man auf fast eine Million, die in Österreich am Arbeitsmarkt das Problem haben, dass es keine passende Arbeitsstelle gibt. Und während die Einen jetzt die dazugewonnenen Lebensqualität erfreut begrüßen, bangen die Anderen um die nackte Existenz und vor allem um die Zukunft ihrer Kinder. Die Entwicklung ist zweischneidig, und es ist nur zu hoffen, dass die Kosten der Krise nicht ausschließlich auf den Schultern jener Menschen liegen werden, die schon jetzt nicht zu den Gewinnern zählen.

Ich gestehe sofort, dass ich individuell auf der Gewinnerseite bin und dass es mir in der Krise gut geht. Solange das Einkaufen für meine Alterskohorte nicht ratsam war, hatten wir liebe Nachbarn und Freunde, die uns diese Last abnahmen. Wie haben einen kleinen Garten, einen lieben, wenn auch dummen Kater, und vor allem haben wir ein Haus voller Bücher, vom Keller bis zum Dachboden. Und viele davon sind noch ungelesen, denn manchmal waren meine Augen in der Buchhandlung größer als mein realistisches Zeitbudget. Das war eine wahre Fundgrube in den letzten Monaten, und die abgesagten Reisen nach Süditalien oder zu meiner Tante nach Kanada haben meine Frau und ich zwar bedauert, zugleich aber habe ich die gewonnene Zeit begrüßt.

Meine Tochter hingegen ist von der Krise ganz anders betroffen. Ihre Firma, die Austrian Airlines, haben auf Kurzarbeit umstellen müssen, und es ist überhaupt nicht abzuschätzen, wann es wieder einigermaßen normale Arbeitsbedingungen geben wird. Da sind selbst die mittelfristigen Prognosen eher düster, und viele Kolleginnen und Kollegen meiner Tochter werden sich wohl nach anderen Jobs umsehen, obwohl es in diesen Zeiten der Krise sicher nicht leicht ist, etwas Passendes zu finden. Da zeichnen sich für einige junge Menschen verlorene Jahre ab, die ihnen später, etwa bei der Berechnung der Pensionshöhe, abgehen werden.

Jetzt aber, in diesem Sommer, in dem auch das Wetter bisher gar nicht so ist, wie es eigentlich in einem Sommer sein sollte, bleibt uns gar nichts anderes übrig als das Beste aus der Situation zu machen: die positiven Teile der Krise aufzunehmen, sich von den negativen nicht in Depressionen stürzen zu lassen und in kleinen Schritten zu denken. Also etwa ein Buch in die Hand zu nehmen, sich einen Schattenplatz zu suchen und für ein paar Stunden die Welt rundherum zu vergessen.

Sendung vom 6. Dezember 2020

Schneefall in Graz

Am Donnerstag, also vor drei Tagen, wurden wir in einer zauberhaften Winterlandschaft wach. Fast 15 Zentimeter Schnee lagen auf und vor unserem Haus und meine Frau ließ es sich nicht nehmen, gleich zur Schneeschaufel zu greifen. Ich durfte mit unserem alten Kater und vor allem mit den kleinen Kätzchen der Nachbarfamilie deren Schneeabenteuer in der weißen Pracht beobachten. Es war Winterwunderland.

Natürlich werden an diesem Morgen auch viele Menschen geflucht haben. Wenn es galt, zeitgerecht zur Arbeit zu erscheinen, Termine einzuhalten oder dringende Besorgungen machen zu müssen. Dann mussten Autos abgeputzt werden und die Straßen und vor allem die Fußwege und Gehsteige waren wohl noch nicht überall geräumt.

Dennoch, es ist lange her, dass hier bei uns in den ersten Tagen des Dezembers schon Schnee gefallen und zumindest für eine kurze Zeit auch liegengeblieben ist. Daher wurden bei mir Kindheitserinnerungen wach. Wir bauten damals, in den fünfziger Jahren des vergangenen Jahrhunderts, Schneeburgen, hinter deren Mauern wir uns, bewaffnet mit Schneebällen, gegen eine wohl nur vermutete Bedrohung durch einen Krampus zur Wehr setzen wollten. Damals hatte es, wenn die Erinnerung nicht trügt, um diese Jahreszeit ausreichend Schnee für solche Spiele gegeben.

Dass dieser erste Schneefall als eine Art der Antwort der Natur auf die die am Tag davor verkündeten weiteren Einschränkungen in unserem alltäglichen Leben erfolgte, war selbstverständlich Zufall. Aber man kann es durchaus auch als Erinnerung daran lesen, dass die Adventzeit einmal als die stillste Zeit im Jahr bezeichnet werden konnte. Wir zünden heute schon die zweite Kerze am Adventkranz an, und zumindest die erste Woche im Advent war ja noch wirklich ruhig. Es ist aber anzunehmen, dass ab morgen ein nachholender Konsum einsetzten wird, der der Wirtschaft zwar gut tut, der Besinnlichkeit der Wochen vor Weihnachten aber jedenfalls abträglich ist.

Unter den Lockerungen, die ab morgen unser Leben in manchen Bereichen wieder etwas leichter machen, sind mir zwei besonders wichtig. Bibliotheken und Buchhandlungen machen wieder auf, man muss Bücher nicht mehr über Amazon kaufen, sondern kann sie in den Buchhandlungen wieder angreifen, daran riechen und ein Buch nicht nur als einen Informationsträger sehen, sondern als Kunstwerk begreifen, dass verschiedene Sinne ansprechen kann. Es war ja absurd, dass Waffengeschäfte offen, Buchhandlungen aber geschlossen waren. Und das führt zur zweiten Lockerung: man kann wieder in Museen gehen. Mir war die Schließung der Museen eigentlich gar nicht verständlich. Wie an wenigen anderen Orten lassen sich hier die Besucherströme regeln, es gibt ganz selten Hektik und an ein übervolles Museum kann ich mich eigentlich nur bei Vernissagen erinnern, die aber selbstverständlich heuer ausgesetzt waren. Gerade in einer Periode, in der mehr Menschen als sonst über ein größtenteils unfreiwillig entstandenes Zeitbudget verfügen, könnten Museen Orte einer spannenden Konfrontation mit der eigenen aktuellen Lebenssituation sein.

Man kann bei uns etwa in der alten Galerie im Schloss Eggenberg die künstlerische Auseinandersetzung mit vergangenen Krisen, etwa mit der Pest, auf sich wirken lassen. Man kann in der neuen Galerie die Dramatik von Weltkriegen oder der Spanischen Grippe sehen, man kann sich aber auch auf eine Zeitreise in eine meist geschönte Vergangenheit von Graz und der Steiermark einlassen, wenn man im Museum für Geschichte die alten Postkarten aus der eindrucksvollen Sammlung Kubinzky betrachtet. Wo immer, nicht nur in Graz, sondern etwa auch in Stainz oder Trautenfels, Museen sind Orte, an denen man viel auch zur Einordnung, vielleicht sogar zur Relativierung gegenwärtiger Krisen erfahren kann. Und die Gefahr einer

2. Gesundheit und Pandemie

Ansteckung mit dem Coronavirus ist in den Museen auf jeden Fall geringer als in den Kaufhäusern.

Dennoch: es sind noch 18 Tage bis Weihnachten, und wenn Sie wie ich darauf hoffen, zumindest im kleinen Familienkreis feiern zu dürfen, dann sollten wir uns alle an die derzeit gültigen Spielregeln halten. Noch immer sterben täglich über 100 Menschen durch das Virus, das ist so viel, wie ein Politiker verglichen hat, als würde täglich ein mit Menschen aus Österreich voll besetztes Flugzeug abstürzen. Noch immer sind die Krankenhäuser an den Belastungsgrenzen, und Pflegeheime waren, trotz des gewaltigen Einsatzes des Personals, Orte besonderer Gefährdung. Da hilft nur Disziplin, so schwer es manchmal auch fallen mag. Wir alle vermissen die Umarmungen, die vertraute Nähe, das Schütteln von Händen oder auch die Wahrnehmung des kompletten Gesichts unseres Gegenüber. Aber, je konsequenter wir jetzt sind, desto eher werden auch wieder die Theater und die Kinos aufmachen können, man wird wieder ins Gasthaus gehen und in einem Hotel übernachten dürfen. Dann wird das Jahr 2020 bald als ein Krisenjahr in den Geschichtsbüchern stehen, dem, so hoffe ich, viele gute Jahre gefolgt sein werden.

Sendung vom 31. Jänner 2021

Titelsucht

Neben dem alles überlagernden Thema der Ausbreitung und der Eindämmung des Coronavirus ist in den letzten Wochen auch der Umgang der Österreicherinnen und Österreicher mit akademischen Titeln in die Schlagzeilen geraten. Es ist dabei sehr leicht, sich über die Stilblüten lustig zu machen, die wohl ein Ghostwriter einer allzu titelsüchtigen Ministerin untergejubelt hat. Das ist aber nur die eine Seite, die Seite jener, wo persönliche Eitelkeit Menschen verführt, auf unlautere oder zumindest fragwürdige Art sich einen Doktortitel zuzulegen. Die andere Seite sind die Universitäten und die anderen Institutionen, die diese Titel vergeben.

Als langjähriger Vorsitzender des österreichischen Akkreditierungsrats für Privatuniversitäten habe ich die mühevolle Arbeit der Trennung von seriösen Anbietern und Scharlatanen nur allzu genau kennengelernt. Österreichs akademischer Ausbildungsbereich mit seinen staatlichen und privaten Universitäten sowie den Fachhochschulen ist im internationalen Vergleich gut aufgestellt, solide qualitätsgesichert. Selbst wenn der nun bekannte Fall an der Fachhochschule Wiener Neustadt eine alte Schwachstelle aufzeigt, so ist das System an sich tragfähig. Das war schon einmal viel schlimmer. Vor mehreren Jahrzehnten hatte ein einzelnes Institut die ganze Universität Graz in Verruf gebracht. In Deutschland spottete man darüber, dass die schwerste Hürde am Weg, den „Doktor Graz" zu erwerben sei, in Bischofshofen das Umsteigen in den Anschlusszug nicht zu verpassen. Einzelfälle beschädigen Institutionen nachhaltig.

Natürlich ist ein Doktortitel ein begehrtes Gut. Das gilt für Österreich mehr als für das zumindest westliche Ausland. Jeder Friedhof bei uns erzählt von der Würde, die ein akademischer Grad in den

Augen der Umwelt verleiht. Aber gerade weil der Titel begehrt ist, sind strengste Vergabekriterien notwendig.

Ich habe mich selbst immer als akademischer Lehrer gesehen. In meinen mehr als 35 Jahren an der Universität Graz habe ich etwa 140 Dissertationen, also Doktorarbeiten betreut, gut die Hälfte davon als verantwortlicher Erstbetreuer. Das ergibt etwa 70 Männer und Frauen, die von mir zu diesem hohen akademischen Abschluss geführt wurden, also zwei pro Jahr. Das klingt nicht nach viel, ist aber wohl die Obergrenze des seriös Leistbaren. Mein erster Dissertant leitet heute das Universalmuseum Joanneum und ist eine der wichtigstem Stimmen im österreichischen Kulturbetrieb. Mein vorläufig letzter steht am Anfang einer sicher bemerkenswerten internationalen Forscherkarriere. Männer und Frauen dazwischen haben Professuren von Deutschland bis nach Japan, sitzen in der Akademie der Wissenschaften oder in anderen Forschungseinrichtungen oder verwalten in Rektoraten Universitäten. Alle haben im Schnitt drei Jahre ihres Lebens ihrer Doktorarbeit gewidmet und waren am Ende auf ihrem Gebiet viel besser als ich als ihr Betreuer. Das hat mich immer stolz gemacht, hat meinen eigenen Blickwinkel erweitert und hat zu manch lebenslanger Freundschaft geführt. In den Jahren der Betreuung entstehen Vertrauensverhältnisse, man kennt die Sorgen und Nöte und man weiß von den Träumen und Hoffnungen. Wenn man die einzelnen Schritte der Arbeiten so nahe mitverfolgt, dann geht natürlich kein echter Schwindel durch, Seepocken können in all diesen Arbeiten keinen Platz finden. Im Gegenteil, die meisten der hier verfassten Dissertationen sind heute gedruckt und stehen, oft als Standardwerke, in den Bibliotheken.

In einem Fach wie meinem ist eine Dissertation eine Art Meisterstück. Wie etwa in einer Kunsttischlerei ein begabter Geselle am Ende ein Meisterstück abliefert, eine Arbeit, die den Meister überzeugt, so ist es auch in der Wissenschaft. Aber man muss natürlich die Augen offen haben dafür, dass Wissenschaft sich auch anders entwickelt. Ist es in meinem Bereich die intensive Einzelleistung, so sind es inzwischen verstärkt Teams, die gemeinsam um neue Erkenntnisse ringen und deren Leistungen nicht mehr exakt den einzelnen Frauen und Männern im Team zugerechnet werden kann. Und nicht immer ist eine Dissertation daher am Ende ein Buch mit einem einzigen Verfasser. Wichtig ist aber, dass man einigermaßen sicher ist, dass jene Personen, denen ein akademischer Grad verliehen wird, sich diesen redlich erarbeitet haben und durch diese Arbeit zu Fähigkeiten gelangt sind, die sie fit für den Beruf machen.

Sie würden sich sicherlich nicht von einem Arzt die Gallensteine entfernen lassen, der nur ein Fernstudium absolviert hat. Und wenn Sie in einem Gemeinderat über den Bau einer Brücke entscheiden, werden Sie wohl auf einen gut ausgebildeten Statiker vertrauen. Es ist also im Interesse der Absolventinnen und Absolventen einer akademischen Ausbildung, aber auch im Interesse der Öffentlichkeit, das die mit einen akademischen Grad zertifizierte Ausbildung auch tatsächlich gut genug war, um den gesellschaftlichen Anforderungen gerecht zu werden. Und ein guter Ruf unserer Hohen Schulen nützt letztlich nicht nur diesen, sondern dem ganzen Land.

Sendung vom 28. Februar 2021

Lesen während der Pandemie

Wenn ich an meine Jugend zurückdenke, an die fünfziger Jahre des vergangenen Jahrhunderts, dann habe ich in meiner Erinnerung keine Zeit der großen Entbehrungen vor Augen. Objektiv gesehen, mit heutigen Augen, waren wir arm. Wir lebten im Dachgeschoss des Schulhauses in St. Gertraud, ich hatte nicht einmal ein eigenes Bett, denn zum Schlafen wurde am Abend die Couch im sogenannten „Wohnzimmer" für uns Buben zum Bett umfunktioniert. Bad und Klo teilten wir uns mit drei anderen Parteien, der Warmwasserkessel im Bad wurde einmal pro Woche geheizt und das Wasser musste für die ganze Familie reichen. Unser geliebter Kater hatte sein Nachtquartier in der Holzlade des Küchenherdes. Reisen gab es nur über den Griffner Berg zum Turnersee, wo wir im Sommer als „Zirkus Konradi" in einem Großzelt die Ferien verbrachten. Ich hatte nicht das Gefühl, dass mir etwas abging. Wir hatten nämlich eines im Überfluss, nämlich Bücher.

Lesen, das war das Tor zur weiten Welt. Und wir hatten einen von innen beleuchteten kleinen Globus, der es uns ermöglichte, die Schauplätze, an denen die Bücher spielten, auch geografisch zuzuordnen. Da konnte man träumen von Bagdad oder von der amerikanischen Prärie, von Afrika oder von Grönland. Im Kopf entstanden Bilder, Wunschbilder meist, wie wilde Tiere aussehen, Menschen mit anderer Hautfarbe; wie Städte in den Himmel wachsen oder wie bedrohlich der Ozean in seiner Unendlichkeit sein konnte. Die Welt wurde von mir damals nicht erschlossen, sondern imaginiert.

Das Schicksal hat es gut mit mir gemeint. Ich konnte studieren und einen Beruf ergreifen, der es mir ermöglicht hat, die meisten der als Kind erträumten Orte auch zu besuchen, beruflich, aber auch privat. Ich konnte die alte japanische Kaiserstadt Kyoto sehen, auf der chinesischen Mauer stehen, in Samarkand die Seidenstraßenarchitektur bewundern, in Marrakesch durch den Suk schlendern, in der Umayyaden-Moschee in Damaskus das Grab von Johannes dem Täufer bestaunen oder auf den Galapagosinseln auf Darwins Spuren einer urwüchsigen Tierwelt begegnen. Ich konnte New York und viele andere amerikanische Städte für mich erschließen, alle großen Nationalparks sehen und mit meiner Familie sogar einige Zeit in den USA oder in Kanada wohnen. In einer globalisierten Universitätslandschaft war ich da keine Ausnahme. Meiner Nachfolgerin auf dem Lehrstuhl an der Universität wurde etwa aus Costa Rica nach Graz berufen.

Nicht immer hat die Realität den starken Bildern, die ich von Weltgegenden im Kopf gehabt hatte, auch standgehalten. Dennoch war ich fast immer beeindruckt von Landschaften, Tierwelten und vor allem von der ungeheuren Gestaltungskraft der Menschen längst vergangener Zeiten. Wenn man vor den Zeugnissen, die alte Kulturen hinterlassen haben, steht, kann man schon demütig werden.

Die Zeit, in der die Welt gleichsam zusammengeschrumpft und praktisch jeder Punkt auf unserem Planeten erreichbar war, scheint aber nun vorbei zu sein. Grenzen werden hochgezogen, Flugzeuge bleiben am Boden und der wissenschaftliche Austausch findet heutzutage in Internetkonferenzen statt. Man sitzt im eigenen Wohn- oder Arbeitszimmer und arbeitet zeitökonomisch, effizient und unpersönlich mit Menschen, mit denen man früher irgendwo in Welt nach der Arbeit auch noch auf ein Bier gegangen wäre. Das ist einerseits sinnvoll, da man Ressourcen spart und damit die Natur schont, es nimmt aber gleichzeitig viel Dynamik aus Begegnungen, erschwert das Entstehen von Freundschaften und verhindert vor allem das reale Erfassen unterschiedlicher Lebenswelten mit allen Sinnen, vom Klima über die Küche bis hin zu Familienstrukturen und Wohnformen.

Wir sind seit einem Jahr, seit uns die Pandemie im Würgegriff hat, wieder in einem Leben, in dem die Welt da draußen sich uns nur in unserer Vorstellungskraft erschließt. Wir sind wieder dort, wo ein Buch über die Prärie uns die Autofahrt durch die Weiten des angeblich Wilden Westens ersetzen muss.

Das ist nicht nur traurig, es hat auch seine guten Seiten. Bücher sind auch für Menschen, mit denen es das Schicksal nicht nur gut gemeint hat, ein erreichbares Kulturgut. Lesen ist zudem eine Kulturtechnik, die in Zeiten der Kurznachrichten auf den mobilen Telefonen unbedingt gepflegt und gefördert werden muss. Lesen ist nicht nur das Tor zur Welt, es fördert die Sprachkompetenz, erleichtert das Erlernen fremder Sprachen und ist Grundvoraussetzung dafür, sich sicher in einer Welt von Regeln und Vorschriften bewegen zu können. Vor allem aber ist ein Buch ein Wundermittel gegen Einsamkeit. In der Zeit der reduzierten sozialen Kontakte kann man mit einem Buch für Stunden in andere Zeiten, andere Weltgegenden, andere soziale Umfelder abtauchen.

Für mich schließt sich in gewisser Weise der Kreis. Wie in meiner Jugend kann ich derzeit die Welt da draußen nur imaginieren. Es gibt die reale Sehnsucht, etwa nach dem Meer, aber man kann ja auch beispielsweise zu Gerhard Roths Büchern über Venedig greifen, um bis hin zum Geruch des Wassers eine im Moment unerreichbare andere Welt emotional zu erfassen. Also, greifen Sie zu einem Buch, um erst gar keine Klaustrophobie aufkommen zu lassen!

Sendung vom 19. September 2021
Die Pestsäule am Wiener Graben

Vor gut zwei Wochen konnte ich nach einer Buchpräsentation in Wien mit meinen Kindern einen Spaziergang durch die Innenstadt unserer Hauptstadt machen. Am Graben blieben wir vor der eindrucksvollen Pestsäule stehen. Ja, auch Graz hat Pestsäulen, und sogar meine Geburtsstadt Wolfsberg kann stolz auf ein solches Monument verweisen. Aber die 21 Meter hohe Säule in Wien, die 1693 eingeweiht wurde, ist als barockes Juwel, die eindrucksvollste aller Pestsäulen in Österreich.

1679 wütete in Wien die letzte große Pest-Epidemie. Der Kaiser Leopold I. floh aus der Stadt und gelobte die Errichtung einer Gnadensäule, sollte die Pest überwunden werden. Das war bald der Fall, und die berühmtesten Architekten der Zeit konnten sich an die Gestaltung der Plastik machen. Die Seuche gehörte der Vergangenheit an.

Die Corona-Krise der letzten beiden Jahre war für viele gläubige Wienerinnen und Wiener ein Anlass, um an der Pestsäule göttlichen Beistand für ein Abklingen der derzeitigen Epidemie zu erbitten. Kerzen wurden angezündet, Kinderzeichnungen wurden abgelegt und Gebete wurden gesprochen. Das war allerdings kein Programm für die Mehrheit der Bevölkerung, wohl aber ein Indiz für das Erkennen zeitübergreifender Ähnlichkeiten.

Wir stellten uns vor der Säule die Frage, mit welcher Art von dauerhaftem Kunstwerk sich wohl die Corona-Epidemie in das kollektive Gedächtnis des Landes einschreiben wird. An die Spanische Grippe aus der Zeit um das Ende des Ersten Weltkrieges, die Millionen dahingerafft hat, erinnern kaum Denkmäler, und obwohl die Zahl der Grippetoten praktisch jener der Gefallenen entsprach, hat jeder Ort bis heute sein Kriegerdenkmal, aber keinen Gedächtnisort für die Opfer dieser Pandemie. Das ist eine erstaunliche Bewertungsdifferenz in der Bedeutungszuschreibung des Sterbens. Von der Grippe dahingerafft zu werden, das war kein Heldentod, und einen solchen Titel trugen nur die meist sinnlosen Opfer der blutigen Kriege.

Schaut man sich in Graz nach Zeugnissen für die Pest um, so stößt man neben den Pestsäulen auf das Landplagenbild am Grazer Dom. Es ist deutlich älter, stammt aus dem späten 15. Jahrhundert und schildert drei große Bedrohungen für die damalige Bevölkerung der Stadt. Das war einerseits die Pest, die immer wieder in Wellen Europa überflutete, sodann die Naturkatastrophe der Heuschrecken und letztlich die kriegerische Bedrohung durch den damaligen Feind aus dem Südosten, also durch die Türken.

Es ist fast erschreckend, wenn man die damaligen Bedrohungsszenarien mit der Gegenwart vergleicht. Wieder haben wir eine Pandemie, die allerdings durch den ungeheuren und bewundernswerten Fortschritt der medizinischen Wissenschaft nicht am das Bedrohungspotenzial der Pest heranreicht. Und viele Menschen fühlen sich wieder durch Menschen aus dem Südosten bedroht, allerdings nicht militärisch, sondern ökonomisch und emotional, also dominant irrational, was sich politisch aber ebenso gut instrumentalisieren lässt wie damals die Angst vor den Türken. Real ist hingegen die dritte Bedrohungsebene, die der Naturkatastrophen, die, bedingt durch den nicht zu leugnenden Klimawandel, das tatsächliche Krisenszenario der nächsten Jahrzehnte darstellen werden.

Die aktuelle Pandemie wird medizinisch überwunden werden können, wenn genügend Menschen die Vernunft aufbringen, der Wissenschaft zu vertrauen und etwa durch die Impfung das Risiko für sich und ihr Umfeld zu verringern. Und eine existenzielle Bedrohung sind die Flüchtlinge, die aus Kriegsgebieten zur Rettung ihres Lebens nach Europa gekommen sind, selbst 2015 nicht gewesen. Die Natur aber, die dritte Bedrohung, die das Landplagenbild zeigt, meldet sich in wohl stetig wachsender Macht in unser Leben zurück. Unser Raubbau, unsere rücksichtslose Ausbeutung der vorhandenen Ressourcen, unsere Emissionen, unsere Bodenversiegelungen, unsere Monokulturen, unsere Abholzung der Regenwälder, unsere Brandrodungen und unser fossiler Energieverbrauch, all das wirkt wohl zusammen, dass die dritte Landplage tatsächlich auch aktuell zur Überlebensfrage werden wird – wenn nicht für uns, so doch für unsere Kinder und Kindeskinder.

Die Erinnerung an Corona wird kaum so dauerhafte Gedächtnisorte schaffen können wie die Erinnerung an die Pest, als Thron und Altar noch ein Monopol zur Welterklärung hatte. Aber es gibt schon eine beachtliche und qualitativ beeindruckende Palette an künstlerischen Erinnerungen an die ja noch nicht einmal überwundene Krise, und zwar in der bildenden Kunst und in der Literatur. Das lässt sich heute nicht mehr in ein zentral verordnetes Gedächtniskunstwerk verdichten. Und das ist gut so, denn unsere Gesellschaft ist heute ausdifferenzierter, sie lässt Widersprüche und Einwände zu. Ich halte das für eine große Stärke unserer Gegenwart.

Sendung vom 8. Oktober 2023

Das österreichische Gesundheitssystem

Die Krise des österreichischen Gesundheitssystems ist derzeit in aller Munde. Es ist gar keine Frage, dass die Situation sehr schwierig ist. Wir haben in unserer Familie, in der Nachbarschaft und im Freundeskreis Pflegekräfte, medizinisches Fachpersonal und Ärztinnen und Ärzte, die dies durchaus bestätigen. Wenn man Stationen schließen muss, weil Betreuungspersonal fehlt, wenn bei Schlaganfallambulanzen die Öffnungszeiten zu kurz sind, dann sind dies unüberhörbare Warnsignale. Und wenn man von den langen Diensten hört und auch sehen kann, wie Leute beruflich im Gesundheitsbereich ausbrennen, dann weiß man, es besteht akuter Handlungsbedarf.

Umso erfreulicher ist es, wenn man in diesen Tagen im Krankenhaus positive Erfahrungen macht. Meine überaus kompetente Hausärztin hat mich zu einer Koloskopie in das Krankenhaus der Elisabethinen überwiesen, da mein Vater jung an Darmkrebs verstorben ist und eine erbliche Vorbelastung damit nicht auszuschließen war. Schon beim ersten Anruf ging man im Krankenhaus freundlich auf mich ein, die Terminfindung war leicht und in der notwendigen Vorbesprechung, die mit mir zwei Frauen, eine Ungarin und eine Bosnierin, die beide kaum Deutsch verstanden, absolvierten, wurde diese schwierige Situation taktvoll und hilfsbereit bewältigt.

Am Dienstag in dieser Woche hatte ich mich um 7 Uhr im Krankenhaus einzufinden. Ich war beeindruckt von der Professionalität des Teams in der Aufnahme, und auch auf der Station war das ganze Team um Freundlichkeit und um die Reduzierung der Nervosität bemüht. Als dann im Vorraum zum Operationssaal eine der beiden Schwestern, Schwester Gabi, sagte, dass sie meine Stimme erkannt hat, weil sie die „Gedanken zu Zeit" hört, fühlte ich mich endgültig gut aufgehoben. Zurück im Zimmer und dann auch wieder bei der

Abmeldung hatte ich, obwohl als anonymer Durchschnittspatient unterwegs, nie das Gefühl, in einer stressigen Umgebung zu sein. Teamgeist und ein freundlicher Umgang untereinander und mit den Patienten gibt es also auch in Zeiten des großen Drucks und der knappen Ressourcen. Man muss also hier allen ein großes Lob aussprechen.

Mir ist schon bewusst, hier ging es nicht um Leben und Tod, hier ging es auch nicht Sekunden. Ich war bei einer Routineuntersuchung. Aber alle Termine wurden pünktlich eingehalten und auf jede Frage gab es kompetente Antworten. Sogar der Arztbrief war zwei Stunden nach dem Eingriff schon fertig zur Mitnahme.

Ich kann mir vorstellen, dass es später am Tag, wenn alle schon müde sind, auch auf dieser Station Stress-Situationen entstehen können. Und es war auch nicht die Unfallchirurgie oder die Schlaganfallambulanz, wo vieles ungeplanter laufen muss, wo spontane Entscheidungen gefordert sind und wo man sich nur allzu gut vorstellen kann, wie schwierig es manchmal oder vielleicht sogar meistens ist.

In der großen Corona-Krise haben wir alle dem Personal der Krankenhäuser unsere Anerkennung und Dankbarkeit gezeigt. Sie haben zahlreiche Leben gerettet und das System trotz Überbelastung am Laufen gehalten. Aber das Klatschen ist verhallt, und fast alle Zusagen, die Berufe attraktiver zu gestalten, erweisen sich als Luftblasen.

Meine Bekannten, die im medizinischen Bereich tätig sind, schätze ich durchgehend als sehr engagiert und auch als belastbar ein. Und mein kurzer Aufenthalt bei den Elisabethinen hat mir gezeigt, dass diese Eigenschaften wohl die Regel in den Belegschaften der Spitäler sind. Die öffentliche Hand sollte diese kostbare Ressource, die gesellschaftlich unverzichtbar ist, hegen und pflegen. Tut sie es nicht, werden wir alle einmal einen schmerzhaften Preis zahlen, und zwar im unmittelbarsten Sinn dieses Wortes.

Sendung vom 3. Dezember 2023

Tag der Behinderung

Heute ist also endlich, zum spätestmöglichen Zeitpunkt, der erste Adventsonntag. Der 4. Adventsonntag wird diesmal auf den Heiligen Abend fallen, und spätestens dann sollte wohl in den meisten Haushalten weihnachtliche Ruhe eingekehrt sein. Für manche wird es dann wohl zu still, wenn sie einsam zu Hause sitzen und Weihnachten vielleicht mit wehmütigen Erinnerungen bedrückt.

Nach der jüngsten Statistik gibt es in Österreich über anderthalb Millionen Personen, die in Singlehaushalten wohnen, und das sind fast 38 % aller österreichischen Haushalte. In Deutschland ist die Zahl noch höher, dort ist schon jeder zweite Haushalt nur von einer Person belegt. Das hat durchaus unterschiedliche Gründe, freiwillige und unfreiwillige.

In meiner Familie und auch im Freundeskreis gibt eine gute Zahl von Menschen, die gern allein leben. Nicht nur Witwen oder Witwer, sondern junge Leute, mitten im Leben, die die Unabhängigkeit lieben, die Flexibilität und Individualität der Tagesabläufe. Ich nehme diese Menschen nicht als unglücklich wahr, da ihre Entscheidung, das Leben allein zu gestalten, eine selbst gewählte ist. Wenn auch noch die sozialen Kontakte stimmen, wenn es Familienbezüge, Freunde oder zumindest gute Nachbarschaft gibt, dann kann hohe Lebensqualität erreicht werden.

Für mich wäre das allerdings nicht stimmig. Seit nunmehr schon über einem halben Jahrhundert lebe ich mit meiner Frau zusammen, Kinder und Katzen haben unseren Haushalt zusätzlich belebt und die Diskussionen bis zum Treffen von Entscheidungen waren mir stets wichtig. Jetzt ist es ruhiger, die Kinder leben in Wien, eines davon in einem Singlehaushalt, aber sie kommen regelmäßig vorbei und haben mit uns täglichen Kontakt. Unser letztes Haustier, ein

Kater namens Humphrey, ist im 16. Lebensjahr, erblindet und Diabetiker, gerade deshalb aber derzeit der Mittelpunkt unserer Obsorge. Die Lebensform, ob allein, ob in Partnerschaft, ob in Großfamilie, ist nicht entscheidend dafür, ob man glücklich ist oder nicht. Zu Weihnachten ist es aber in einem Familienverband, selbst wenn er nur für die Dauer des Festes besteht, zweifellos erfüllender.

Der heutige 3. Dezember ist aber auch der internationale Tag der Menschen mit Behinderung, von den Vereinten Nationen vor ganz genau 3 Jahrzehnten ausgerufen. Heute würde man ihn wohl anders nennen, von „speziellen Bedürfnissen" statt von Behinderung sprechen und damit mit höherer sprachlicher Sensibilität auf eine inzwischen doch geänderte gesellschaftliche Wahrnehmung reagieren. Wenige Jahre vor der Ausrufung des Tages der Menschen mit Behinderung konnte ich mit meiner Familie einige Zeit in den Vereinigten Staaten leben, in Ithaka im Upstate New York, einer Kleinstadt, die aber durch ihre Universität, die Cornell University, die zur absoluten Elite, der Ivy-League, berühmt ist. Damals staunte ich, dass man auf dem Campus der Universität so viele Menschen im Rollstuhl sah. Erst dachte ich, dass das mit der Unfallsrate im Autoverkehr der USA zu tun haben müsste, bis ich begriff, dass die Universität weitgehend barrierefrei war. Bei uns taten sich damals noch fast unüberwindbare Hindernisse auf. Und das meint nicht nur Treppen oder Toiletten, sondern auch im Bewusstsein der gesellschaftlichen Umgebung.

Das hat sich zum Glück geändert, Inklusion wird heute beachtet, und zwar nicht nur bei den Eliten. Vom Sport, etwa des Special Olympics, über die Schulen mit den Integrationsklassen bis hin zur Nutzbarkeit des öffentlichen Verkehrs, das Bemühen ist sichtbar, möglichst viele Menschen am öffentlichen Leben teilhaben zu lassen. Behinderungen sollten nicht stigmatisieren, ebenso wenig wie es Armut tun sollte – auch das ist ein wichtiger Aspekt der Vorweihnachtszeit. Gegen Diskriminierung jeder Art aufzutreten, das ist auch eine der Aufgaben von Einrichtungen wie der Volkshilfe oder

der Caritas. Der Volkshilfe verdanke ich persönlich die Möglichkeit, eine Höhere Schule zu besuchen. Und bei der Caritas tritt nunmehr unsere Kollegin Nora Tödtling-Musenbichler in die großen Fußstapfen ihrer Vorgänger. Sie wird das großartig machen, davon bin nicht nur ich überzeugt.

3. Jahreszeiten

Sendung vom 20. März 2016

Frühlingsbeginn

Morgen ist es also wieder so weit. Der Frühling hält offiziell Einzug bei uns. Nach einem Winter, der wirklich nicht ein Winter war, wie wir ihn erinnern, wenn wir an vergangene Jahrzehnte und an unsere Kindheit denken, ist heuer der Übergang in die neue Jahreszeit auch ein schon länger, ja vor Wochen angelaufener Prozess der Veränderung.

Schon seit einigen Wochen sind die Märkte hier in Graz voll von Frühlingsboten. Die Blumenstände quellen über von prächtigen Tulpen, Jungzwiebeln, Bärlauch und der erste Spinat verheißen einen Neubeginn in unseren Küchen. Angeblich ist sogar der Grazer Krauthäuptl auch schon im anrollen.

In gewisser Weise ist es also wie immer. Wir wechseln die Garderobe, geben die dicken Winterjacken in die Kästen und holen das leichtere Gewand für die Übergangszeit heraus. Die Tür zum Garten kann lange offen bleiben, die Frühlingsblumen blühen und das frische Gras beginnt zu sprießen. Überall kündigt sich neues Leben an. Die Vögel turteln und bauen ihre Nester, und unsere Katzen streunen mit frischer Energie durch die Nachbargärten.

Dennoch, in meiner Familie stellen sich diese Aufbruchgefühle nicht wirklich ein. Wir sind gerade von einem Begräbnis in Linz zurück, wo eine junge liebe Freundin von uns mit gerade 46 Lebensjahren ihren langen und tapferen Kampf gegen den Krebs verloren hat. Mit ihrer Kraft und ihrem Lebenswillen, der sie über Jahre entgegen allen Prognosen voller Energie und Tatendrang gelassen hatte, war sie für uns der Inbegriff des Umstandes, dass mit Mut und Willen viel, ja praktisch alles erreichbar ist.

Und hier in Graz sitzen wir am Bett einer anderen lieben Freundin im Hospiz. Die Fenster geben den Blick frei auf die frische Farbe einer gerade austreibenden Weide, aber dieses Symbol des Erwachens vermittelt sich nur als schwacher Trost in das Krankenzimmer. Frühling, so sagen es uns die Dichter, ist das Erkennen des zyklischen Ablaufs des Lebens. Da flattern wieder blaue Bänder durch die Lüfte, und neben den vom Eise befreiten Strömen und Bächen sollte sich Hoffnungsglück im holden Blick der Jahreszeit entfalten.

Das sind eben zwei Wahrheiten, zwei Lebensrealitäten, die aufeinanderprallen. Einerseits ist vieles, was unser Leben ausmacht, zyklisch. Ja, es wird immer wieder Frühling, immer wieder erwacht die Natur aus dem Winterschlaf, und immer wieder sehen wir diese Kreisläufe.

Gleichzeitig aber geht es auch linear dahin. Wir altern von Geburt an, und irgendwann begreifen wir, dass die uns zur Verfügung stehende Zeit nicht unendlich ist. Der Schritt vom Unendlichen ins Endliche, das Begreifen, dass die noch zur Verfügung stehende Zeit ihre Begrenzung hat, ist für jeden von uns eine schmerzliche Erkenntnis. Man sieht plötzlich, dass man, wenn man nicht auf einen Berg geklettert ist, es wohl nicht mehr im verbleibenden Leben unterbringt. Viele Dinge, die man aufgeschoben hat, finden keinen Platz mehr in der immer rascher vergehenden restlichen Lebenszeit. Der Körper macht uns bisher nicht bekannte Begrenzungen deutlich, vieles wird beschwerlich.

Es ist ein Phänomen der letzten Jahrzehnte, dass wir immer älter werden können und dass wir statistisch die Lebenserwartung immer steigen sehen. Aber was bedeuten diese 82 Jahre Lebenserwartung, wenn man immer öfter zu Begräbnissen gehen muss, die langjährige Freunde und Wegbegleiter betreffen? Es ist wie in einem schweren Gewitter: die Blitzeinschläge kommen immer näher. Und jeder Verlust kommt letztlich zu früh.

Was aber ist eine vernünftige Schlussfolgerung daraus? Wir wissen um unsere Sterblichkeit und um die Begrenztheit des Daseins. Aber wir wissen natürlich nicht, wann der Schlusspunkt gesetzt wird. Die vernünftigste Reaktion ist also, möglichst wenig aufzuschieben. Dinge, die man schon immer sagen wollte, auch zu sagen, und Dinge, die man schon immer tun wollte, auch zu tun. Nicht gesagt zu haben, wie sehr man jemanden schätzt, nicht einen Streit beigelegt zu haben, das sollte nicht am Ende unerledigt bleiben, das muss zeitnah getan werden.

Einschnitte im Leben gibt es viele. Aber die Einschnitte in späten Lebensjahren haben alle etwas Endgültiges: Wenn die Kinder das Haus verlassen, wenn man in den Ruhestand eintritt oder wenn die Partnerin oder der Partner stirbt. Es ist ein schwacher Trost, hier an das „Stirb und Werde" Goethes zu denken, wenn einem das „Werde" wohl verschlossen ist.

In einer Woche feiern Christen die Auferstehung. Die Religion bietet den Trost an, dass es irgendwie weitergeht. Für mich und viele, ja für immer mehr Menschen, ist dieser Trost nicht wirklich greifbar. Für mich ist das Ende endgültig.

Aber umso mehr macht es froh, das Wiedererwachen der Natur zu sehen. Es macht glücklich, dass die Tage wieder länger sind und dass das Grau bunten Farben weicht. Auch wenn wir wissen, dass der nächste Winter bestimmt kommt, sollten wir den Frühling doch als Aufbruch erleben, als Zeichen, dass es weitergeht, wenn auch ohne ein paar uns nahestehenden Menschen und mittelfristig wohl auch ohne uns.

Sendung vom 22. Mai 2016

Wintereinbruch und Stichwahl

Wieder hat es mich erwischt. Vor vier Wochen fielen meine „Gedanken zur Zeit" auf den Tag des ersten Wahlgangs zur Bestimmung des neuen Bundespräsidenten, und heute, zur entscheidenden Stichwahl, bin ich wieder an der Reihe.

Eine Wahlempfehlung darf und werde ich Ihnen natürlich nicht geben. Aber ich darf Ihnen sagen, dass Sie zur Wahl gehen sollen. Wenn zwei Drittel der Wahlberechtigten zur Urne gehen, wäre das ganz respektabel, drei Viertel wären hingegen ein echter Beweis, dass diese Richtungswahl den Österreicherinnen und Österreichern nicht gleichgültig ist. Und es ist eine Richtungswahl, denn der Bundespräsident ist in unserem Land ein schlafender Riese, der, wenn er durch ein gesellschaftliches Donnern geweckt wird, über viel Macht verfügt.

Die bisherigen Präsidenten haben klug und zurückhaltend agiert, auf das gesellschaftliche Gleichgewicht geachtet und die Politik als zurückhaltende Schiedsrichter begleitet. Schiedsrichter können aber, wie wir aus leidvoller Erfahrung vom Fußballplatz wissen, Spiele und Resultate beeinflussen, können selbstherrlich und wohl auch ungerecht in den Spielverlauf eingreifen. So lange sie penibel auf die Einhaltung der Regeln achten, sind sie ganz wichtig für die Fairness am Spielfeld und in der Gesellschaft. Parteiische Fehlpfiffe können aber grausam sein.

Gehen Sie also wählen! Wägen Sie Ihre persönlichen Argumente gut ab. Weiß zu wählen ist nicht wirklich sinnvoll. Wir stehen in Österreich und wohl auch in Europa vor einer politischen Weggabelung, und weiß zu wählen würde bedeuten, keinem der beiden Richtungspfeile am Wegweiser zu folgen, was nicht nur im Gelände problematisch wäre.

Aber genug von der Politik. Wir nähern uns bald der Jahresmitte und blicken schon auf 20 Wochen zurück, die für unser Land, vor allem aber für unsere Landwirtschaft, ganz schwierige Wochen waren. Da war am Anfang des Jahres der Winter fast ganz ausgeblieben. Die syrische Flüchtlingsfamilie, die wir mitbetreuen dürfen, hat meinen Erzählungen von den Schneemengen ungläubig gelauscht und sie in das Reich der Märchen verbannt. Dann war es lange warm, überall hat es geblüht und ausgetrieben, und dann aus dem Nichts der Rückfall. Im Osterspaziergang meint Goethe noch hoffnungsfroh: „... der alte Winter in seiner Schwäche zog sich in rauhe Berge zurück. Von dort her sendet er, fliehend, nur ohnmächtige Schauer körnigen Eises in Streifen über die grünende Flur. Aber die Sonne duldet kein Weißes ..." Das hat Goethe zu Ostern gesagt. Aber als ich am 28. April als Passagier mit dem Flugzeug über Graz durch die Wolkendecke stieß, sahen alle Mitpassagiere eine Winterlandschaft. Schnee und Frost hatten unser Land im Griff, und es war sofort zu sehen, wie groß der Schaden sein musste.

Sicher, Wetter und Natur sind unberechenbar. Aber mit einem Schlag die Obstbäume und die Weinstöcke vernichtet zu sehen, die Arbeit von Jahren zerstört wahrnehmen zu müssen, das war für die Betroffenen sicher ein tiefer Schock. Materiell und ideell, denn es geht nicht nur um einen Einkommensentfall, sondern um langfristige Lebensentwürfe, in den meisten bäuerlichen Familien sogar generationsübergreifend. Daher deckt auch die beste Versicherung niemals den tatsächlichen Schaden, schon gar nicht den emotionalen.

Wir sind alle stolz auf unsere kultivierte Naturlandschaft. Wir spazieren über die Almen, durch die Streuwiesen oder durch die Weingärten. Uns erfreut die Geometrie der Weinberge, und wenn ich auf meinem Lieblingsplatz in Ratsch an der Weinstraße sitze, schaue ich in Landschaft, die zwar die Natur geformt, der Mensch aber kultiviert hat. Die Hügel gewinnen erst durch die Art der Bepflanzung jene Struktur, die uns so sehr erfreut.

Ich bin zwar im Dorf geboren, aber das war ein durch eine Papierfabrik geprägter Industrieort. Mein bewusster Lebensraum war eigentlich immer die Stadt. Wie für die meisten Stadtmenschen ist die von unseren Bauern gepflegte Naturlandschaft ein Sehnsuchtsort auch für mich. Dort kann man abschalten, entspannen, dem beruflichen Druck kurz entfliehen. Und von dort kommen jene Produkte, die wir mit so großer Freude genießen. Wir sind stolz auf die Vielfalt in so naher Umgebung, auf die kurzen Wege der Lebens- und Genussmittel und auf den nur zarten ökologischen Fußabdruck, den sie hinterlassen.

Wenn jetzt zumindest für dieses Jahr so vieles zerstört worden ist, soll Hilfe nicht an Verteilungs- und Neiddiskussionen scheitern. Vielmehr ist Solidarität gefragt. Rasche, unbürokratische Hilfe auf der einen Seite, aber auch die längerfristige Verbundenheit von uns zu den Menschen am Land, die Treue als Kunden auch in Zeiten schwieriger und beeinträchtigter Produktionsbedingungen.

Gesellschaftlicher Zusammenhalt, das ist auch das übergeordnete Motto am heutigen Wahltag für das Amt des Bundespräsidenten. Versöhnen statt spalten, einbinden statt ausgrenzen, das sollte der künftige Stelleninhaber in unser aller Interesse tun. Und wie Sie, so sehe auch ich in diesem Sinne dem heutigen Resultat mit Spannung entgegen.

Sendung vom 14. August 2016

Städtetourismus

Der August, das ist die Zeit, in der in vielen Städten der Welt die Zahl der Touristen jene der Einwohner übersteigt. Auch hier in Graz fehlen um diese Zeit im Jahresablauf die Studierenden der Universitäten und die Schülerinnen und Schüler der Schulen. Dafür hört man auf den Straßen Italienisch, Slowenisch oder ein für unsere Ohren fremdes Deutsch.

Städtetourismus liegt im Trend. Viele Städte haben sich herausgeputzt, haben in die Innenstadtfassaden investiert und die Infrastruktur verbessert. Hotels und Restaurants sorgen dafür, dass sich die Gäste wohl fühlen.

Es ist aber meist nicht oder zumindest nicht nur das Essen oder das Quartier, was Fremde anzieht. Es sind überwiegend die kulturellen Angebote, die die Wahl eines Reiseziels beeinflussen. Das muss ja nicht gerade Salzburg sein, wo ich vor einer guten Woche 4 Tage verbrachte, um unter anderem Peter Simonischek in Shakespeares Sturm zu sehen. Salzburg, das ist schon fast zu viel an Tourismus, zu viel Adabeis und zu viel Geldadel.

Da ist etwa London deutlich anders. 3 Tage konnten wir unlängst die Stadt genießen, und dass man die Museen ohne Eintrittskarten besuchen kann, ist eine ganz tolle Maßnahme, um Kultur für alle zu öffnen, um den Kunstgenuss nicht vom Geldbörsel abhängig zu machen. Stundenlang waren meine Frau, meine Tochter und ich etwa in der National Gallery, standen vor den Bildern von William Turner oder Sandro Botticelli. Dass gleich neben der Galerie das Sozialprojekt der Kirche von St. Martin in the Fields anschließt, wo man in der Krypta günstig essen kann, verstärkt den Eindruck eines sozial recht barrierefreien London, obwohl die Stadt ein Moloch unter den Finanzmärkten dieser Welt ist.

Auch Graz zieht Touristen mit vielfältiger Kultur an. Wir gehen mit Besuchern, die zu uns kommen, ins Zeughaus, ins Kunsthaus oder ins Schloss Eggenberg und hören immer wieder, wie eindrucksvoll das alles ist. Klar, Graz könnte mehr daraus machen, etwa mit einem Kulturleitsystem, das zu den einzelnen Standorten der Museen und Sammlungen weist. Die wunderbaren Ausstellungen im Joanneumsviertel oder aber in der Sackstraße würden dann stärker ins Blickfeld auch jener Menschen rücken, denen die Stadt nicht wirklich vertraut ist, die aber auf der Suche nach kulturellen Highlights sind.

Natürlich zieht es aber viele Menschen im Sommer nicht in die Städte, sondern aus Land hinaus, in die gute, alte Sommerfrische. Und da hat die Steiermark ja viel zu bieten, vom Salzkammergut bis ins Weinland. Auch wir fahren morgen los, um ein paar Tage bei guten Freunden in der Südsteiermark zu verbringen. Da genießen wir dann die Landschaft und den Wein, schauen in die Weinberge und werden, wenn das Wetter mitspielt, auch wandern.

Ganz sicher aber werden uns Bücher begleiten. Bücher, die die Welt erschließen, begleiten mich seit meiner Kindheit. Im Lehrerhaushalt im Dorf war Lesen eine Selbstverständlichkeit. Wir konnten alle schon vor dem Schulbesuch lesen und verschlangen Bücher, die wir als Kostbarkeiten betrachteten. Die Großmutter, die trotz ihrer einfachen Herkunft als Magd auf einem Lavanttaler Bauernhof ständig Bücher um sich hatte, erlaubte uns, den Enkeln, einmal im Vierteljahr das Bestellen von Büchern aus dem Donaulandkatalog, für uns damals ein Fenster zur Welt.

Theater, Museen, Konzerte, Literatur, all das bereichert die Sommer vor allem für jene, die Urlaub oder Ferien haben. Ob Freilichtbühne oder Festspiel, ob Kunsthaus oder Regionalmuseum, ob Gedichtband oder Krimi, alles hat seine Rechtfertigung. Ich selbst sauge noch immer fast alles auf und bewundere alle, die sich in der Produktion oder Reproduktion von Kunst betätigen, Schriftsteller, Komponisten, Maler, Schauspieler und Sänger.

So nimmt auch dieser Sommer seinen Gang. Er ist, das sagen nicht nur die Statistiken, heuer ein klimatisch unruhiger, voll von lokalen Gewittern mit Blitz und Donner, ja sogar mit Hagelschlag und größeren Schäden. Aber in der Rückschau wird es wieder einer jener Sommer gewesen sein, in denen viele von uns die Energie getankt haben, die uns durch den Herbst und den Winter jene Reserven bereit stellen, die die kühleren Jahreszeiten bewältigbarer machen. Aber auch in diesen Teilen unseres Jahresablaufs, die ich übrigens persönlich sogar mehr mag als die heißen Sommer, stehen uns die Museen, die Theaterhäuser und die Buchhandlungen offen, um unsere kulturellen Bedürfnisse zu befriedigen.

Sendung vom 9. Oktober 2016

Herbst als Neustart

Österreich hat zwar noch immer keinen Bundespräsidenten, aber die herbstliche Routine im Land ist dennoch angelaufen. Unsere Nachbarskinder gehen seit 4 Wochen schon wieder zur Schule, unser kleines Flüchtlingskind marschiert stolz in die Kinderkrippe und an der Universität ist die Aufregung der tausenden Beginner spürbar. In Amerika nannte man die Neuankömmlinge an den Universitäten „freshman", das ist aber nicht geschlechtsneutral. So nennt man sie heute oft „froschs", also Frösche, und in ein paar Jahrzehnten wird kaum jemand mehr wissen, wieso sie so gerufen werden.

Für viele Menschen ist der Herbst ein Neustart. Heuer gilt das durchaus auch für mich. Nach genau 50 Jahren, in denen jedes einzelne Jahr im Oktober einen Neubeginn gebracht hat, 5 Jahre lernend und 45 Jahre lehrend, stehe ich seit einer Woche abseits, schaue dem Treiben nur noch zu und bin eigentlich voll Wehmut, da ich mir ein Leben ohne die Vorgaben von Semestern, den Rhythmus des Lehrens und Prüfens, dem Druck des Forschens und Publizierens, noch nicht wirklich vorstellen kann. Ich gehe daher auch noch weiter ins Büro, spiele Alltag und Routine, und meine Mitarbeiterinnen und Mitarbeiter sind weiter freundlich zu mir. Aber eigentlich ist alles anders.

Ja, ich kann auf ein erfolgreiches Berufsleben zurückblicken. Ich habe fast alles erreicht, was ein Ziel sein konnte, ja oft sogar mehr, und ich könnte mich zurücklehnen. Und es ist durchaus auch so, dass in meinem Arbeitsbereich ein neuer Impuls durch eine Nachfolgerin oder einen Nachfolger Sinn macht, denn vieles ist über die Jahrzehnte wohl Routine geworden. Ja, es ist sogar zu hoffen, dass eine neue Aufbruchsstimmung entsteht, dass neue Ziele und neue Herausforderungen mein langjähriges Team durch neue Türen auf neue Wege und zu neuen Lösungsansätzen führen können. Ich aber gehöre, obwohl ich noch im gewohnten Büro sitze, eigentlich nicht mehr dazu.

Der Herbst legt also seine Schatten auf die Sonnenuhren. Er ist eine Jahreszeit, in der der große Sommer zu Ende geht und die Endlichkeit im Jahresablauf deutlich wird.

Aber ich will nicht zu pessimistisch sein. Der Herbst ist auch voller positiver Elemente. Er hat uns einen erfreulich warmen Spätsommer beschert, der einiges von dem gut machen konnte, was das Frühjahr mit seinem Spätfrost angerichtet hat. Sicher, am Kaiser Josef Markt sieht man die Lücken, die vor allem die Apfelkulturen in jenen dramatischen Tagen erlitten haben, und unsere Weinbauern merken jetzt das gesamte Ausmaß der entstandenen Schäden. Es wird wenig Wein geben und auch das Obstangebot ist heuer klein. Aber ein Morgen am Markt, samstags um sieben Uhr, das ist immer Hochgenuss. Und allein die Vorstellung, in Hinkunft mehr Zeit zu haben, um mich einerseits auf unsere nahe Umgebung einlassen zu können, mit all ihren Kostbarkeiten, und anderseits international nicht mehr nur von einer Universität zur nächsten zu eilen, sondern die weite Welt in Ruhe zu erkunden, das sollte auch den Herbst des Lebens bereichern können. Vielleicht ist dieser Herbst dann nicht gerade golden, aber er sollte seine schönen Seiten haben. Die Blickrichtung sollte nach vorne gehen.

Lassen Sie mich nochmals zum Ausgangspunkt zurückkehren: Eigentlich hätte vor einer Woche bei uns gewählt werden sollen. Ich will nicht von den peinlichen Pannen reden, sondern eigentlich davon, dass unser Altpräsident noch immer voller Energie und allseits anerkannt präsidiale Pflichten wahrnimmt. Er spricht zur Eröffnung des Linzer Brucknerfestes und er vertritt Österreich bei den Begräbnisfeierlichkeiten für den Friedensnobelpreisträger Schimon Peres. Er ist also öffentlich präsent. Dabei ist Heinz Fischer, den ich seit Jahrzehnten kenne, fast 10 Jahre älter als ich. Er feiert heute seinen 78. Geburtstag, so er Zeit zum Feiern findet. Also, auch von dieser Stelle aus: alles Gute! Er zeigt aber vor allem, wie lange man leistungsstark, engagiert und klar analysierend sein Leben gestalten kann.

Auf den Tag genau zwei Jahre nach Heinz Fischer wurde, mitten in der Luftschlacht um England, in Liverpool John Lennon geboren. Lennon hatte nicht die Möglichkeit, von der Alterswarte aus auf sein Leben zurückzuschauen, da er von einem Fanatiker früh vom Leben zum Tode befördert worden war, aber seine Musik und seine Texte sind generationsübergreifend ein Quell der Freude und Inspiration. An seinem Geburtstag hören wir zu Hause seine Musik und die seiner Beatles. Das Motto soll lauten. „let it be".

So ist dieser 9. Oktober doch auch ein Tag, an dem es jenseits trüber Herbstgedanken etwas zu feiern gibt. Das sollte uns Kraft geben für die dunkleren und kälteren Monate, die vor uns liegen.

Sendung vom 26. Februar 2017

Ich mag den Winter

Ich gehöre wohl zu der Minderheit von Menschen, die die kalte Jahreszeit mögen. Dabei zieht es mich gar nicht auf die Berge, und seit zwei Jahrzehnten findet man mich auch nicht mehr auf Schipisten. Ich bin früher gerne, wenn auch nicht sehr begabt, auf Skiern gestanden, aber das ist vorbei. Ich mag den Winter aber auch in der Stadt, trotz oftmals vereister Straßen, nicht geräumter Gehwege, eingefrorener Autos und kalter Nasen.

Klar, die Tage sind im Winter kurz. Meine Marktbesuche an den Samstagen, abwechselnd am Kaiser Josef Platz und am Andritzer Hauptplatz, finden teilweise noch im Dunkeln statt, und nur die Heizstrahler bei den Ständen spenden punktuell Licht und Wärme. Aber gerade das sind dann die Orte, an denen ein besonderes Gefühl der Nähe entsteht.

Ja, der Kaiser Josef Platz ist im Jänner und im Februar halb leer. Viele Marktfahrerinnen und Marktfahrer meiden diese Wochen. Aber meine Lieblingsmarktstände sind winterfest wie ich. Ich bekomme mein Brot aus Hitzendorf, meinen Fisch aus der Weizklamm, mein Huhn und meine Äpfel aus Hitzendorf und mein Gemüse aus Hausmannstätten. Und wenn ich einen Farbtupfer zu Hause will, bekomme ich heimische Tulpen im geheizten Zelt der Blumenfrau. Die Auswahl ist natürlich in den Wintermonaten beschränkt, nicht nur bei den Blumen, sondern auch beim Obst und beim Gemüse. Dafür bleibt Zeit für den einen oder anderen Plausch, und man kennt einander ja schon seit Jahrzehnten. Vor allem aber ist es schon besonders schön, sich entlang der Jahreszeiten zu ernähren und nicht ganzjährig Erdbeeren haben zu müssen.

Bei uns zu Hause gab es im Winter das eingestampfte Sauerkraut aus dem Fass im Keller und in einem Sandbeet gab es Möhren. Eier waren in einer Kalklösung in einem großen Glas aufbewahrt, und der große Sack mit den Erdäpfeln wurde kühl und dunkel gelagert, damit die Knollen nicht zu stark austreiben konnten.

Ich habe die Winter meiner Kindheit nicht als Zeit der Entbehrung in Erinnerung, sondern als schöne Zeit, in der ich sogar den verabreichten Lebertran mochte, zum Erstaunen meiner Geschwister. Mein Kater Murli verschlief praktisch den Tag in der warmen Ofenlade, und wir Kinder wurden nicht allzu oft dazu gedrängt, an die sogenannte frische Luft zu gehen, sondern wir konnten in der Nähe des Küchenherdes, der die Wärme spendete, in den Büchern versinken, die wir zu Weihnachten erhalten hatten.

Auch heute noch ist ein Wärmespender, unser schöner Kachelofen, Mittelpunkt des Lebens in unserem Haus in den Wintermonaten. Drei bis vier Scheit Holz genügen, und für viele Stunden strahlt angenehme Wärme durch das Wohnzimmer, wo die Katzen schlafen und wir gemütlich lesen und schreiben. Meine Arbeit wird auf diese Art zum Vergnügen.

Auch bei unseren Freunden in der Südsteiermark, wo wir traditionell meinen Geburtstag feiern, wird der Kachelofen geheizt und wir, meine ganze Verwandtschaft und ich, genießen diesen Gegensatz von der kalten, klaren Luft im Freien und der wohligen Wärme im Haus. Die Kinder kommen mit roten Backen und klammen Fingern von einer Schneeballschlacht ins Haus gestürmt und sind froh über die Wärme des Ofens, dem sie sich mit aller Vorsicht nähern, bevor sie sich wieder in unsere Feier einklinken.

Klar, das ist ein romantisches Bild vom Winter, eine Vision, wie man sie etwa auch in Wien im Kunsthistorischen Museum sehen kann, wenn man vor Pieter Bruegels Bild der Jäger im Schnee steht. Da sieht man die Jäger und die Hunde heimkehren ins kleine Dorf, wo die Schornsteine rauchen, Feuer brennen und am Teich die Jugend Schlittschuhe läuft. Schon vor über 450 Jahren gab es also diesen positiven Blick auf den Winter und seine Schönheit, auf das Wechselspiel von Kälte und Wärme und darauf, dass es der kalten Jahreszeit nicht nur um Entbehrung, sondern auch um Vergnügen geht.

Der Winter ist also eine Zeit, die zwar durchaus auch Sport und Ertüchtigung im Freien kennt, die aber doch, stärker als die drei anderen Jahreszeiten, zu Aktivitäten innerhalb von geheizten Gebäuden verleitet. Da ist einmal das Lesen, vornehmlich wohl zu Hause, da sind aber auch die wunderbaren Museen, die Kinos, die Konzerthallen, die Theater und die Opernhäuser. Der Winter ist, sicher nicht nur für mich, die Zeit der verstärkten kulturellen Engagements. Und somit ist die kalte Jahreszeit wohl auch besonders bereichernd, voll von Möglichkeiten, den eigenen Horizont auszuweiten.

Aber all das bedeutet natürlich nicht, dass ich mich nicht auf den Frühling freue, dass ich nicht froh darüber bin, schon wieder längere Tage zu erleben und öfter die Sonne zu sehen. Froh darüber, die schweren Schuhe und den Wintermantel immer öfter ablegen zu können oder die Tür zum Garten offen stehen lassen zu können. Ja, auch mir wird der Winter oft lang. Aber das alte Kinderlied, in dem besungen wird, dass das Scheiden des Winters das Herz zum Lachen bringt, ist für mich deutlich übertrieben. Für mich steht der Winter völlig gleichberechtigt im Jahresablauf der vier Jahreszeiten.

Sendung vom 28. Mai 2017

Wonnemonat und Eheschließungen

Der Monat Mai, unser sogenannter „Wonnemonat" ist traditionell der Jahresabschnitt mit den meisten Eheschließungen. Für den großen Tag ist weder ein eisiges Winterwetter noch die Gluthitze des Sommers ein optimaler Rahmen. Die Paare träumen vom frischen Grün der Frühlings, überwölbt vom sanft blauen Himmel und von einer Blütenpracht nicht nur im Brautstrauß, sondern auch auf den Wiesen und in den Gärten.

Gut 6.000 Ehen werden in der Steiermark jährlich etwa geschlossen, ungleich über das Jahr verteilt. Gut die Hälfte dieser Ehen hält auf Dauer, Tendenz seit einigen Jahren wieder steigend. Das hat wohl auch damit zu tun, dass das Heiraten inzwischen wieder länger überlegt wird. Haben um 1975 Männer bei uns im Schnitt mit 24 und Frauen mit 21 Jahren geheiratet, so ist diese Alter inzwischen auf unglaubliche 32 bzw. 30 Jahre gestiegen. Mehr als 8 Jahre älter sind heute die Menschen bei uns bei der ersten Eheschließung als noch in meiner Generation. Und trotzdem steigen die Geburtenraten wieder leicht an.

Das hat auch damit zu tun, dass fast jedes zweite Paar ein gemeinsames Kind mit in die Ehe bringt. Eine Schwangerschaft ist heute nicht mehr der große Druck, rasch zu heiraten, um dem Kind die einstmalige Schmach der unehelichen Geburt zu ersparen. Heute ist das keine Schmach, und die Zahl der unehelichen Geburten nähert sich schon wieder jener Marke, die sie einmal im 18. und 19. Jahrhundert schon gehabt hatte. Damals konnte man am Land vor der Hofübergabe nicht heiraten, und Knechten und Mägden war die Eheschließung untersagt. Mein Vater und sein Bruder waren beispielhaft ledige Söhne einer Magd in Preitenegg.

Wenn die Vorfahren meiner Frau und meine eigenen Vorfahren auf unsere Generation blicken könnten, so sähen sie von den 9 Personen zwischen 55 und 75 Lebensjahren alle Nachkommen in stabilen Dauerbeziehungen, eine seit vier Jahrzehnten stabile Lebensgemeinschaft und alles andere Ehen, die ebenso auf jahrzehntelanger Dauer zurückblicken könnten. Und sie könnten beim Blick auf meine Kernfamilie erkennen, dass wir dabei sind, die Statistik des in Österreich steigenden Heiratsalters mit zu beeinflussen. Galt meine Frau vor gut 3 Jahrzehnten mit ihren damals 28 Lebensjahren als „späte Erstgebärende", so läge sie heute damit wohl eher im Mittelfeld.

Immer dann, wenn uns die Demografie, also jene Wissenschaft, die die Bevölkerungsentwicklungen statistisch erfasst und in einen Erklärungszusammenhang stellt, solche Zahlen präsentiert, vergleichen die meisten Menschen diese Resultate mit ihrer eigenen Lebenssituation. Das gilt natürlich nicht nur für Heiratsalter und Scheidungen, sondern wohl auch für jene demografische Angabe, an der man am stärksten das Wohlergehen einer Gesellschaft ablesen kann, nämlich an der durchschnittlichen Lebenserwartung. Manche Demografen behaupten zwar, inzwischen auch das Glück messen zu können, also glückliche Gesellschaften herausfinden und sogar alle Länder dieser Erde nach dem Glücksempfinden der Bewohner skalieren zu können, aber das scheint mir reichlich spekulativ. Die durchschnittliche Lebenserwartung drückt hingegen Gesundheit und medizinische Betreuung, Ernährung und Sicherheit aus. Sie inkludiert die Verkehrsunfälle ebenso wie die Selbstmordraten. Am Steigen der durchschnittlichen Lebenserwartung kann man am stärksten wohl auch positive Veränderungen festmachen.

Sie können das durchaus selbst feststellen: Wie alt sind in Ihrer Familie die Großeltern geworden? Oder können sie vielleicht noch die Lebensdaten der Urgroßeltern erschließen? Dass man vor anderthalb Jahrhunderten durchschnittlich nicht einmal 40 Jahre alt wurde, das lag natürlich an der hohen Säuglings- und Kindersterblichkeit.

Aber selbst diese abgerechnet sind mit der Ausnahme der schrecklichen Weltkriegszeiten stets Lebensjahre dazugekommen, mit denen man rechnen konnte und musste. Wer heute jung ist, wird im Schnitt wohl um die 90 werden können.

Und versuchen Sie sich zu erinnern, wann Ihnen Ihre Vorfahren und deren Freundinnen und Freunde alt vorgekommen sind. Klar, für ein Kind waren und sind Menschen mit 30 alt. Für Jugendliche wissen die Vierzigjährigen überhaupt nicht mehr Bescheid, wie das Leben so läuft und was angesagt ist. Das hat sich über die Zeiten nur wenig geändert. Aber meine alte Tante mit ihrem durch die Arbeit gekrümmtem Rücken, mit dem Zittern ihrer rachitischen Finger und ihrem Kopftuch war sicher nicht 100, als wir Kinder uns vor ihr fürchteten, sondern vielleicht 65. Heute ist die Generation der über Fünfundsechzigjährigen gerade ein Hoffnungsmarkt, für Konsumgüter aller Art, vor allem aber für Reisen und Abenteuer. Diese Generation kleidet sich nicht in Sack und Asche, sie nimmt am Leben aktiv teil. Siebzig sei das neue Fünfzig, so trösten mich meine Freunde, wenn ich manchmal über mein Alter klage.

Ja, die Demografie zeigt uns deutlich, wie sich die Alterspyramide entwickelt. Daran kann man aber leicht erkennen, dass die Lebensspanne nach dem Ende des Erwerbslebens immer größer wird und dass mit der steigenden Lebenserwartung wohl auch die Lebensarbeitszeit wird steigen müssen. Und das wird sicher nicht alle freuen, das ist sicher auch von Beruf zu Beruf verschieden, von körperlicher Belastung und von mehr oder weniger Selbstbestimmungsmöglichkeit im jeweiligen Arbeitsprozess abhängig. Die Demografie bietet uns hier die Diskussionsgrundlagen. An der Lösung der sichtbar werdenden Probleme müssen andere arbeiten. Keinesfalls aber sollten wir die Augen vor den großen Änderungen verschließen, die uns nicht nur die Altersentwicklung, sondern wohl auch die freiwillige oder erzwungene Mobilität zwangsläufig bringen.

Sendung vom 23. Juli 2017

Sommerferien

Sommerferien: Das war in meinem ganzen Leben immer ein Sehnsuchtswort. Vorbei die Zeit des Lernens, des Bangens um Prüfungsergebnisse und um Noten. Vorbei die Zeit der Kasernierung im Volkshilfeheim in den Jahren des Gymnasiums, vorbei die Zeit der Vorlesungen und Seminare an der Universität. Und später, vorbei die Monate des Unterrichtens, der regelmäßigen Anforderung nicht nur an die Studierenden, sondern auch an mich selbst.

Die Wochen bis zum Herbst boten Freiheit: Entweder konnte man das Geld verdienen, dass dann das Jahr über die finanziellen Lücken stopfte, oder aber, und das tat ich exzessiv, man hatte Zeit um zu reisen. Das war gar nicht teuer: mein Bruder und ich fuhren, als ich 17 war, mit dem Fahrrad und einem Zelt bis nach Florenz, nach Pisa und nach Genua. Oder, wenige Jahre später, konnte ich mit einem Ticket um 99 Dollar im Greyhoundbus, der auch als Nachtlager diente, kreuz und quer die USA bereisen. Die Bilder, die ich von fernen Ländern im Kopf hatte, standen real vor mir. New York, der Grand Canyon, San Francisco und vieles mehr. Die Begegnung mit anderen Kulturen und anderen Sprachen aus jener Zeit haben meine ganzen späteren Planungen von Reisen mit geprägt. Da war so viel zu sehen, was man Jahre oder Jahrzehnte später der eigenen Familie unbedingt zeigen wollte, wenn auch unter ökonomisch besseren Bedingungen.

In den beiden letzten Jahrzehnten musste ich beruflich sehr viel reisen. Australien, Japan, China oder aber am anderen Ende der Welt Ecuador und die Galapagosinseln, all das war oft sehr spannend und lehrreich. An die Faszination der Jugenderlebnisse kamen sie aber nicht mehr heran. Selbst wenn ich über Monate an Orten leben durfte, die auf der jugendlichen Traumskala ganz oben gestanden waren, es war nicht derselbe Kitzel, den die frühen Abenteuerreisen auslösten. Dennoch, mit meiner Frau und unseren Kindern, die inzwischen über dreißig sind, fahren wir noch jedes Jahr gemeinsam weg. So wird uns die nächste Woche über Oberitalien ins französische Zentralmassiv führen. Und alle freuen sich auf das gemeinsame Familienerlebnis.

Reisen und Neues zu entdecken, Naturschönheiten oder aber Museen oder architektonische Höhepunkte zu sehen, das ist Teil meines Lebens. Strandurlaube hingegen mochte ich nie. Wenn die Kinder in heißen Sommern Griechenland einforderten und mit anderen Kindern das Meer eroberten, litt ich unter der Hitze und der strahlenden Helligkeit, die beim Lesen die Augen schnell müde werden ließen. Die gemeinsame Schnittmenge an Urlaubsinteressen pendelte sich aber recht bald auf Städte, auf Kultur und auf Kulinarik ein.

Inzwischen versuche ich, das Fliegen möglichst zu vermeiden. Der Reiz, den Fliegen vor einem halben Jahrhundert auf mich ausgeübt hat, ist heute pragmatischen Entscheidungen gewichen, die es manchmal einfach vernünftig erscheinen lassen, ein Flugzeug zu benützen. Und durch das berufliche Reisen ist es auch sehr viel reizvoller geworden, in den heißen Sommermonaten ganz einfach zu Hause zu bleiben. So kühlen meine Frau und ich uns im wunderbaren Naturbad in Eggersdorf ab und sitzen dann mit guten Büchern zu Hause im Wohnzimmer oder unter unserem Nussbaum. Wir gehen zu österreichischen Kulturveranstaltungen und vermeiden es, die Überquerung der Meere auch nur anzudenken. Und manchmal sitzen wir wie echte Couch Potatoes einfach vor dem Fernseher. Und wenn wir im Sommer reisen, dann steuern wir österreichische oder zumindest europäische Ziele an, bevorzugt in kühleren Regionen.

Dieser Sommerferienbeginn war für mich aber anders als alle vorherigen. Ich habe mein Büro in der Universität ausgeräumt, um für eine Nachfolge in meiner alten Position Platz zu schaffen. Für ein oder zwei Jahre werde ich noch ein kleines Zimmer benützen, um meine Projekte abzuschließen und um ein paar Diplomarbeiten und Dissertationen bis zum Abschluss betreuend zu begleiten. Es ist ein Abschied. 51 Jahre im Universitätssystem, darunter über 33 Jahre am Lehrstuhl an der Universität Graz, das hat mein Leben geprägt und auch den Rhythmus vorgegeben. Der Wechsel von Unterrichtszeit und Ferien, das ist ab sofort für mich nicht mehr bedeutsam. Niemand erwartet, dass ich mich zu Beginn des Wintersemesters wieder an meinem Arbeitsplatz einfinde. Ich bin der Alte, und ich habe nicht vor, den nachdrängenden Jungen irgendwelche besserwissenden Ratschläge zu geben. Ich freue mich, dass ich das Arbeitsleben langsam ausklingen lassen kann, aber habe wohl zu akzeptieren, dass Platz für Neues gemacht werden muss.

Es war also ein Sommerferienbeginn voll von Wehmut. Ja, ich war mit Leidenschaft ein Teil der wunderbaren Universitätslandschaft. Der ständige Kontakt mit jungen Menschen hat mich geistig frisch erhalten und mich subjektiv um Jahre verjüngt. Dieses Biotop wird mir fehlen. Klar, ich kann forschen und schreiben, und klar, es ist wunderbar, nicht zu Sitzungen gehen zu müssen. Aber es wird dauern, bis ich gelassene Distanz zu dieser Welt gewinnen werde.

Vorläufig tue ich noch so, als wären das ganz normale Sommerferien. Nur werden sie für mich länger dauern und in Herbst- und Winterferien übergehen. Wie es mir gelingen wird, damit umzugehen, wird die Zukunft weisen. Aber alle jene, die jetzt Ferien haben und dann wieder in einen Regelbetrieb zurückkehren müssen oder dürfen, sollten versuchen, diesen Sommer zu einem unvergesslichen zu machen.

Sendung vom 10. Dezember 2017

Weihnachtsgeschenke

Je älter man wird, desto schneller scheint die Zeit zu verfliegen. Diesen Satz hörte ich schon vor Jahrzehnten von vielen Onkeln und Tanten und von den Großeltern, und insgeheim habe ich darüber wohl gelächelt. Es steckt aber ein Körnchen Wahrheitsgehalt darin: während Kindern die Zeit bis Weihnachten vielleicht lang erscheint, stelle ich erschreckt fest, dass wir heute schon die zweite Kerze am Adventkranz anzünden und dass uns nur mehr 2 Wochen vom Heiligen Abend trennen. Weihnachten steht also unmittelbar vor der Tür.

Gerade dieses Wochenende, mit Maria Empfängnis am Freitag und dem folgenden Samstag, gilt wohl als hektische vorweihnachtliche Einkaufszeit, mit vollen Geschäften und mit ganz großen Umsätzen. Mich kratzt das wenig. Ich war nur am Samstag am frühen Morgen auf meinem geliebten Markt am Kaiser Josef Platz, der noch immer ein reichhaltiges Angebot hat, jetzt etwa an ausgelösten Walnüssen, die für mich ein unverzichtbarer, wenn auch kalorienreicher Begleiter durch die kalte Jahreszeit sind. Vorbestellungen für das Weihnachtsgeflügel werden entgegengenommen, das Brot duftet wie eh und je, nur das Angebot an frischen Totentrompeten, meinem Lieblingspilz, ist seit gut zwei Wochen schon verschwunden. Dennoch waren auch gestern wieder meine Einkaufstaschen prall gefüllt.

Wenn ich dann um halb acht schon wieder zu Hause bin, kann ich mich zurücklehnen, denn den Trubel der Geschäfte kenne ich nur vom Hörensagen, aus den Medien oder von Bekannten. Meine Weihnachtseinkäufe sind längst erledigt, denn für uns ist Weihnachten viel weniger ein Wettlauf um das originellste oder wertvollste Geschenk, sondern eine Zeit, die der Kernfamilie gehört, mit gutem Essen und mit kleinen Aufmerksamkeiten, die nur zeigen soll, dass man sich Gedanken über die Wünsche der nahestehenden Menschen gemacht hat.

Mir fällt das Schenken im Prinzip leicht, da bin ich schon von meiner Kindheit her in eine bestimmte Richtung sozialisiert. Mein Vater war vor gut 6 Jahrzehnten Obmann der Kinderfreunde in Frantschach-St. Gertraud. Die Kinder der Kinderfreunde-Eltern erhielten zu Weihnachten von der Organisation jeweils ein Buch. Für mich und meinen Bruder war es das höchste Glück, diese Bücher mit aussuchen zu dürfen und sie bestimmten Kindern zuzuordnen. Ich weiß nicht, ob damit dann tatsächlich bei den Beschenkten die Freude größer war als bei uns, den Übermittlern der Schenkungen. Bücher zu schenken ist seither ein Ritual, und wie damals sagt die Auswahl der Bücher wohl auch viel über mich aus, obwohl ich mich doch sehr bemühe, die jeweilige Interessenslage der zu beschenkenden Person im Auge zu haben.

Buchhandlungen sind, neben den Lebensmittelmärkten die einzigen Verkaufsorte, die ich mit Vorfreude und mit Lustgefühlen betrete. Und als jemand, dem die Auswahl der Bücher auch ein haptischer Genuss ist, weil ein Buch sich einfach auch gut anfühlen, ja sogar gut riechen muss, bedaure ich das Überhandnehmen des Onlinehandels doch sehr. Nicht dass ich nicht auch selbst mal rasch einen Titel bei Amazon ordere, aber jene Bücher, die mir Freude bereiten und die mein Leben bereichern, die kommen aus der Buchhandlung. Davon gibt es ja leider immer weniger. Als Stammkunde meiner kleinen Buchhandlung bei der Universität fühle ich mich auch speziell betreut. Man kann dort über Bücher diskutieren, Empfehlungen austauschen und entspannt auf Entdeckung gehen.

Besucht man Städte vergleichbarer Größe wie Graz im nahen Ausland, so fällt auf, dass etwa in Brno – Brünn oder in Ljubljana – Laibach Buchhandlungen noch an jeder Ecke der Innenstädte zu finden sind, daneben tolle Antiquariate. Man fragt sich, ob die Menschen in diesen Städten mehr lesen, ob der Zugang zum Onlinehandel komplizierter ist oder ob dieser Umgang mit Büchern vielleicht ein Ausdruck dafür ist, dass die Menschen dort noch nicht vollkommen in der Konsumgesellschaft der westlichen Welt aufgegangen sind. Das wäre einerseits ein ökonomisches Krisenzeichen, anderseits aber auch ein Signal einer gewissen Widerständigkeit gegen die Amerikanisierung des gesamten Lebens.

Es steht natürlich gerade zu Weihnachten außer Frage, dass auch die Elektronikgeschäfte, die Sportartikelhändler, die Schmuckbranche und die Modegeschäfte gute Umsätze machen sollen. Es gibt in diesen Branchen genügend Menschen, deren Einkommen davon abhängt, dass die Verkaufszahlen stimmen. Und auch ich habe mich als Kind über eine Schiausrüstung riesig gefreut, und meinen Kindern waren Geschenke aus den genannten Bereichen zu Weihnachten oder zu den Geburtstagen auch nie unlieb. Aber Bücher sind doch viel persönlicher, und sie begleiten den Leser oft über Jahre, beschäftigen ihn und lassen Wiederbegegnungen zu. Viele von uns haben Bücher, die ihnen ans Herz gewachsen sind und die sie immer wieder zur Hand nehmen. Ich selbst könnte die Frage nach meinem Lieblingsbuch gar nicht seriös beantworten. Es war eine Zeit lang chic, Robert Musils „Mann ohne Eigenschaften" zu nennen, aber wohl nur, weil man dann als besonders belesen gelten konnte. Ich mag das Buch auch sehr, vor allem, weil es ganz tolle Möglichkeiten gibt, daraus zu zitieren, aber andere Texte, vor allem auch Dramen, haben mich immer noch mehr angesprochen. Ein Leben ohne Goethes „Faust" oder Shakespeares „Sommernachtstraum" wäre für mich ein deutlich ärmeres. Aber ich verstehe durchaus, wenn andere Menschen ähnliches für die Musik sagen oder für die bildende Kunst. Bücher haben allerdings, entgegen der Mona Lisa von Leonardo da Vinci oder der Geburt der Venus von Sandro Botticelli den Vorteil, dass sie vervielfältigt immer originale bleiben, die man erschwinglich zu Hause stapeln kann.

Lassen Sie sich in den zwei Wochen bis Weihnachten nicht von allzu großer Hektik anstecken. Der Advent sollte ja eine Zeit der Besinnlichkeit und der Vorfreude sein. Ich jedenfalls schaue in die Flamme der zweiten brennenden Kerze, freue mich auf die Tage, die wir mit den Kindern verbringen werden und wünsche Ihnen allen ein frohes Fest.

Sendung vom 4. März 2018

Der Kaiser Josef Markt

Das war für meine Familie und mich eine schöne Überraschung. Meine Frau und meine Kinder hatten mir zum Geburtstag eine gemeinsame Reise nach Marokko geschenkt, und wir hatten diese terminlich so angelegt, dass wir dem Winter ein Schnippchen schlagen wollten. Eine Woche Mitte Februar ab in eine warme südliche Gegend, um dann zu Hause nach der Rückkehr schon den Frühling begrüßen zu dürfen. Aber weit gefehlt. Seit unserer Ankunft ist ja hier bei uns tiefer Winter, es ist so viel Schnee gefallen, wie in all den Wochen vorher nicht, und eine Kältewelle hat uns seit Tagen im Griff, die keinen historischen Vergleich zu fürchten hat.

Es tut gut zu hören, dass die Zulieferer von Strom und Gas jene Menschen, die ihre Rechnung nicht bezahlen können, derzeit unbehelligt lassen und die Energiezufuhr nicht abstellen. Und es gibt die Notquartiere, die zumindest in der Nacht Obdachlosen ein warmes Bett zur Verfügung stellen können. „Aber der Tag ist so furchtbar lang", sagte im Radio einer der Menschen, die ohne Arbeit auf den kalten Straßen warten müssen, bis die Notschlafstelle aufsperrt. Kälte macht die Armut noch spürbarer.

Ich bewundere all jene Menschen, die mit vollem Einsatz der Kälte trotzen. Dazu gehören alle, die die Straßen räumen, den Müll entsorgen, Flugzeuge be- und entladen, den Bahnverkehr aufrechterhalten oder aber im Dienste von Gesundheit oder Sicherheit unterwegs sind. Und ich bewundere und freue mich darüber, dass unsere steirischen Nahversorger auch unter den derzeit herrschenden Rahmenbedingungen die Märkte beliefern.

Gestern vor einer Woche, am Samstag um sieben Uhr in der Früh, als ich wieder einmal am Kaiser Josef Markt war, begrüßte mich dort eine kleine Gruppe von Marktfrauen, um mir für meine treuen

Besuche, die ja tatsächlich seit 35 Jahren regelmäßig stattfinden, mit einem Geschenkkorb zu meinem Geburtstag, verspätet, denn ich war ja im Ausland gewesen. Ich war wirklich gerührt, denn über all die Jahre hat sich zu den von mir besuchten Verkaufsständen ein Vertrauens- und Freundschaftsverhältnis herausgebildet. Wir plaudern immer, wissen voneinander die familiären Neuigkeiten, leiden mit Ernteausfällen mit und freuen uns insgesamt über unsere samstäglichen Treffen. Komme ich einmal etwas später, vielleicht so um 7 Uhr 15, werde ich schon mit der Frage konfrontiert, ob ich wohl einen angestrengten oder ausgelassenen Freitag-Abend gehabt habe.

84 Jahre alt ist inzwischen meine Gemüsefrau. Sie hat sich im Herbst an der Hand verletzt und kuriert über den Winter die Verletzung aus, aber bis in dieses Alter stand sie jeden Samstag am Platz. Das bedeutet wohl ein Aufstehen um 4 Uhr in der Früh, die Beladung des Transporters, die Anreise, das Aufbauen des Standes und wohl vieles mehr, um lange vor sieben Uhr bereit zu sein, die ersten Kundinnen und Kundinnen zu begrüßen. Es ist keine leichte Arbeit, aber ich hatte immer das Gefühl, dass sie es mit Leidenschaft und Freude macht. Und sie hat mich kulinarisch erzogen, hat mir Wintersalate schmackhaft gemacht und manchen Tipp gegeben. Ich bekomme dort auch, wohl als einziger Kunde, Walnüsse von einer alten Sorte, die ausgelöst unter dem Tisch am Markt auf mich warten. Solche Dinge verbinden und sind ein Teil von dem, was Lebensqualität ausmacht. Ohne diese regionale Eingebundenheit wäre Graz nicht so leicht zum Lebensmittelpunkt für mich und meine Familie geworden.

Märkte sind, richtig geführt und nicht, wie etwa der Wiener Naschmarkt, als Touristenattraktion betrieben, lebendiger Ausdruck von zwei Komponenten. Sie zeigen die Jahreszeit und sie zeigen die Region. Im Marrakesch, wo wir im Februar mitten im Suk, also dem großen und verwirrenden Markt, einem Markt, der auch aber nicht nur seine touristischen Abschnitte hat, erleben konnten, dominieren die Gewürze. Es duftet aus allen Ecken und Enden, und der Gewürzduft mischt sich mit dem Geruch von frischem Leder. Am Gemüsemarkt gab es prachtvolles Obst, in der vordersten Position die Orangen, die Feigen und die Datteln, gefolgt von den Granatäpfeln. Die Rüben und die Karotten hatten die erstaunliche Größe von Kinderarmen. Auch dort, in Nordafrika, spiegelt sich am Gemüseangebot der Märkte die Jahreszeit, und auch diese Märkte bekommen ihr Flair durch die Regionalität ihrer Produkte. Wir konnten sogar die ungeheurer großen und stinkenden Gerbereien sehen, mit unvorstellbar schlimmen Arbeitsbedingungen an den Ammoniakbottichen, von wo das frisch gegerbte Leder direkt in die Produktion in den kleinen lokalen Lederverarbeitungsstätten geht. Dort dominiert dann erstaunlich gediegene Handwerkskunst, die Bewunderung abringt. Die Wege der Produkte sind kurz, die ökologischen Fußabdrücke klein.

Wir haben es zum Glück gelernt, dass die Verfügbarkeit bestimmter Produkte von Jahreszeit und klimatischer Region abhängig ist. Man muss nicht das ganze Jahr über Erdbeeren haben, die es übrigens jetzt in Marokko schon gibt, man kann auf die heimische Produktion warten, um dann mit umso größerer Freude, die ersten Ernten zu genießen. Das Jahr verläuft zyklisch, und es ist ein gutes Gefühl, die Vorfreude zu spüren, wenn eine Jahreszeit die andere ablöst und wenn diese Ablöse jeweils auch andere Abläufe und Speisepläne erforderlich macht.

Unsere Märkte haben ja derzeit ihr eher überschaubares Winterangebot. Aber es gibt das wunderbare Brot, das für mich nirgendwo so gut gebacken wird wie in Hitzendorf, es gibt das Hühnerfleisch, die Selchwürste und den Schinken. Es gibt die Eier, den Endiviensalat, Zuckerhut, die Rohnen und die Karotten. Bohnen sind da, Erdäpfel und Zwiebel. Wer aus diesen Produkten nicht ein ordentliches Mahl bereiten kann, der sollte die Schuld wohl bei sich suchen und nicht im Angebot am Markt. Und man kann, wenn das Kochen und die Arbeit des Tages zufriedenstellend erledigt wurden, am Abend ein Glas des immer besser und vielfältiger werdenden steirischen Weins trinken, um endgültig zu wissen, dass es, selbst wenn es draußen stürmt und schneit und es bitterkalt ist, ein gutes Land ist, in dem wir leben dürfen.

Sendung vom 13. Jänner 2019

Unser Klima

Knappe zwei Wochen ist es jetzt alt, das Jahr 2019. Es hat uns schon einen kräftigen Schub an Winter gebracht, Schneemassen im Norden der Steiermark, mit all den dazugehörigen Problemen. Aber es ist gut, dass wir ausgeprägte Jahreszeiten haben, mit ihren ganz unterschiedlichen Vorzügen und Problemen. Und insgesamt lässt sich, obwohl sich das derzeit nicht so anfühlt, die Klimaerwärmung ja nicht leugnen.

Es ist zweifellos so, dass trotz der erdgeschichtlich zu beobachteten Hitze- und Kältephasen die derzeitige Klimaerwärmung vor allem mit unserem Raubbau an Ressourcen zu tun hat. Unsere Lebensgewohnheiten sind nicht nur eine Bedrohung durch die hohen Emissionen, die unsre Industrie und unsere Autos produzieren und die den Temperaturanstieg zumindest mit verantworten. Wir verschmutzen auch die Meere, in denen sich Tonnen von Plastikmüll anhäufen, die wir dann in den Mägen verendeter Fische wiederfinden. Wir leben, als ob es keine Generationen nach uns geben würde, denen wir ja eine lebenswerte Umwelt hinterlassen sollten.

Vielleicht haben sie einen der zahlreichen Berichte gesehen oder gelesen, wieviel Müll zu den Weihnachtsfeiertagen und zu Silvester angefallen ist. Da war von zahllosen Extratouren der Müllabfuhr zu lesen, und die Emissionswerte waren durch das Abfeuern von Raketen wieder einmal in schwindelerregender Höhe. Ich gebe es zu, vor etlichen Jahren zündeten wir, nicht zuletzt um die Kinder zu erfreuen, auch Silvesterraketen, heute aber sollte langsam die Vernunft siegen. Die Stadt Graz hat ja heuer den bemerkenswerten Versuch gestartet, das große Feuerwerk durch ein Lichtershow zu ersetzten. Daneben schossen aber Privatleute wieder hunderte Raketen in den nächtlichen Himmel.

Ein Umdenken ist notwendig. Waren es vor Jahren noch allein die Grünen, die die Bedrohung der Umwelt zu einem Thema gemacht haben, so ist heute das Bewusstsein, dass Maßnahmen gesetzt werden müssen, im Zentrum der Politik angekommen. So kann man zu jenen Punkten, die auf der Habenseite des Halbjahres des österreichischen Vorsitzes in der EU aufscheinen, auf jeden Fall die Einigung zwischen Kommission und europäischem Parlament sehen, die der CO_2-Reduktion bei Kraftfahrzeugen gilt. Es waren schwierige Verhandlungen, aber wenn das formulierte Ziel einer Reduktion des Schadstoffausstoßes bei PKW um 35 und bei Nutzfahrzeugen um 30 % im nächsten Jahrzehnt erreicht werden sollte, so wäre ein entscheidender Schritt gelungen.

Diese Entscheidungen und die daraus folgenden Maßnahmen sind aber weit von unserem Alltag weg. Aber gerade auch hier könnte jeder von uns Beiträge für eine bessere Umwelt leisten. Man muss nicht für jeden Weg unbedingt das Auto nehmen. Ich nütze oft den Bus, der mich von Andritz zur Universität bringt, oder in den wärmeren Jahreszeiten das Fahrrad. Und man muss etwa nicht vom Einkauf mit mehreren Plastiksackerln nach Hause kommen, es gibt nette und praktische Tragetaschen aus Stoff. Wenn ich mich am Wochenende am frühen Morgen über den Kaiser Josef Markt bewege, sehe ich schon erfreulich viele Einkaufskörbe und Stoffsackerln, die die Plastikverpackung weitgehend ersetzen. Auch im Geschäft muss man nicht unbedingt zu jenen Gurken greifen, die in Plastik eingeschweißt sind. Da gibt es sogar schon ein paar mutige Geschäfte, die ganz auf Verpackung verzichten. Zudem kann man darauf achten, regional einzukaufen, was meist besagt, dass die Transportwege kurz waren, und wenn man saisonal Lebensmittel auswählt, bekommt man Erdbeeren zwar nur ein paar Monate lang, aber dann in bester Qualität und mit einem geringen ökologischen Fußabdruck. Ja, der Winter ist dann die Jahreszeit für Sauerkraut, Endiviensalat, Rohnen und Bohnen. Aber umso größer ist dann im

Frühling die erste Wiederbegegnung mit dem Schnittsalat, dem Bärlauch oder den ersten Radieschen. Man kann so nicht nur die Umwelt schonen, sondern auch die Jahreszeiten bewusst erleben und Vorfreude auf kommende Genüsse empfinden.

Ja, all das wird uns nicht wirklich vor den befürchteten Klimakatastrophen der nächsten Jahre bewahren. Die Erderwärmung wird voranschreiten und die Müllberge werden wachsen. Im Meer wird wohl in den nächsten Jahren noch mehr Plastikmüll treiben als heute. Aber viele kleine Beiträge können sich summieren, und den berühmten ersten Schritt kann und muss jeder selbst setzen.

Ich weiß nicht, was Sie sich in der Silvesternacht für das Neue Jahr vorgenommen haben. Vielleicht haben Sie einige der guten Vorsätze in den knapp zwei Wochen seither auch schon wieder über Bord geworfen. Aber für gute Vorsätze muss man ja nicht 12 Monate warten. Man kann sich täglich entscheiden. Und man kann sich jeden Tag aufs Neue entscheiden: Wie komme ich von A nach B? Welche Lebensmittel kaufe ich ein und wie lasse ich sie verpacken? Müssen in der Wohnung oder im Haus tatsächlich alle Lampen leuchten? Brauche ich wirklich schon wieder ein neues Smartphone?

Treffen Sie also bitte auch kleine Entscheidungen bewusst. Dieser gute Vorsatz für 2019 wird nicht nur Ihnen selbst gut tun, sondern er wäre auch kleiner, aber wichtiger Beitrag dazu, unsere Welt lebenswert zu erhalten, für uns selbst und für die nächsten Generationen.

Sendung vom 4. August 2019

Raubbau an unseren Ressourcen

Noch vor ein paar Jahrzehnten war es eine schöne Urlaubserfahrung, wenn man in Italien oder in Griechenland auf einem Markt ein Stück frischer, süßer und kühler Wassermelone erstehen konnte. Das schmeckte nach Sommer, Hitze und Süden und war, obwohl man Melonen auch bei uns als Importware kaufen konnte, doch ein spezifisch mediterraner Genuss.

Inzwischen wachsen Melonen auch bei uns. Steirische Melonen gelten als regionale Spezialität. Das hat unbestreitbar damit zu tun, dass der Klimawandel längst Realität geworden ist. Der heurige Juni und dann die zweite Julihälfte haben deutlich gemacht, dass wir wieder auf einen Rekordsommer zusteuern, was die Durchschnittstemperatur betrifft. Der langjährige Schnitt weist deutlich nach oben.

Viele Menschen werden das genießen. Warme Sommer sind vor allem für Kinder, die jetzt Ferien haben, viel angenehmer und spannender als kühle, verregnete Wochen. Aber die meisten Menschen stöhnen unter der Hitze, und es klingt wohl eher bedrohlich, wenn die Wissenschaft sagt, dass Wien in wenigen Jahren so heiß sein wird wie heute Skopje in Nordmakedonien. Und weltweit betrachtet ist dieser Umstand eine Katastrophe. Die Gletscher gehen zurück, das Eis an den Polkappen schmilzt langsam ab, der Meeresspiegel steigt und ganze Inselgruppen werden verschwinden.

Dazu kommt die Dürre, die große Gebiete, vor allem in Afrika, austrocknen lässt. Somit wird eine Landwirtschaft, die die Bevölkerung ernähren könnte, immer schwieriger, und Hunger und Trockenheit werden neben Kriegen zu neuen Fluchtursachen.

Die Hauptursache dieser Entwicklung ist unser Raubbau an den Ressourcen unserer Erde. Ja, der Bergbau, die Dampfmaschine und das Erdöl haben es historisch möglich gemacht, dass in der nördlichen

Hemisphäre die Menschen besser und länger leben konnten, dass die Gesellschaften mobiler wurden, dass urbane Zentren entstanden, in denen Kunst und Kultur aufblühen konnten. Reisen wurde erschwinglicher und rascher, die Welt wurde gleichsam kleiner.

Ich gebe zu, dass ich selbst mitten drin lebte, in dieser Welt der neuen Möglichkeiten und der Überwindung der Grenzen. In den letzten 50 Jahren war ich so oft in fernen Ländern, dass ich es heute gar nicht mehr überschaue. Dutzende Reisen in die USA und nach Kanada, aber auch nach China, Japan oder Australien, in den Nahen Osten oder auf die Galapagosinseln haben mich beruflich oder privat rund um den Globus getrieben. Ich bin also ein schlechtes Beispiel für ein umweltbewusstes Leben in der Vergangenheit. Nicht jede Flugreise war wirklich notwendig, es waren Neugier und Abenteuerlust, die mich angetrieben haben. Inzwischen sind bei mir allerdings Fernreisen mit schlechtem Gewissen verbunden, ich versuche, sie zu reduzieren. Das gelingt mir nicht ganz, noch immer treibt mich die Neugier hinaus.

Es ist nicht zuletzt die neue Jugendbewegung, die „Fridays for Future"-Generation, die bei vielen Menschen ein Umdenken einleitet. Greta Thunberg aus Schweden ist mit ihren 16 Jahren das glaubwürdige Gesicht dieser neuen Denkweise. Nicht jeder wird sie mögen, mit ihrer ruhigen Bestimmtheit, mit der sie auf die Probleme aufmerksam macht. Trotz oder vielleicht sogar wegen des bei ihr diagnostizierten Asperger-Syndroms ist sie jedoch für viele, durchaus auch für mich, die glaubwürdige Stimme der nächsten Generation, die uns einen Spiegel vorhält, in dem wir mit Schrecken unsere Fehler und Versäumnisse erkennen können. Sie hat eine Massenbewegung ausgelöst, die vielleicht der Startschuss für ein globales Umdenken sein könnte. Und man kann der Wissenschaft glauben, dazu ist es höchste Zeit.

Jeder Mensch kann seinen Beitrag leisten. Regionale Produkte kaufen, auf Plastik bei der Verpackung weitgehend verzichten, nicht immer das Auto nehmen sondern das Fahrrad oder den öffentlichen Verkehr, und vor allem Strom sparen. Das sind minimale Maßnahmen, aber doch ein Teil eines umfassenden Prozesses, der eingeleitet werden muss, wenn wir unseren Kindern und Enkeln eine lebenswerte Welt hinterlassen wollen.

Meine Frau und ich bleiben im August, wie auch schon im Juli, in Österreich. Graz, unsere schöne, wenn auch derzeit von Baustellen geplagte Landeshauptstadt, bietet etwa eine Reihe von Bademöglichkeiten, die den Sommer erträglich machen können. Von Kumberg bis nach Unterpremstätten, von der Ragnitz bis nach Eggenberg gibt es wunderbare Bäder. Uns zieht es etwa oft ins feine Bad nach Eggersdorf, von uns in Andritz aus leicht zu erreichen. Das Bad hat Naturwasser, sogar einen kleinen Schilfgürtel, Seerosen und große Liegewiesen. Zudem wird es familiär geführt und liebevoll gepflegt. Es ist ein kleines Juwel in Stadtnähe. Und eigentlich ein Geheimtipp, aber das habe ich wohl eben zunichte gemacht.

Es geht darum, vernünftige Mittelwege zu finden. Nicht jede Reise sollte schlecht geredet oder verboten werden, aber ein wenig nachdenken ist angesagt. Wenn man etwa sieht, wie viele unserer Lebensmittel noch immer auf dem Müll landen, dass Plastik noch immer, ja von Jahr zu Jahr stärker, die Weltmeere verschmutzt, dann kann man erkennen, dass ein Umdenken bei jedem Einzelnen beginnen kann. Enttäuschen wir also Greta und ihre Generation nicht, versuchen wir gemeinsam, unsere Welt nicht leichtfertig weiter zu schädigen.

Sendung vom 27. Oktober 2019

Der Markt im Herbst

Ich gestehe gerne, dass ich den Herbst liebe. Die Sommer sind mir meist zu heiß, die Winter zu unwirtlich und kalt. Aber der Herbst, der gerade im Oktober seine volle Pracht entfaltet, ist die Zeit, in der für mich die Temperaturen und die Dauer des Tageslichts gerade passen. Ist es kühler, dann heizen wir schon mal den Kachelofen ein und genießen dessen wohlige Wärme. Unsere Katzen fressen sich gerade den Winterspeck an und genießen noch die warmen Tage im Freien.

In vielen Gedichten wird der Herbst als Zeit des Trauerns und des Abschieds besungen. Sicher, in wenigen Tagen ist Allerheiligen, da sind viele Menschen auf den Friedhöfen, um sich an ihre Verstorbenen zu erinnern. Ich weiche dem aus, die Erinnerung an meine Eltern, meine Nichte oder meine Schwägerin ist in meinem Gedächtnis gut aufgehoben. Aber es ja nicht nur die Jahreszeit des Abschieds. Der Herbst ist auch die Zeit des Erntedanks, des Auffüllens der Vorräte. Da hat es das heurige Jahr mit unseren Bauern ja eigentlich gut gemeint, die Dankbarkeit und Freude dominieren über die einzelnen Problemfälle, die es ja immer wieder gibt.

Der eher zaghaft neugestaltete Markt am Kaiser Josef Platz ist für mich einer der Plätze, die die Stadt für mich lebenswert machen. Sicher, meine Frau und ich frequentieren auch den kleinen, feinen lokalen Markt bei uns in Andritz, aber ein früher Morgen am Samstag, wenn es gerade hell wird, ist am Kaiser Josef Platz ein Erlebnis, für das ich mich bemühe, möglichst oft die Zeit zu finden. Da gibt es noch keinen Trubel, das Angebot ist noch vollständig, ja überbordend, und die Männer und Frauen hinter den Verkaufsständen haben noch die Zeit für einen kleinen Plausch. Man kennt einander ja schon seit Jahrzehnten, tauscht familiäre Neuigkeiten aus, erzählt von Reisen oder anderen Erlebnissen. Man diskutiert über Sport, über Politik oder man führt einfach Gespräche über Gott und die Welt.

Natürlich fehlte bei der Neugestaltung des Platzes der große Wurf. Was hätte das für innerstädtische Attraktion werden können! Dennoch, ich bin nicht unglücklich über die zaghaft ausgefallenen Eingriffe, denn es ist weiter alles vertraut. Die Stände, die ich immer besuche, sind an denselben Stellen wie vorher, Parken ist noch immer ein Glücksspiel, allerdings nicht am Samstag um Viertel vor Sieben. Die große innerstädtische Umgestaltung, wie sie etwa im Laibach/Ljubljana so vorbildlich geglückt ist, die scheint Graz nicht zu schaffen. Das hat aber nicht nur Nachteile.

Vom Warenangebot her ist gerade eine Schnittstelle erreicht. Die Herrenpilze sind aus, dafür werden hoffentlich bald die Totentrompeten einrücken. Neben dem Grazer Krauthäuptl sieht man nunmehr den Endiviensalat, auch Zuckerhut ist schon aufgetaucht. Bald sollte es auch Nüsse geben, für mich ein Grundnahrungsmittel. Da hat ein Stand eine alte Sorte von unbeschreiblicher Qualität. Geflügel gibt es nicht nur in Bioqualität, sondern auch von mit Wildkräutern gefütterten Tieren, und die Äpfel haben steirische Qualität. Mein geliebtes Brot, das ich im Ausland immer stark vermisse, gibt es zum Glück ja ganzjährig. Heimische Fische sind zudem ein ganz verlockendes Angebot von hoher Qualität.

Sind meine Kinder in Graz, so gehen sie, obwohl im Regelfall keine Frühaufsteher, gern am Samstag mit mir mit auf den Markt. Sie schleppen dann Sachen nach Wien, die sie dort in vergleichbarer Qualität nicht finden. Auch das ist bei uns schon lange Familientradition, und wir pflegen diese.

Wird es in einigen Wochen kälter, verändert der Markt wieder seinen Charakter. Das ist dann die Phase des Sauerkrauts und der Selchwürste, für mich doch ein kulinarischer Abstieg nach der Fülle des herbstlichen Angebots. Zum Glück ist noch Zeit bis dahin, und ich bin froh darüber, dass ich noch ein paar Samstage die volle

Reichhaltigkeit genießen kann. Diesmal war es ja kein Samstag, sondern es war der Freitag, da gestern ja österreichischer Nationalfeiertag war. Vielen war es vielleicht nicht angenehm, dass der Nationalfeiertag auf einen Samstag gefallen ist, ging doch damit ein Urlaubstag verloren. Für einen Ruheständler wie für mich macht das allerdings keinen Unterschied. Dann bin ich eben einen Tag früher am Markt, und ich konnte gestern den Nationalfeiertag in aller Ruhe begehen.

Der Nationalfeiertag sollte ja ein Tag sein, an dem wir stolz und dankbar sein sollten, in einem sicheren und sozialen Land zu leben. Wir können auch stolz sein, einerseits auf die Schönheiten unseres Landes, anderseits aber auch auf unser System, dass es trotz manchem Knirschen in jüngster Vergangenheit möglich gemacht hat, ein lebenswertes Land mitten in Europa zu sein. Und lebenswert wird unser Land auch durch die Vielfalt und die Qualität unserer landwirtschaftlichen Produktion. Und die städtischen Märkte bringen diese Resultate vom Land in die urbanen Ballungsräume, sie sind Orte der Begegnung und des Austausches, sie sind ein Symbol für das miteinander, das auch heute noch möglich ist.

Sendung vom 22. Dezember 2019

Ruhe und Umbrüche

Die gute Nachricht zuerst: ab heute werden die Tage schon wieder länger, die längste Nacht ist überstanden. Die weniger gute Nachricht ist hingegen, dass der Winter eben erst begonnen hat, dass uns also noch volle drei Monate der kalten Jahreszeit erwarten. Der Winter ist diesmal sogar um einen Tag länger, da 2020 ein Schaltjahr sein wird. Aber der unbestreitbare Klimawandel macht die Winter wohl nicht mehr so bitter kalt und lang, wie sie in meiner Kindheit waren. In meiner Kindheit hatten wir schon um den Krampustag Schneeburgen gebaut, um gerüstet zu sein, sollte uns tatsächlich ein solcher Krampus bedrohen. Schneeburgen im Tal wird es wohl auch diesen Winter nicht geben.

Heute am Abend zünden wir schon die vierte Kerze am Adventkranz an, die Weihnachtstage stehen unmittelbar bevor. Unsere Kinder kommen heute für die Feiertage nach Hause und wir werden, wie jedes Jahr, ein geruhsames gemeinsames Fest feiern, mit kleinen Geschenken und vor allem mit Zeit füreinander. Unser Gesang vor dem Weihnachtsbaum mit seinen echten Kerzen wird allerdings auch dieses Jahr, vor allem dank meiner musikalischen Unbegabung, nicht gerade ein harmonischer Wohlklang. Da werden sogar die Katzen die Flucht ergreifen.

Der 22. Dezember ist also ein Tag, an dem Ruhe einkehren sollte. Die Arbeit des Jahres ist weitgehend erledigt, man beginnt, Bilanz zu machen und vielleicht auch schon die ersten guten Vorsätze für das kommende Jahr zu fassen. Ich selbst habe schon ein paar Tage des Abklingens hinter mir, an einem besonderen Rückzugsort, ganz allein, nur mit Wanderschuhen und einem guten Buch. Damit habe ich mich selbst belohnt für die Arbeit in diesem Jahr, die manchmal mehr Anstrengung gekostet hat, als ich an Energie noch zur Verfügung habe.

Aber nicht immer bringt die Vorweihnachtszeit Ruhe. Vor genau drei Jahrzehnten sind wohl wie ich viele Menschen gebannt vor den Fernsehern gesessen, denn an diesem Tag ging in Berlin das Brandenburger Tor, das fast 3 Jahrzehnte lang zugemauert war, wieder auf und symbolisierte das Zusammenwachsen der Stadt. Dass dieser Prozess des Zusammenwachsens dann in der Realität ein mühsamer war und bis heute nicht wirklich abgeschlossen ist, konnte in diesen Stunden der symbolischen Aufgeladenheit wohl niemand ahnen. Aber es war, nach dem Fall der Mauer, wohl jener Zeitpunkt, der viele Menschen an ein Ende der Spaltung der Welt in Ost und West glauben ließ. Und zeitgleich flirrte die Meldung über die Bildschirme, dass in Rumänien die Armee das flüchtende Diktatorenehepaar Ceausescu festgenommen hat. In Berlin war es ein echter Volksaufstand, in Bukarest wohl auch ein Volksaufstand, dahinter aber ein brutaler Armeeputsch, der mit der im Fernsehen direkt übertragenen Hinrichtung des verhafteten Ehepaares am zweiten Weihnachtsfeiertag seinen dramatischen Höhepunkt erreichen sollte. Einen solchen Schritt hätte eine reine Bürgerprotestbewegung wohl nicht gesetzt. Rumänien war der einzige blutige Systemwechsel des Jahres 1989, und der 22, Dezember steht exemplarisch für diesen blutigen Umsturz.

Es ist ein historischer Zufall, aber auf den Tag genau 140 Jahre früher stand am 22. Dezember 1949 Fjodor Michailowitsch Dostojewski in Russland vor einem Erschießungskommando. Im letzten Augenblick begnadigte ihn Zar Nikolaus I. und schickte den damals 28-jährigen Schriftsteller für 10 Jahre nach Sibirien. Hätten die Soldaten damals abgedrückt, die Weltliteratur wäre um Werke wie „Schuld und Sühne" ärmer. Unter den vielen großartigen Schriftstellern Russlands aus den Jahrzehnten vor dem Ersten Weltkrieg ragt Dostojewski in seiner Monumentalität noch hervor. Das dramatische

Erlebnis des 22. Dezember 1849 hat ihn ganz sicherlich geprägt. So ist also der 22. Dezember auch ein Tag der durchgeführten oder der im letzten Augenblick verhinderten Exekutionen, von Russland bis nach Rumänien. Das ist ein nicht gerade vorweihnachtlicher Gedanke. Aber die Weltpolitik nahm schon immer wenig Notiz von religiösen Festtagen. Selbst heuer ist nicht wirklich Ruhe in Sicht. Der Brexit mit all seinen Unsicherheiten hat nach den Wahlen in Großbritannien Fahrt aufgenommen, in den USA stehen die Zeichen auf Sturm mit dem Amtsenthebungsverfahren gegen Donald Trump und in den Weltregionen, in denen Krieg herrscht, ist kein Weihnachtsfriede in Sicht.

Wenn wir also in den nächsten Tagen mit vertrauten Menschen zusammensitzen, wenn wir die Festtage genießen und uns über Geschenke freuen, sollten wir bedenken, dass dies nicht selbstverständlich ist. Weder war es, wenn man zurückblickt, historisch selbstverständlich, dass Weihnachtsfrieden herrscht, noch ist es, wenn man sich heute in der Welt umschaut, keinesfalls so, dass alle Menschen Weihnachten als ein Fest der Freude und des Friedens erleben können. Und selbst bei uns geht es zu Weihnachten längst nicht allen gut. Daher sollten jene, denen es an nichts mangelt, die materiell abgesichert sind, gerade in diesen Tagen ihr Herz nicht verschließen und zumindest einen kleinen Beitrag, eine Spende oder eine andere materielle Hilfe, für die Ausgegrenzten in unserer Gesellschaft bereitstellen. Ein wenig Wärme brauchen alle und Mitgefühl ist eines der positiven Gefühle. In diesem Sinn wünsche ich allen ein frohes Fest.

Sendung vom 12. Juli 2020

Sommerferien und Chancengleichheit

Jetzt haben sie also auch in unserem Bundesland begonnen, die ersehnten Sommerferien. Weit über 100.000 junge Menschen haben in diesen Tagen ihre Zeugnisse erhalten und sind nun für gut acht Wochen weitgehend frei von schulischen Verpflichtungen.

So wie aber die letzten Monate der Schulunterricht in einer ganz besonderen, eingeschränkten und wohl für viele erschwerten Form abgelaufen ist, werden es diesmal zweifellos auch außergewöhnliche Ferien sein. Einerseits ist Urlaub und Erholung im eigenen Land angesagt, anderseits gilt es, in den vergangenen Schulwochen Versäumtes aufzuholen. Das Angebot an unterstützenden Unterricht wird also in diesen Ferien deutlich größer sein als bisher üblich.

Das ist notwendig und gut. Denn viele Schülerinnen und Schüler hatten es in den letzten Monaten sehr schwer, die neuen Formen des Unterrichtens und Lernens für sich voll zu nutzen. Unterricht zu Hause differiert im Erfolg ganz stark je nach den Möglichkeiten, die von diesem zu Hause geboten werden. Eine Alleinerzieherin mit zwei schulpflichtigen Kindern in beengten Wohnverhältnissen und der Notwendigkeit für die Mutter, ihrem Beruf als Verkäuferin nachzugehen, konnte ihren Kindern sicher kein gleichwertiges Lernumfeld bieten wie ein Akademikerpaar auf Homeoffice mit einem technisch perfekt ausgestatteten Haushalt. Die Schere der sozial bedingten Chancengleichheit hat sich dadurch sicher weiter aufgetan. Da muss in den Ferienmonaten mit vollem Einsatz gegengesteuert werden.

So sehr es neue Möglichkeiten eröffnet, wenn die Kommunikationsformen, die die Technik heute bietet, in die Ausbildung integriert werden können, so genau muss man aber auch darauf achten, wer in diesem raschen Umstellungsprozess, zu dem uns die Gesundheitskrise dieses Frühlings geführt hat, zurückbleibt und vielleicht sogar dauerhaft zurückgelassen wird. Die Schule in der herkömmlichen Form hat die Aufgabe, unterschiedliche Bildungschancen auszugleichen, die sich aus der sozialen und kulturellen Situation des häuslichen Umfeldes ableiten, ganz gut erledigt. Nunmehr, mit der notwendigerweise starken Einbindung des sozialen Umfelds in den Unterricht ist aber deutlich zu sehen, dass soziale Differenz nicht nur vererbt wird, sondern sich sogar vergrößert. Wenn man beengt lebt, sich einen Computer mit anderen teilt, wenn man keinen ruhigen Rückzugsort hat, wenn Eltern nicht technische oder inhaltliche Unterstützung geben können, dann ist das so, wie wenn man bei einem Marathonlauf mit einem schweren Rucksack starten muss. Die Chance, vorne mit dabei zu sein, ist dann wohl gering.

Das ist einerseits für jeden einzelnen Menschen, der von der fehlenden Chancengleichheit betroffen ist, ein großes Handicap, es ist anderseits aber auch gesamtgesellschaftlich ein Wahnsinn an Vergeudung von Ressourcen und Möglichkeiten. Die Nichtausschöpfung des kreativen Potenzials, die Blockierung von technischen, wirtschaftlichen oder künstlerischen Entfaltungen erinnert an einen Weinbauern, der nur jeden zweiten Weinstock pflegt und sich dann wundert, dass sein Ernteertrag geringer ist als der des Nachbarn.

Es ist unbestritten, dass nicht alle jungen Menschen mit einem vergleichbaren Maß an Begabung, Energie, Neugier oder Ausdauer ausgestattet sind. Und es ist auch klar, dass das Umfeld Kinder schon geformt hat, bevor diese mit der Schule in Berührung kommen. Wieviel Zeit kann für sie aufgewendet werden? Wieviel wird vorgelesen, erzählt, erklärt? Welche Musik bekamen die Kinder zu hören und in welcher Sprache wurde kommuniziert? Aber Kindergarten und Schule kamen der Aufgabe doch einigermaßen gut nach, Defizite zu verringern und Differenzen auszugleichen. Das kann der Fernunterricht klarerweise nicht leisten.

Jetzt heißt es aber vorerst einmal: das Schuljahr ist vorbei, die Zeugnisse sind verteilt, ein Abschluss oder ein Zwischenabschluss ist erreicht. Vor allem den Maturantinnen und Maturanten wird dieses außergewöhnliche Abschlussjahr wohl in dauerhafter Erinnerung bleiben, man nennt sie ja heute schon die „Generation Corona". Dass diese Bezeichnung kein dunkler Punkt sondern ein positives Alleinstellungsmerkmal in der jeweiligen Biografie sein möge, das ist ihnen von Herzen zu wünschen.

Vor allem aber bleibt zu hoffen, dass im Herbst Schule wieder im Normalbetrieb laufen kann. Die Schule ist auch ein Ort der Begegnung, der sozialen Kommunikation und Interaktion. Es geht um ein Lernen der Formen, in denen Konflikte ausgetragen werden können, es geht um Zuneigungen und Freundschaften. Es geht um Diskutieren, Streiten und gemeinsames Erleben und Erfahren. Das kann auch die modernste Technik nicht bieten. Wir sind keine Monaden, sondern soziale Wesen. Auf dieses Leben in einer Gesellschaft mit vielfältigsten Interaktionen sollte uns die Schule bestmöglich vorbereiten.

Sendung vom 3. Jänner 2021

Jahreswechsel im Lockdown

Ruhig war er diesmal, der Jahreswechsel. Anstatt in Wien in großer Freundesrunde zu feiern und um Mitternacht die Feuerwerke zu bestaunen, der Pummerin zu lauschen, nach deren Läuten die Mutigen von uns, zu denen ich nicht zähle, stets ein Tänzchen zum Donauwalzer wagten, waren wir diesmal einfach zu Hause. Mit einer lieben Nachbarin und Freundin machten wir uns einen gemütlichen Abend, mit gutem Essen, gutem Wein und der Fledermaus im Fernsehen. Unsere Kinder, die zu Weihnachten bei uns sein konnten, waren schon wieder weg.

Das alte Jahr ging also im Lockdown zu Ende, und wohl die meisten Menschen werden froh sein, dass es vorbei ist. Die guten Vorsätze für das neue Jahr werden wohl oft auch die gemeinsame Bekämpfung der Pandemie eingeschlossen haben.

Es stimmt schon, sich impfen zu lassen oder nicht ist die freie Entscheidung jedes Einzelnen. Sich testen zu lassen oder nicht ist ebenfalls eine freie Willensentscheidung. Aber bei dieser freien Entscheidung sollte man bedenken, dass man nicht nur für sich selbst entscheidet. Man trifft vielmehr auch die Wahl, ob jene Menschen, in deren Mitte man lebt, die eigenen Kinder, die Eltern, die Freunde die Arbeitskolleginnen und -kollegen durch mich einer größeren Gefährdung ausgesetzt sind oder nicht. Dieses Argument spricht unbedingt dafür, sich impfen zu lassen.

Als Historiker zieht man oft und gerne Vergleiche heran. Die „Spanische Grippe", die am Ende des Ersten Weltkriegs mehr Menschenleben gefordert hatte als der Krieg selbst, war eine Folge der massenhaften Bewegung von Menschen im Krieg über die Kontinente hinweg. Sie wütete auch in den Siegerstaaten. Aber in jenen Großstädten Nordamerikas, in denen Siegesparaden stattfanden, war die Zahl der

Opfer um ein Vielfaches höher als in Städten, wo man aus Vorsorge Massenversammlungen verboten hatte. Die Abstandsregel hat also eine historische Evidenz.

Man fand damals keinen Impfstoff gegen das Virus, und das kostete vielen Millionen das Leben. Aber eine Reihe von anderen Erkrankungen, wie etwa die Tuberkulose, die Pocken oder die Kinderlähmung, konnten durch die Wissenschaft bekämpft und besiegt werden. Sie sind heute, zumindest in den reicheren Ländern, praktisch verschwunden. Das ist auch oder vor allem Massenimpfungen zu verdanken. Das Risiko von Nebenwirkungen bestand und besteht natürlich bei allen Impfungen, aber zu bestreiten, dass Immunisierung gegen Krankheiten durch Impfung nicht ein gewaltiger Fortschritt ist, kann wohl nur aus Unwissenheit geschehen.

Für mich bedeutet das, dass ich mich impfen lassen werde, sobald ich an der Reihe bin. Durch mein Alter gehöre ich wohl zu jener Gruppe, die in der zweiten Tranche drankommen sollten. Ich setzte Hoffnungen auf den Effekt, er sollte mir ein paar Handlungsfreiheiten zurückgeben, wie etwa den Besuch von Kulturveranstaltungen oder aber das Reisen. Beides habe ich im alten Jahr wirklich schmerzhaft vermisst, nur ein ganzer Stapel Bücher war das Gegenmittel, aber das Schließen der Buchhandlungen hat einen Teil des Vergnügens leider gekappt. Das Vergnügen besteht darin, Bücher in die Hand nehmen zu können, in sie hineinblättern zu dürfen, sie zu riechen und deren Schrifttyp oder deren Bindungsart zu beurteilen. Für mich ist dieser haptische Zugang wohl mehr als einmal Grundlage für eine Kaufentscheidung gewesen. Das wieder tun zu dürfen, wieder im Theater zu sitzen, wieder ans Meer fahren zu können, all das sollte mir und meiner Familie durch die Impfung wieder möglich gemacht werden.

Rückblickend auf das vergangene Jahr kann man aber nicht nur Krisen und Probleme sehen, es gab auch Lichtblicke. In die US-amerikanische Politik scheint Vernunft ein zukehren, und das setzt neben

Corona endlich auch wieder den Klimanotstand auf die Agenda. Die EU setzt sich ambitionierte Ziele, die Vereinigten Staaten werden dem Pariser Abkommen wieder beitreten und bei uns tut sich zumindest auf dem Sektor Verkehr etwas, sodass durchaus Hoffnung besteht, dass auch künftige Generationen einen bewohnbaren Planeten vorfinden werden.

Zu den Lichtblicken des alten Jahres zähle ich für mich auch die mir aufgezwungene Entschleunigung. Ich habe 2020 kein Flugzeug bestiegen, habe Vorträge und Vorlesungen absagen können und habe nun über einige Monate die Erfahrung gemacht, wie sich ein Leben im echten Ruhestand anfühlt: Mit täglichen Spaziergängen, mit Experimenten in der Küche, mit ruhigem Lesen und mit dem Verwöhnen unseres alten Katers, der es genießt, uns Menschen stets um sich zu haben. Und ich konnte endlich wieder ein Buch schreiben. Allerdings, nach ein wenig Beschleunigung sehne ich mich im kommenden Jahr schon.

Ich hoffe sehr, dass Sie Ihre guten Vorsätze aus der Silvesternacht nicht jetzt schon über Bord geworfen haben. Eine etwas längere Haltbarkeit sollten sie schon haben. Und ich hoffe sehr, dass auch das gemeinsame Bemühen um eine Überwindung der Pandemie zu Ihren Vorsätzen gehört. In diesem Sinn wünsche ich Ihnen allen ein glückliches Jahr 2021!

Sendung vom 28. März 2021

Osterferien

Von den knapp 9 Millionen Menschen, die in Österreich leben, gehören 5 Millionen der katholischen Kirche an. Das ist immer noch eine deutliche Mehrheit, zumal sich die übrigen 4 Millionen auf zahlreiche andere Bekenntnisse aufschlüsseln oder aber keiner Religionsgemeinschaft angehören. Es ist also durchaus legitim, dass der Jahresablauf in unserem Land von katholischer Tradition geprägt ist. Das ist manchmal nicht ganz konfliktfrei, wie unlängst die Diskussion über den Karfreitag als Feiertag gezeigt hat. Aber selbst mein Leben, dessen religiöse Prägung gering ist, verläuft über das Jahr entlang der kirchlichen Rhythmussetzung.

Für viele Jahre war es das Wochenende mit dem Palmsonntag, das heiß herbeigesehnt worden war. Da begann ein familiäres Ritual. Mit einer befreundeten Familie fuhren wir mit unseren Kindern für eine Woche nach Italien. Da in Italien die Karwoche nicht schulfrei war und die Saison erst mit dem Ostersonntag begann, waren noch günstig Häuser oder Wohnungen zu mieten. Und südlich des Apennin war dann doch schon Frühling, alles stand in Blüte und die Rosmarinbüsche erfreuten uns mit ihrem intensiven Duft. Beladen mit Käse, Wein und Gewürzen ging es dann am Karfreitag nach Österreich zurück, denn der Ostersonntag war dann der Festtag mit der Großfamilie, mit allen Geschwistern und deren Kindern. War Weihnachten für uns immer ein beschauliches Fest für die Kernfamilie, so war Ostern dem gesamten familiären Umfeld gewidmet.

Da war es auch immer ein friedlicher Wettstreit, wer denn den besten Schinken, die am schönsten gefärbten Ostereier oder das schmackhafteste Osterbrot zum gemeinsamen Festmahl mitbringen konnte. Wir waren dabei im Vorteil, denn die jahrzehntelange Bindung an unsere Verkäuferinnen am Kaiser Josef Markt hatte längst dafür gesorgt, dass wir zu Ostern ganz speziell versorgt wurden und die steirische Qualität in Kärnten stets Bewunderung hervorrufen konnte.

Die Corona-Pandemie hat das alles nachhaltig verändert. Schon im letzten Jahr verbrachten wir die Osterferien zu Hause, und der große Schinken war zu einem Stück geschrumpft, das der Kernfamilie angemessen war. Und heuer ist das nicht anders. Wohl werde ich in den nächsten Tagen zu meiner Produzentin nach Hitzendorf fahren, aber der Einkauf wird sich in seiner Menge nach den Beschränkungen der Zusammenkünfte zu richten haben. Haben wir uns im Vorjahr auf dieses Jahr vertröstet, so bleibt auch diesmal nur, auf ein leichteres nächstes Jahr zu hoffen.

Allen Einschränkungen zum Trotz ist aber die Zeit um Ostern auch heuer wieder eine Zeit des Aufbruchs. Wohl musste ich vor einer Woche noch mein Auto vom Schnee befreien, um im Morgengrauen zum Markt fahren zu können. Aber dort war es dann schon, unter den schneebedeckten Schirmen, wirklich Frühling. Der Bärlauch ist schon länger verfügbar, der frische Schnittsalat, die Jungzwiebeln, der Spinat und die ersten Karotten. Die Zeit der Rohnen und Bohnen ist also für mich wieder einmal vorüber, Aufbruch ist zumindest kulinarisch angesagt. Und das stimmt jedenfalls hoffnungsfroh. Hat der Winter sich diesmal auch lange gegen seinen Abschied gewehrt, so hat er doch in diesen Tagen dem Kampf gegen den Frühling verloren. Es ist zwar erst ein paar Tage her, dass er uns noch „ohnmächtige Schauer körnigen Eises in Streifen über die grünende Flur" gesendet hat, wie es in Goethes Osterspaziergang heißt. Aber in unserem Garten blühen die Narzissen und sogar der Weichselbaum hat schon seine Blüten geöffnet. Die Zeit der wärmeren und längeren Tage ist also angebrochen.

Dieses Gefühl des Aufbruchs brauchen wir ja jetzt alle. Mehr als ein Jahr hat uns die Pandemie nun schon im Griff, und manche Hoffnung wurde in dieser langen und schweren Zeit zunichte gemacht.

Viele haben die Arbeit verloren und finden keine neue, allen mangelt es an sozialen Kontakten, an Begegnungen und Umarmungen. Und wer wäre nicht schon gerne wieder im Theater oder im Kino? Für all diese derzeit noch verschütteten Erwartungen sind die Osterfeiertage aber ein guter Trost. Sei es, dass man sich als religiöser Mensch am Bild der Auferstehung orientieren kann, oder sei es einfach die Teilhabe am Wiedererwachen der Natur, der Aufbruchsstimmung in Flora und Fauna. Und mit dem Voranschreiten der Impfungen sollte es ja tatsächlich leichter werden. Meine Frau und ich haben in diesen Tagen die erste Dosis Astra-Zeneca erhalten, im Juni folgt die zweite. Das erlaubt, auf einen Sommer zu hoffen, in dem wieder mehr möglich sein wird. Bleiben wir also optimistisch!

Sendung vom 2. Mai 2021

Klimakrise

Der tiefe Einschnitt, den die Corona-Pandemie in unser aller Leben gebracht hat, hat uns etwas den Blick verstellt auf die allergrößte Herausforderung, der sich die Welt in den nächsten Jahren und Jahrzehnten stellen wird müssen. Wollen wir den nächsten Generationen einen bewohnbaren Planeten überlassen, dann ist es fünf vor zwölf, um Maßnahmen zu setzen, die Klimakatastrophe aufzuhalten.

Obwohl wir in diesem vergangenen April noch Schneefall und Frostnächte gehabt haben, die unseren Obstbauern zumindest bei den Marillen und Kirschen großen Schaden zugefügt haben, ist die Klimaerwärmung nicht zu leugnen. Der langfristige Trend ist alarmierend und zwingt zu raschen globalen Gegensteuerungen.

Es macht Hoffnung, dass die USA unter Präsident Biden wieder mit im Boot sind, wenn es gilt, die im Pariser Abkommen festgelegten Klimaziele zu erreichen. Aber es ist nachgerade eine Verhöhnung, wenn vor einer Woche der brasilianische Präsident Bolsonaro verkündete, er werde die Abholzung des Regenwaldes in seinem Land in einem Jahrzehnt beenden, wenn ihn die internationale Gemeinschaft dafür entsprechend entschädigt. Die in der gleichen Rede angekündigte Erhöhung der brasilianischen Ausgaben für Umweltmaßnahmen nahm er, wieder zu Hause, sofort zurück und kürzte die Umweltmittel im Budget um 25 %.

Nun mag man in Bolsonaro einen irrlichternden Realitätsverweigerer sehen, was ja auch sein Umgang mit der Coronakrise, die Zehntausenden das Leben gekostet hat, deutlich und leidvoll bestätigt. Aber auch in den meisten anderen Ländern halten die Versprechungen in Klimafragen einem Realitätscheck nicht stand. Das gilt durchaus auch für Österreich, wo wir noch immer auf die in ein Regelwerk gegossenen Überlegungen, etwa zur Reduktion des CO_2-Ausstoßes, warten. Österreich hinkt hinter den meisten anderen Industrienationen zurück, der Aufholbedarf ist unübersehbar.

Am Beginn des Monats Mai ist es aber naheliegend, die Erkenntnis, dass der Kampf gegen den Klimawandel global sein muss wie der Klimawandel selbst einzubinden in die historische Erfahrung, dass vor mehr als 130 Jahren die damals junge Arbeiterbewegung an ihrem ersten 1. Mai 1890 die Parole ausgegeben hatte: „Der Kampf gegen die Ausbeutung muss international sein wie die Ausbeutung selbst." Aber der Slogan konnte sich gegen nationale Interessen, gegen rassistische Vorurteile und gegen individualistisches Vorteilsdenken kaum bis gar nicht behaupten. Die Jahrzehnte, die diesem ersten idealistischen Ansatz zu globalem Handeln folgten, führten die Menschen und unseren Planeten vielmehr in die schrecklichste Periode nationaler Konflikte. Der 1. Mai, dessen große Aufmärsche coronabedingt auch heuer überwiegend nur virtuell stattgefunden haben, ist aber auch ein Symbol der Hoffnung dafür, dass sich längerfristig doch zumindest Teile der alten Träume realisieren ließen.

So lange, also über ein Jahrhundert, darf es allerdings nicht dauern, bis sich Erfolge in einer internationalen Umweltpolitik einstellen. Das Jahr 2020 ist wieder unter den drei wärmsten Jahren zu finden, seit es Aufzeichnungen über das Wetter von einiger Verlässlichkeit gibt. Dabei war es offensichtlich, dass die Pandemie für das Weltklima positive Effekte hatte. Allein der Rückgang, ja eigentlich der völlige Zusammenbruch des Flugverkehrs, zumindest was die Personenbeförderung betrifft, hat den CO_2-Ausstoß verringert. Auch der Autoverkehr ging deutlich zurück, und als positiver Nebeneffekt sank auch die Zahl der Toten auf Österreichs Straßen. Aber die allseits erhoffte, herbeigesehnte und herbeigeredete Rückkehr zur „alten Normalität" wird wohl spätestens 2022 diese Bremsungen der Umweltbelastung wieder aufheben, vielleicht sogar durch einen Nachholeffekt, mit dem viele Menschen auf die Zeit der Krise antworten werden, in das Gegenteil verkehren.

Man wird also wohl nicht auf Vernunft und Einsicht hoffen können. Individuelle Bedürfnisse, meist gesteuert durch Anbieter auf einem angeblich freien Markt, wirken einer Selbststeuerung in Klimafragen entgegen. Es braucht daher gesetzliche Regelungen, Rahmenbedingen, die steuernd in individuelles Konsumverhalten eingreifen. Das geht von der Förderung alternativer Antriebssysteme bis zu einem Ausbau des öffentlichen Verkehrs und der Garantie der Leistbarkeit dieses Angebots für breiteste Bevölkerungskreise. Das beinhaltet auch die Kenntnismachung des ökologischen Fußabdrucks, den die jeweils gekaufte Ware hinterlassen hat. Das bedarf zudem der Förderung von Regionalität, die dem Grundsatz, dass die Klimakrise nur global zu bekämpfen ist, nicht widerspricht.

Man wird wohl noch träumen dürfen: träumen von einer Welt, in der einerseits die soziale Ungleichheit reduziert wird und in der anderseits die Natur die Chance hat, unserem Planeten und deren Bewohnerinnen und Bewohnern ein gesundes und lebenswertes Umfeld zu bieten. Der Frühling bietet dazu wohl die besten äußeren Bedingungen.

Sendung vom 15. August 2021

Wetterkapriolen

Unsere Nachbarin ist gebürtige Griechin. Jeden Sommer verbringt sie mit ihrer gesamten Familie auf ihrer Heimatinsel. In den Wochen der Abwesenheit hütet meine Frau den Nachbarsgarten mit, was bei der Kleinheit unserer Gärten eine Aufgabe ist, die sie gern erledigt. Nun kam der Schwiegersohn unserer Nachbarin für einige Tage nach Graz zurück, um kurz nachzusehen, ob hier alles in Ordnung ist.

Was er uns aus Griechenland diesmal erzählen konnte, klang apokalyptisch. Jeden Tag 45 Grad Lufttemperatur, die Nächte kühlen kaum ab, und rundherum die Schreckensbilder von den Bränden, die das Land verwüsten. Aber auch wir konnten da fast mithalten: das Unwetter, das vor kurzem unseren Stadtteil Andritz heimgesucht hat, war das stärkste, das wir je erlebt hatten. 170 Liter Wasser pro Quadratmeter innerhalb kürzester Zeit, dazu findet sich in allen Aufzeichnungen keine Parallele. Dazu der Hagel, der zwar nicht bei uns, aber doch in unmittelbarer Nachbarschaft große Schäden angerichtet hat. Nicht auszudenken, hätte man in den letzten Jahren nicht intensiv in den Hochwasserschutz investiert! Und dennoch, unser Sohn kam an diesem Abend kaum aus Andritz hinaus. Murenabgänge, überflutete Straßen und Tankstellen, es waren Bilder des Schreckens.

Es ist natürlich nicht kurzschlüssig sicher, dass diese Wetterkapriolen Auswüchse des Klimawandels sind. Aber es ist naheliegend und wissenschaftlich wohl erhärtet, dass der Klimawandel solche extremen Wetterphänomene mit größerer Wahrscheinlichkeit auftreten lässt als dies in der Vergangenheit der Fall war. Sicher, Naturkatastrophen begleiten die Menschheitsgeschichte: Kälteperioden, Dürren, Erdbeben Springfluten, all das ist bekannt und hat sich auch in das kollektive Gedächtnis der betroffenen Landschaften eingeschrieben. Schon im 14. Jahrhundert stürzte etwa in Kärnten der halbe Dobratsch bei Villach ab, verschüttete das Gailtal und begrub ganze Dörfer mit allen, die darin lebten. Die Erinnerung daran hat sich schon sieben Jahrhunderte lang gehalten. Und in Japan ist die Zeichnung der „Großen Welle", die wohl das bekannteste Bild des Landes ist, Ausdruck der Warnung vor Springfluten und Erinnerung an jene, die man schon erlebt hatte, zuletzt in Fukushima.

Mensch und Natur, das ist ein Miteinander, aber auch ein Ringen um die jeweilige Dominanz. „Macht euch die Erde untertan", heißt es in alten Bibelübersetzungen, und nur allzu oft wurde das wörtlich verstanden. Völlig unsensibel griff vor allem die Frühindustrialisierung in die Natur ein und hüllte London in den berühmten Nebel, den „Fog", den wir in den Verfilmungen der Krimis von Edgar Wallace so schätzen. Blickt man heute in den Raubbau auf der Suche nach seltenen Erzen oder aber ins berüchtigte „Fracking", eine Methode der Erdölgewinnung aus nicht flüssiger Materie, so sieht man, dass man wenig dazugelernt hat. Man hat die schlimmen Zustände einfach ausgelagert. Die brasilianische Regierung lässt den Regenwald weiter abholzen, und die manchmal dort betriebene Brandrodung ist wohl auch in Griechenland oder der Türkei ein Mittel zur gewaltsamen Umwidmung von Natur in ökonomisch besser nutzbare Flächen.

Mir scheinen die Warnsignale, die wir immer wieder und besonders diesen Sommer erhalten haben, bei aller wissenschaftlich notwendigen Skepsis doch deutlich genug: Es herrscht akuter Handlungsbedarf. Ich will nicht darüber streiten, ob es fünf vor oder schon fünf nach Zwölf ist, denn es ist jedenfalls höchste Zeit, Maßnahmen gegen den Klimawandel zu ergreifen, in Österreich, in Europa und in der Welt.

Dabei ist die Aussage, dass ein kleines Land nur wenig ausrichten kann, eine bequeme Ausrede. Es bedarf, neben der Verkündigung weltweiter Klimaziele und neben transnationalen Maßnahmen, etwa beim Flugverkehr, unbedingt auch nationale Initiativen und

Gesetze. Gerade in der hoffentlich wirklich abklingenden Pandemie sollte es sich herumgesprochen haben, dass eine völlige Rückkehr zum alten Trott nicht mehr wünschenswert sein kann. Klar, wir müssen auch über die Grenzen schauen und etwa den Ausbau des Atomkraftwerks in Krsko als das bezeichnen was es ist, nämlich als einen Schritt in die völlig verkehrte Richtung. Aber es gibt auch die offenen Baustellen im Lande selbst, die dringend angegangen werden müssen. Eine ökosoziale Steuerreform und die Evaluierung alter Projekte sind keinesfalls ein „Weg zurück in die Steinzeit", sondern notwendige, wenn auch nicht ausreichende Bausteine für eine lebenswerte Zukunft. Hoffentlich hat die Politik den Mut, das zu erkennen.

Sendung von 14. November 2021

November

Ich gehöre wohl zu den wenigen Menschen im Land, die den November lieben. Die Uhrenumstellung auf die Normalzeit, hat für die Morgen etwas mehr Licht gebracht, und so ein Samstag um sieben Uhr auf dem Kaiser Josef Markt hat jetzt ein besonderes Flair. Später als gewöhnlich gibt es heuer die ersten Totentrompeten, meinen Lieblingspilz, aber ansonsten sind die Stände prall gefüllt. Noch muss man nicht vollständig auf Wintergemüse umstellen, der Grazer Krauthäuptel ist noch reichlich vorhanden, die Zeit der Rohnen und Bohnen ist noch nicht gekommen. Und die erste Hälfte im November erlaubt noch Spaziergänge durch bunt gefärbte Wälder, obwohl das Laub unter den Schuhen schon dichter ist als jenes, das sich noch auf den Bäumen hält. Für mich sind das Wochen der angenehmen Melancholie, die Zeit des langsamen Verschwindens der Üppigkeit. Rainer Maria Rilkes Herbstgedicht, das zu meinen Lieblingsversen zählt, bringt diese Stimmung genau auf den Punkt. Das sollten in diesen Tagen möglichst viele Menschen noch einmal lesen.

Meine Frau und ich haben vor zwei Tagen die dritte Impfung gegen das Corona-Virus bekommen. Wie können alle jene nicht verstehen, die sich jetzt, mitten in der unerwartet heftigen vierten Welle der Pandemie, noch immer gegen eine Impfung sträuben. Klar, es gibt Impfdurchbrüche, aber jede korrekte Statistik macht doch deutlich, dass es der medizinische Fortschritt ist, der uns davor bewahrt, schutzlos einer Seuche ausgeliefert zu sein, deren Gewalt jene der Spanischen Grippe vor einem Jahrhundert wohl übersteigt. Die weltweite Zahl der Toten gibt darüber erschreckende Auskunft. Man stelle sich vor, wie wir dastehen würden, hätte es nicht so bewundernswert rasch, die Möglichkeit des Impfens gegeben.

Wir fahren heute noch zu einer Familienfeier. Meine Schwester feiert den 80. Geburtstag, und es bei uns Brauch, dass wir vier Geschwister mit unseren Familien uns immer zu den Geburtstagen treffen. Wenn wir, alle geimpft, heute zusammensitzen werden, werden Erinnerungen ausgetauscht und es wird auf eine Lebensspanne zurückgeblickt, die man später wohl einmal als „goldenes Zeitalter" beschreiben wird. Über 75 Jahre ohne Krieg, drei Jahrhundertviertel in sozialer Sicherheit und mit Möglichkeiten, von denen unsere Elterngeneration nicht einmal zu träumen wagte.

Wenn man als Gedankenexperiment die Lebensjahre von uns vier Geschwistern nicht parallel sieht, sondern diese aneinandergereiht, dann wird schlagartig deutlich, wie gering eigentlich unser Abstand zu vermeintlich längst vergangenen Zeiten ist. Wir landen dann in der ersten Hälfte des 18. Jahrhunderts. Maria Theresia war damals ein junges Mädchen und Johann Sebastian Bach hatte gerade seine Brandenburgischen Konzerte vollendet. Zaghaft meldete sich die Aufklärung schon zu Wort, aber eine sogenannte „neue Zeit" war noch nicht in Sicht. Noch gab es keine Schulpflicht, und wir vier Kinder wären damals wohl Analphabeten geblieben, in persönlicher Abhängigkeit von der Herrschaft auf einem Bauernhof im Lavanttal. Im Krankheitsfalle wäre Hilfe wohl nur sehr schwer zu erreichen gewesen. Wohl lag die Zeit der Pest damals schon ein paar Jahrzehnte zurück, aber für viele Krankheiten, wie etwa Pocken oder Kinderlähmung, gab es damals noch keine wirksame Medizin. Unsere statistische Lebenserwartung wäre um mehr als die Hälfte geringer gewesen, als sie es heute ist.

Der Fortschritt, der in dieser Zeit vor knapp dreihundert Jahren zaghaft eingesetzt hat und der dann in immer rasenderer Geschwindigkeit die „moderne Welt" hervorgebracht hat, hatte natürlich auch seine dunklen Seiten. Die Herrscher konnten auf immer tödlichere Waffen zurückgreifen und damit mehr Menschen gleichzeitig der Vernichtung preisgeben als dies früher der Fall war. Und immer extremistischere politische Systeme, Vorurteile und menschenverachtende Ideologien konnten auf der Bildfläche erscheinen. Der Fortschritt hatte seinen oft dramatischen Preis.

Dennoch, heute leben zu können, mit den Geschwistern feiern zu können, die alle jetzt schon älter geworden sind als es unsere Eltern werden konnten, macht die Entscheidung leicht, in welcher Epoche ich denn gerne leben würde. Ich bin dankbar für die mir gebotenen Lebensumstände, und es war in erster Linie der medizinische Fortschritt, der die Rahmenbedingungen dafür geschaffen hat. So kann ich nicht nur den aktuellen Herbst, sondern auch den Herbst des Lebens trotz der Einschränkungen durch die Pandemie freudig und mit allen Sinnen genießen.

Sendung vom 3. Juli 2022

Jahreshalbzeit am Markt

Am heutigen 3. Juli sind wir tatsächlich schon in der zweiten Jahreshälfte angekommen. Für die Schülerinnen und Schüler, aber auch für die Studierenden, stehen die Sommerferien bevor, und hoffentlich können fast alle auf ein gut abgeschlossenes Ausbildungsjahr zurückblicken.

Für die meisten von uns war es ja durchaus kein leichtes erstes Halbjahr. Corona hat uns noch immer im Griff, und seit Monaten tobt der russische Angriffskrieg in der Ukraine, der unvorstellbares Leid erzeugt und sinnlos Menschenleben kostet. Die Sanktionen des Westens gegen Russland haben als Nebeneffekt bei uns eine Teuerungswelle ausgelöst, die viele Menschen in existenzielle Notlagen gebracht hat. Die Verunsicherung ist groß, und es ist zu hoffen, dass sich bald wieder Licht am Horizont zeigt.

Aber es gibt auch positive Nachrichten. Die Märkte sind derzeit prächtig, denn der Hagel ist bisher zum Glück ausgeblieben, und so zeigt mein Kaiser Josef Platz am Samstag in der Früh Berge von Marillen und Kirschen. Auch Erdbeeren gibt es noch, und die ersten Heidelbeeren konnten wir schon vor einer Woche genießen. Dass der Platz zum schönsten Bauernmarkt außerhalb von Wien gewählt wurde, überrascht mich nicht. Als jemand, der seit bald 40 Jahren ein treuer Stammkunde ist, weiß ich die besondere Atmosphäre zu schätzen, die netten Plaudereien und das Scherzen mit den seit Jahrzehnten vertrauten Menschen. Ich bin an den Samstagen meist der erste Kunde, da gibt es noch kein Gedränge und keine Hektik, und so sind mir inzwischen die Familiengeschichten meiner Stammverkäuferinnen längst vertraut. In Coronazeiten haben meine Frau und ich schon auch immer wieder bei diesen Produzenten zu Hause eingekauft. So wird mein Einkauf zu einer Begegnung mit guten Bekannten.

Diese Versorgung mit Lebensmitteln direkt beim heimischen Produzenten ist nicht nur eine stete Freude, sie ist auch ökologisch sinnvoll. Die kurzen Wege und die damit verbundene Frische der Produkte, die biologische Erzeugung und auch die Ratschläge, die man für eine Zubereitung so dann und wann erhält, all das macht Lebensqualität aus und sichert gleichzeitig die Existenz für die lokale Landwirtschaft. Da werden die Hühner mit Wildkräutern gefüttert, da kommen die Brotlaibe frisch aus dem in der Nacht befüllten Ofen, da sind die Fische in der Weizbachklamm gewachsen und da wird das Gemüse liebevoll und der Jahreszeit entsprechend gepflegt.

In Zeiten der Globalisierung, wenn etwa Erdbeeren ganzjährig erhältlich sind, entgeht wohl vielen Menschen das wunderbar Zyklische in unserer Welt. Da fehlt dann die Vorfreude auf die ersten großen, unregelmäßig gewachsenen Paradeiser, die man jetzt schon kaufen kann. Der Markt hat zu jeder Jahreszeit seine ganz bestimmten Farben und Gerüche, man weiß als Kunde, wann welches Gemüse oder Obst reif ist. Da wird man manchmal auf die nächste Woche vertröstet, aber man weiß, alles kommt aus einem Umkreis von nicht mehr als 20 Kilometer.

Seit unsere Kinder außer Haus sind, reicht es uns aber manchmal, auf den wirklich netten und gut bestückten kleinen Markt in Andritz auszuweichen, wo die Auswahl zwar geringer, die Qualität aber durchaus gleichwertig ist. So gern ich dort einkaufe, der Kaiser Josef Markt, in dessen unmittelbarer Nähe ich vor fast 4 Jahrzehnten mein erstes Grazer Büro bezogen habe, das ist für mich Graz und es ist einer der Hauptgründe, warum meine Familie und ich so gern in dieser Stadt, die natürlich auch sonst einiges zu bieten hat, geblieben sind. Und immer wenn ich längere Zeit irgendwo anders gelebt habe, so war es das Brot vom Markt, das ich schmerzlich vermisst habe.

Ein Besuch am Markt lässt mich auch für eine Stunde vergessen, in welch schwierigen und für viele Menschen bedrohlichen Zeiten wir derzeit leben. Dabei war der Markt historisch auch ein Ort, von dem Protest und Unruhe ausgehen konnte. Der Kirschenrummel vom Juni 1920 hat sich am Kaiser Josef Markt zugetragen, als wütende Frauen gegen die Obstpreise protestierten, was aber letztlich zu einer Preisregulierung führte und den Markt als zentralen Versorgungsplatz der Stadt rehabilitierte. Und das ist er bis heute geblieben: ein Zentrum der gesunden Nahversorgung, aber auch ein Ort der Begegnung. Wenn wir jetzt nach Kärnten auf Urlaub fahren, fallen wir als Kunden zwar zwei Wochen aus, aber ich freue mich jetzt schon, zur Monatsmitte wieder dort am frühen Morgen meine Runden drehen zu dürfen.

Sendung vom 19. März 2023

Frühlingsbeginn

Jetzt ist er also da, der Frühling. Seit fast 3 Wochen ist es meteorologisch Frühling, und ab übermorgen auch kalendarisch. Damit ist ein Winter vorbei, in dem wir hier vor unserem Reihenhaus in Graz nie Schnee schieben oder Salz streuen mussten. Wetterkapriolen bestanden meist in Temperaturausreißern nach oben. Im Fernsehen konnten wie allerdings verfolgen, wie das Wetter auch zuschlagen kann, mit Überschwemmungen, Schneestürmen oder extremer Trockenheit. Und es leiden darunter immer jene, die vom Schicksal ohnedies nicht begünstigt sind, Menschen in Flüchtlingslagern oder aber in den Kriegsgebieten.

Während wir uns darüber freuen, dass es jetzt am Markt schon Bärlauch oder Jungzwiebeln gibt, der Frühling also auch kulinarisch bereits Einzug gehalten hat, so war dieser Winter aber weltweit ein Alarmsignal dafür, dass der Klimawandel dramatische Auswüchse angenommen hat und dass zu sehen ist, dass dieses Thema die nächsten Jahre und Jahrzehnte zum beherrschenden Gegenstand nicht nur der Politik werden wird.

Bei uns hat der milde Winter das Problem mit der Energieversorgung abgeschwächt, sodass heute andere Fragestellungen wie etwa die Teuerung im Zentrum der Aufmerksamkeit stehen. Vor allem die Frage der Wohnkosten, der Steigerung der Mieten bei ohnedies schon explodierenden Betriebskosten, stellen heute Familien vor existenzielle Herausforderungen. Da ist das Thema Klima dann zu abstrakt, zu weit weg von Problemen wie etwa der Frage, ob man die Miete noch bezahlen kann. Sogar die Wahlen in den letzten Monaten haben gezeigt, dass man mit Umweltthemen derzeit nicht wirklich durchdringen kann.

Dabei beginnt die Bewertung des Themas Klima schon mit der Wortwahl. Kaum jemand wird den Klimawandel leugnen, aber kann und darf man von einer Klimakatastrophe sprechen? Die jungen Menschen, die sich, in der Dramatik wohl überzeichnend „Last Generation" nennen, also die letzte Generation vor dem Erlöschen des menschlichen Lebens auf Erden, kämpfen jedenfalls engagiert dafür, dass die Öffentlichkeit und die Politik umdenken muss. Für sie ist klar, dass das Nichterreichen der Klimaziele eine Katastrophe wäre. Dafür kleben sie auf Straßen, was wiederum den Zorn jener hervorruft, die im Auto sitzen und vielleicht tatsächlich wichtige Termine versäumen. Der Zorn ist verständlich, der Ärger nachvollziehbar, aber das Anliegen der Jungen, die sich echte Sorgen um unser aller Zukunft machen, die ja keine Randalierer sind, die nur den Krawall lieben, das scheint mir doch Priorität zu haben.

Auch ich war vor weit über einem halben Jahrhundert dabei, als wir die Wiener Opernkreuzung blockierten um gegen den Besuch des Schahs von Persien zu demonstrieren. Auch wir wurden von Autofahren beschimpft, aber wir hielten unser Anliegen für bedeutender als die Interessen jener, die wir damals am Weiterfahren hinderten. Dabei scheint mir unser damaliges Anliegen, verglichen zu den heutigen Themen der „Letzten Generation", eher bescheiden, wenn nicht gar einer Fehleinschätzung unterliegend. Nicht nur deshalb bin ich davon überzeugt, dass es vertretbar ist, gegen die Nichtbeachtung der drohenden Klimakatastrophe auch diese Protestform zu wählen.

Umdenken beginnt im Alltag. Ich habe seit drei Jahren kein Flugzeug mehr bestiegen, und das Auto um etwa 75 % weniger benutzt. Meine Frau und ich haben ein Klimaticktet, wir nützen Bahn, Bus und Straßenbahn, und ich gehe so oft es geht zu Fuß. Wir kaufen regional und der Saison entsprechend und müssen bei der Kleidung keine Modetrends mehr mitmachen. Das hat sogar zu einer Erhöhung der Lebensqualität geführt, zu einem stärkeren Erkennen der Jahreszeiten und zu einem bewussteren Genießen von Regionalität.

Mir ist schon bewusst, dass für viele Menschen die Lebensrealität anders aussieht. Wenn ich auf das Auto angewiesen bin, weil der öffentliche Verkehr schlecht erreichbar ist, wenn ich im Supermarkt auf den Preis und nicht auf die Qualität schauen muss, dann stellen sich manche Fragen anders. Mittelfristig sitzen wir aber alle im selben Boot, und es gilt, ein Kentern gemeinsam zu verhindern.

Sendung vom 23. Oktober 2023

Noch einmal: Die Klimakrise

Es ist jetzt 14 Jahre her, dass ich gemeinsam mit Monika Stromberger den 8. Band der „Globalgeschichte" im Mandelbaumverlag herausgeben konnte, der die 2. Hälfte des 20. Jahrhunderts zu beschreiben hatte. Wir endeten damals eher pessimistisch: Nach dem Terrorangriff auf das World Trade Center in New York und nach dem Platzen der ersten Finanzblasen schien das 21. Jahrhundert nicht gerade hoffnungsfroh zu starten.

Nun hat heuer der Verlag gebeten, für eine Neuauflage des Buches ein umfangreiches Nachwort zu verfassen, das die Zeit bis zur unmittelbaren Gegenwart zumindest in groben Zügen nachzeichnen sollte. Als der erste Textentwurf fertiggestellt war, gab ich ihn meiner Frau zu lesen, die alle meine Texte durchsieht, bevor ich sie aus der Hand gebe. Ihre Kritik gibt mir stets die Sicherheit, nicht allzu verengt für ein reines Fachpublikum zu formulieren. Diesmal lautete ihr Kommentar, dass das Lesen sie bedrückt gemacht hat, in was für einer Welt wir derzeit leben und welche Welt wir den nächsten Generationen überlassen werden. Der Text sei also von einem sehr pessimistischen Grundton gekennzeichnet. Ja, verdichtet auf gut 20 Seiten nimmt sich der Blick auf die letzten beiden Jahrzehnte wie ein Weg aus, der in einen Abgrund führt.

Gerade die letzten Jahre und Monate haben dabei die Dramatik zugespitzt. Die Folgen des Klimawandels werden immer deutlicher, die Pandemie hat uns noch immer im Griff und Kriege, die die Welt ständig erschüttern, rücken nunmehr ganz nahe an uns heran. Ihr ökonomischer Teil, also der Wirtschaftskrieg, greift derzeit tief in unsere Sozialgefüge ein. Und das Vertrauen, dass es die politischen Eliten schaffen werden, eine Kehrtwende zu erreichen, ist eher gering. Die hoffnungsvolle Zukunftsperspektive vergangener

Generationen, dass es die Kinder einmal besser haben werden, ist derzeit wohl unrealistisch geworden.

Dennoch, man kann und soll nicht resignieren. Generationen vor uns hatten größere Krisen auszuhalten, standen vor den Trümmern von Existenzen und Weltbildern. Es ging aber weiter, und irgendwann waren die Krisen dann Gegenstand von Erinnerung. Und man kann sich auch in der komplexen Gegenwart durchaus ausmalen, dass es eine Zeit nach der Pandemie und vor allem nach dem Ukrainekrieg geben wird. Vor allem aber ist es möglich, den eigenen Lebensstil zu analysieren und, falls nötig, diesen den neuen Rahmenbedingungen anzupassen.

Ich selbst versuche das seit einiger Zeit. Ich besitze ein Klimaticket, fahre also mit den öffentlichen Verkehrsmitteln, gehe seit einem halben Jahr möglichst jeden Tag 10 Kilometer zu Fuß und trinke seit Monaten praktisch keinen Alkohol. Das Auto bleibt weitgehend unbenützt. Ich bin vierfach gegen Corona geimpft und trage dennoch meist die Maske. Trotz alledem hat das Virus mich erwischt und fast drei Wochen lang arg beeinträchtigt. Erst langsam komme ich wieder zu Kräften. Wenn ich mir ausmale, was das Virus mit mir gemacht hätte, bei meinem Alter und bei meinem alten Lebensstil, wenn es mich ungeimpft getroffen hätte, bin ich froh darüber, dass bei allen Unannehmlichkeiten doch nie ein existenzieller Punkt erreicht wurde, dank hervorragenden ärztlichen Betreuung und einer vernünftigen Prävention. Es scheint mir unerlässlich, vorsichtig zu sein, im Eigeninteresse und zum Schutz der Menschen in meiner Umgebung.

Die Welt wird, wenn die aktuellen Krisen vorbei sein werden, eine andere sein. Die Klimakrise wird zudem bleiben und zwar für Generationen. Aber auch in dieser veränderten Welt wird es Regeln im hoffentlich zivilisierten Umgang miteinander geben müssen. Es wird aber auch wieder Raum sein für Hoffnungen und Zukunftsträume, für Momente des Glücks und der Zuversicht. Dafür ein Fundament zu schaffen, das liegt jetzt in unserer Verantwortung. Rational, faktenorientiert, der Vernunft und der Wissenschaft vertrauend, gilt es, die Kollateralschäden so gering wie möglich zu halten und dafür zu sorgen, dass es diese gute Zukunft geben kann, selbst wenn wir noch nicht wissen, wie sie aussehen wird.

4. Sport und Reisen

Sendung vom 19. Juni 2016

Reisen in der Kindheit und die Fußball-Europameisterschaft

Das war leider kein Auftakt nach Maß, was die österreichische Fußballnationalmannschaft am Dienstag in Frankreich abgeliefert hat. Klar, es hätte ganz anders laufen können, wäre in der ersten Minute Alabas Prachtschuss nicht an die Stange gegangen. Letztlich aber haben die Ungarn dieses Spiel nicht unverdient gewonnen.

Fußball ist nur ein Spiel. Aber nicht zu Unrecht spricht man von der wichtigsten Nebensache der Welt. Und tatsächlich ist Fußball wohl die weltumspannendste Sportart. Sie wird auf allen Kontinenten gespielt, in fast allen Dörfern dieser Welt kicken die Kinder am Rasen oder im Sand. Fußball ist regional über Vereine ein wichtiger Teil von Identität, und national ist dieser Sport eine der Hauptstützen für das Selbstverständnis von Staaten. Das „Wunder von Bern" schuf 1954 die Grundlage für das damals westdeutsche Gefühl, es wieder geschafft zu haben und aus den Trümmern des Krieges und aus der belasteten Geschichte wieder in den Kreis der Nationen aufgenommen zu werden.

Österreich hat mit dem Start in diese Europameisterschaft einen harten Aufprall am Boden der Realität zur Kenntnis nehmen müssen. Die wohl überzogene Euphorie der Fans hat einen kräftigen Dämpfer abbekommen Es gibt keine leichten Gegner mehr, was wenige Stunden nach Österreich auch Portugal, der Favorit in unserer Gruppe, zur Kenntnis nehmen musste. Und eine tolle Qualifikation ist eben doch nur eine Qualifikation und nicht die Europameisterschaft.

Aber das Turnier geht ja noch weiter, und Spiele sind erst aus, wenn abgepfiffen wurde. Da ich derzeit, also zum Zeitpunkt der Aufnahme dieser Sendung, den Ausgang des gestrigen Spiels noch nicht weiß, sind die Türen für unsere Nationalmannschaft ja noch nicht endgültig zugeschlagen.

Bei uns zu Hause bedeuten die Wochen der Europameisterschaften meist einen Kampf um die Fernbedienung des Fernsehers. „Nicht schon wieder Fußball!" stöhnt meine Frau, aber mangels attraktiver Alternativen auf den anderen Sendern gelingt es mir doch oft, ganze Spiele ansehen zu können. Aber dann kommt der Vorwurf: „Wenn Du nur einen geringen Teil des Sports, den Du im Fernsehen anschaust, selber machen würdest, wärst Du gesünder, schlanker, jünger etc." Dabei kommt meine einzige echte körperliche Beeinträchtigung gerade vom Sport, eine gerissene Patellasehne vom Tischtennisspiel. Und mit meinem Bruder, einem ausgezeichneten Marathon- und Bergläufer, möchte ich keinesfalls die Hüft- oder Kniegelenke tauschen.

Jenseits dieser privaten Sticheleien hat der Sport insgesamt natürlich eine wichtige gesellschaftliche Funktion. Er ist dort, wo er erfolgreicher Leistungssport ist, für die Identität und das Selbstverständnis von Gemeinschaften und auch von Staaten wichtig. Die DDR setzte sogar mit unerlaubten Mitteln darauf, ihre Schwimmerinnen und Leichtathletinnen an die Weltspitze zu führen, um dadurch eine innere politische Legitimation zu erlangen. Der FC Barcelona steht auch für die katalanische Resistenz gegenüber dem spanischen Zentralstaat. Sogenannte „Derbys" wie jenes in Glasgow zwischen Celtic und den Rangers sind oft auch Klassenkämpfe oder religiöse Konflikte. Sport ist Teil einer Politik der Symbole, im Sport spielen Vereins- oder Nationalfarben, Fanartikel, bemalte Gesichter und Rituale eine große Rolle. Ich habe mir etwa das Spiel Österreich gegen Ungarn auch in einem Sportshirt, allerdings von den Seattle Seahawks aus dem amerikanischen Football, angeschaut.

Unterhalb der symbolischen Ebene hat der Sport allerdings unzweifelhaft seine Bedeutung am Feld der Gesundheit. Bewegung ist ein Grundmuster, und jeder, der auch nur kurzzeitig dabei behindert ist, wird rasch erkennen, wie zentral manche Bewegungsmöglichkeiten und körperliche Betätigungen für unser Leben sind. Eine Stiege mit Krücken oder im Rollstuhl zu überwinden, das kann Mühe bedeuten.

Daher sind Sport, der Turnunterricht, das Mittun in einem Verein, wichtige Elemente bei Heranwachsenden, aber auch bei Erwachsenen. Heute bewegt man sich zweifellos zu wenig.

Ich selbst bin allerdings kein gutes Beispiel für eine sportliche Kindheit. Mein Schulweg führte nicht einmal ins Freie, da ich im Schulhaus aufwachsen konnte, und durch die ganze Schulzeit waren mir die Mathematikstunden sehr viel lieber als die Turnstunden. Aber wenigstens bin ich in meinem Leben viel mit dem Rad gefahren, auch lange Radtouren bis nach Pisa, und ich wandere gerne. Fünf Wallfahrten von Graz nach Mariazell sind dafür ein brauchbarer Nachweis.

Solange die Fußballeuropameisterschaft läuft, werden sich die Wanderungen aber wohl, wie bei vielen, zwischen Kühlschrank und Fernsehstuhl abspielen. Ich wünsche mir schöne, spannende Spiele, wünsche mir, dass es keine Gewalt und Randale am Rande gibt und dass Frankreich seine sozialen Probleme gerade in diesen Wochen fair zu lösen versucht. Friedliche Spiele mit einem letztlich verdienten Europameister, das wäre was. Wer dieser Europameister sein wird, sagen aber wohl besser Wahrsager oder aber Tintenfische oder Elefanten voraus. Ich habe zwar Wünsche, aber es ist wie beim Lotto. Man sagt: „Alles ist möglich", und am Ende gewinnt man doch nicht.

Sendung vom 1. Juli 2018

Die Weltmeisterschaft

In diesen Wochen wird es in vielen Familien wohl heftige Diskussionen über die Herrschaft über die Fernbedienung des Fernsehers geben. König Fußball regiert mit weit über 60 Spielen, die alle direkt übertragen werden. Das gibt insgesamt 100 Stunden Fußball, selbst ohne die Pausen oder die Analysen. Rechnet man diese dazu, dann würde ein Fußballsüchtiger ganze 5 Tage ohne jede Unterbrechung vor dem Fernseher sitzen.

Ich gebe zu, ich schaue mir doch etliche Spiele an. Der große familiäre Streit ist aber ausgeblieben, weil ich eine gute Woche alleine auf Kur im schönen Eisenkappel in Kärnten gewesen bin. Da gab es am Vormittag die medizinischen Anwendungen, und die Nachmittage konnte ich, neben Ausflügen, vielen Büchern und Museumsbesuchen, oft ungestört mit Fußball zubringen. Allerdings muss man in dieser Gegend unseres Nachbarlandes unbedingt etwa das Museum Liaunig ansehen, dazu den Persmannhof mit seiner dramatischen Geschichte. Und die Trögerner Klamm ist ganz nah. Nur im Haus zu bleiben, das ging also gar nicht. Zumindest ein Ausflug war jeden Tag angesagt. Und zudem war das der erste Kuraufenthalt in meinem Leben, komprimiert in einer Woche. Da staunt man, welche Therapien es gibt, und ich war durchaus nicht von allen medizinisch überzeugt. Vor allem lernt man interessante Menschen kennen, mit denen man beim Essen zusammensitzt, darunter solche, die regelmäßig kuren und gern einem Neuling wie mir mit Rat zur Seite stehen. Ich hätte diese angenehme Erfahrung nicht machen können, hätten mir meine Geschwister nicht diesen Aufenthalt zum Geburtstag geschenkt.

Aber zurück zum Fußball. Da Österreich ja leider nicht mit dabei ist, kann man seine Sympathien aufteilen. Ich weiß ja nicht, wer Ihr

Favorit ist, aber ich halte gern zu den Außenseitern, zu den eher exotischen Teams, die sich mit voller Begeisterung, aber oft taktisch nicht auf der Höhe, in das Geschehen werfen. Am Ende wird sich aber sicher die Erfahrung durchsetzen.

Mit dem Fußball verbindet mich seit zumindest 6 Jahrzehnten eine weitgehend passive, nichts desto trotz heftige Leidenschaft. War es am Anfang der Werkssportverein Frantschach, so wuchs mit den Jahren die Größe und Bedeutung der Vereine, die mich begeisterten. Die spanische Liga, mit unvergesslichen Abenden in den Stadien von Barcelona oder Sevilla, die hat es mir ganz besonders angetan. Da geht es auch um mehr als Fußball: „Mehr als ein Klub", so lautet auch die Parole des FC Barcelona.

Allerdings sehe ich einiges, was den Fußball so offen für Leidenschaften und hitzige Diskussionen gemacht hat, bei der laufenden Weltmeisterschaft eher bedroht. Schon mehr als eine Partie wurde nach Videobeweis entschieden, vor allem durch nachträgliche Elfmeterpfiffe. Das mag gerecht sein, aber es war doch viel spannender, sich über einen Schiedsrichter aufregen zu können, die Niederlage des eigenen Teams als eine Verschwörung verstehen und die Welt als ungerecht empfinden zu können. Jetzt ist man auf dem Weg, den schon der von mir auch geschätzte American Football eingeschlagen hat, wo die halbe Spielzeit aus sogenannten „official reviews" besteht, während die Spieler untätig herumstehen. Der damit angestrebten Gerechtigkeit und der objektiven Nachvollziehbarkeit von Entscheidungen wird die Spontanität und durchaus auch die Leidenschaft der momentanen Entscheidung, sei sie richtig oder falsch, geopfert. Schiedsrichter werden so durch Computer ersetzt, und auch beim Tennis gilt schon das „hawk eye" als der Weisheit letzter Schluss. Dabei lebt, zumindest nach meiner Meinung, der Sport gerade auch durch die echten oder vermeintlichen Ungerechtigkeiten. Ein Wembley-Tor bleibt Legende, weil es damals zu unser aller Glück nicht durch einen Computer nachgerechnet und entschieden werden konnte.

Aber vielleicht bin ich da altmodisch und aus der Zeit gefallen. Ich liebe die subjektive Sicht auf ein Sportereignis, auch mit dem Wissen, dass meine eigene Betrachtung von meiner eigenen Parteilichkeit überformt ist. „You never walk alone", singen die Fans des FC Liverpool, und es ist das gemeinsame Leiden, wie etwa beim Finalspiel der Champions-League, als der Star der Mannschaft durch ein brutales Foul des Gegners verletzt und damit ausgeschaltet wurde, ohne dass der Schiedsrichter entsprechend reagiert hätte. Man kann dann gemeinsam leiden, gemeinsam trauern und gemeinsam der Überzeugung anhängen, dass man in einer gerechteren Welt wahrscheinlich gewonnen hätte. Nur so entstehen Mythen, nur so wird der Sport wirklich identitätsstiftend. Und aus meiner Sicht ist diese Identitätsstiftung harmloser und sympathischer, als wenn über Politik, Religion oder gar Nation dieses Wir-Gefühl erzeugt wird. Im Sport kann ich beim Fußball für den FC Barcelona sein, beim Tennis für Roger Federer und beim Eishockey für die Tschechische Nationalmannschaft. Und ich darf wechseln, bin nicht durch irgendwelche Merkmale meinerseits gezwungen, ein bestimmtes Wir-Gefühl zu entwickeln. Ich kann mich voluntaristisch verhalten, darf mich auch opportunistisch entscheiden und kann leidenschaftlich für den Augenblick sein.

Wer aber wird heuer Weltmeister? Sie werden Ihren Favoriten haben, ich habe meinen. Wünschen würde ich es den Belgiern, denn dieses europäische Kernland mit seinen fast unüberwindbaren inneren Konfliktlinien spielt derzeit vielleicht den besten Fußball und ist zugleich nicht einfach nationalistisch zu vereinnahmen, höchstens für die EU. Ein Sieg Belgiens wäre ein Sieg für Europa, und einen solchen hat unser Kontinent gerade derzeit bitter notwendig. Aber daneben sollte die Losung heißen: möge der Beste gewinnen, selbst wenn wir wissen, dass es eine subjektive Entscheidung ist, wer denn nun der Beste wirklich ist.

Sendung vom 29. Juli 2018

Nordirland

Um diese Zeit im Jahr sind viele Menschen in den Sommerferien. Da gibt es welche, die zieht es in die Berge, andere wechseln für ein paar Tage oder Wochen an einen See in Kärnten oder anderswo. Ein guter Teil reist in den Süden, um in Italien, Kroatien, Griechenland oder Spanien die Sonne, das Meer, die Kultur und die Kulinarik der Länder am Mittelmeer zu genießen.

Meine Frau und ich ticken da etwas anders. Wir suchen kühlere Landstriche auf, fliehen die Hitze und bevorzugen im Sommer den Norden. So kommen wir gerade aus Nordirland zurück, wo wir ganz im Norden dieses Landes an der Atlantikküste eine erholsame Woche verbrachten. Die Lufttemperatur steigt nicht über 20 Grad, das Wasser hat gerade einmal 15 Grad, was aber die einheimischen Familien nicht davon abhält, ausgiebig in den Fluten des Ozeans zu schwimmen. Wir waren wohl die einzigen Gäste von außerhalb der britischen Inseln, und fast jeder Mensch hat uns angesprochen und mit uns über das Wetter, über die zahlreichen und gepflegten Hunde oder über das Essen zu plaudern. Politik blieb ausgespart, und das hat in dieser Gegend der Welt sehr gute Gründe.

Es ist gerade einmal 20 Jahre her, dass mit dem sogenannten Karfreitagsabkommen von 1998 der blutige Bürgerkrieg in Nordirland beendet werden konnte, aber die Spuren sind noch überall zu sehen. Das war kein Krieg, der sich an der Grenze zwischen der Republik Irland und Nordirland als Teil Großbritanniens abgespielt hat. Diese Grenze ist praktisch unsichtbar. Auf der Autobahn von Dublin nach Belfast geht nicht einmal ein Strich über die Straße, kein noch so kleines Grenzhäuschen ist sichtbar. Nur die Entfernungsangaben wechseln von Kilometern zu Meilen und bei den meisten Aufschriften verschwindet die gälische Zusatzbezeichnung. Der Konflikt ist ein innerer in Nordirland, und bis heute läuft eine etwa drei Meter hohe Mauer, oben noch gekrönt von meterhohem Stacheldraht, durch einen Stadtteil von Belfast. In Derry/Londonderry ist der Stadtteil „Free Derry", also freies, irisches Derry, mitten in der Stadt und nicht an der Grenze zur Republik Irland.

Die blutigen Kämpfe zwischen 1972 und 1998 haben über 3.500 Menschen das Leben gekostet. Noch in den neunziger Jahren flogen Brandbomben und zerstörten die Ulster Hall, das wunderschöne Konzerthaus von Belfast, oder die Glasfenster der protestantischen Kirchen. Und es gab hungerstreikende politische Gefangene. Die Wandmalereien in Belfast und Derry, die berühmten Murals, erzählen aus der jeweiligen Sicht der beiden Konfliktparteien Heldengeschichten und Opfermythen. Die IRA, die Untergrundarmee der nordirischen Katholiken, genoss bei allen revolutionären Bewegungen der Welt hohes Ansehen, ihre Lieder waren weltumspannendes Kulturgut. Der Konflikt war aber nicht nur religiös, sondern vor allem auch sozial aufgeladen. Und die Oranjes, die meist protestantischen Anhänger Englands, marschieren bis heute noch martialisch auf und beherrschen ganze Straßenzüge.

20 Jahre sind keine allzu lange Zeit. Zwar ist der Versöhnungsprozess vorangeschritten, manche der Konflikte sind heute museal. Im Museum des freien Derry zahlt man den Eintritt mit britischen Pfundnoten, die das Konterfei der Queen tragen. Und in Belfast bieten praktisch alle Stadttouren auch den Besuch der Mauer, der Gedenkstätten, der Murals und sogar der Gefängnisse an. Das Land hat sich prächtig entwickelt, die Städte sind herausgeputzt, und in Belfast ist mit dem Museum, das die Geschichte der Titanic erzählt, die in der Belfaster Werft gebaut wurde, eines der modernsten, spannendsten und gelungensten Museen der Welt entstanden. Die Altstadt erschien uns als eine einzige Partymeile, mit fröhlichen und lauten Gruppen von jungen Menschen, die sichtbare Armut war eher gering, Restaurants und Pubs bis auf den letzten Platz gefüllt. Die

Fassaden sind gepflegt, und mit ihren Geschäften, den Fußgängerzonen und dem bunten Treiben kann die Stadt Belfast international leicht schritthalten.

Der Friedensprozess und der Aufschwung ist vor allem aber dem Umstand zu danken, dass sowohl die Republik Irland als auch Großbritannien Mitgliedsstaaten der EU sind. Die meisten spannenden Einrichtungen Nordirlands bis hin zu den Besucherzentren an den Schauplätzen der „Games of Thrones"-Serie tragen Plaketten, dass sie mit der finanziellen Hilfe der EU geschaffen werden konnten. Und nun, mit dem Brexit, soll wieder alles anders werden. Viele Bewohner Nordirlands beantragen irische Pässe, eine Möglichkeit, die ihnen legal offensteht, um Bürgerinnen und Bürger der EU zu bleiben. Der protestantische, loyalistische Teil des Landes wird mit England den Brexit-Weg einschlagen. Und da sahen wir in Belfast die britische Premierministerin, die nur zu sagen hatte, dass es niemals eine harte Grenze zwischen Irland und Nordirland geben werde, allerdings sei die EU und nicht Großbritannien am Zug. Was soll das bedeuten? Und wie sollte eine Außengrenze der EU keine harte Grenze sein?

Der labile Friedenszustand scheint in echter Gefahr zu sein. Nordirland hat zwar gegen den Brexit gestimmt, sitzt sich aber unfreiwillig mit in jenem Boot, das von Europa wegrudert. Das haben sie den Briten und ihren nordirischen Verbündeten zu danken, und es wird die ökonomischen und kulturellen Chancen der nächsten Generation verringern. Und selbst die jüngere Generation ist noch mit dem Erleben von Gewalt aufgewachsen. Das ist ein Pulverfass, auf dem ein ganzes Land nunmehr sitzt. Wäre ich religiös, so würde ich sagen, da hilft nur noch beten. Das kann ich nicht, also hoffe ich auf die Vernunft der Beteiligten, zu irgendeinem Arrangement zu kommen, das Gewalt vermeidet. Dieses wunderschöne Land hat sich eine gute Zukunft verdient.

Sendung vom 7. April 2019

Großbritannien und der Brexit

Winston Churchill, jener Politiker, der Großbritannien durch den zweiten Weltkrieg brachte und von dem eine Unmenge an griffigen Zitaten überliefert ist, ist auch für einen markanten Spruch zur Demokratie verantwortlich: „Demokratie ist die schlechteste aller Regierungsformen, abgesehen von all den anderen Formen, die von Zeit zu Zeit ausprobiert worden sind."

Was würde Churchill, der 1965 im stolzen Alter von 91 Jahren verstorben ist – ein Alter, dass er mit Zigarren und Alkohol, dafür ohne Sport erreicht hatte – wohl zur heutigen Situation in seinem Heimatland sagen? Seit Wochen, ja seit Monaten verfolgt die Weltöffentlichkeit mit Staunen, wie schwer sich das Mutterland der Demokratie mit einer politischen Entscheidung tut. Der ehemalige Premierminister David Cameron ließ, da er seiner Sache sicher zu sein schien, ein Referendum zu, bei dem über den Verbleib Großbritanniens in der Europäischen Union entschieden werden sollte. Ein Referendum fordert zu einer klaren Ja- oder Nein-Entscheidung heraus, es lässt keine Zwischentöne oder Kompromisse zu und ist somit im alten englischen Parlamentarismus ein Fremdkörper.

Der Brexit war das Resultat einer ganzen Reihe von unglücklichen Umständen. Populisten sparten nicht mit Fake News, angeblich mischte sogar Russland mit, manche wollten nur Cameron abstrafen und die Modernisierungsverlierer rechneten mit den jungen, urbanen Proeuropäern ab. Seither wird gestritten, verhandelt, verzögert und verschoben, und der Riss, der durch Englands Öffentlichkeit geht, wird immer tiefer. Selbst im so traditionsreichen Parlament müssen neue Spielregeln diskutiert und gefunden werden, denn eine solche Situation gab es in der langen Geschichte des ältesten Parlaments der Welt noch nicht.

Für Europa ist dies wohl ein Weckruf. Selbst jene politischen Kräfte, die in verschiedenen Ländern, darunter durchaus auch Österreich, bisher mit Austrittsgedanken aus der EU gespielt haben, nehmen diese Worte nicht mehr in den Mund. Ein „Öxit", also ein Austritt Österreichs aus der Gemeinschaft, ist derzeit vom Tisch und wird wohl nur von einer verschwindenden Minderheit angedacht. Das britische Beispiel schreckt ganz ordentlich ab. Aber die ehemaligen Befürworter einer Zerschlagung sammeln sich derzeit unter den Parolen einer Stärkung der nationalen Interessen innerhalb der EU. Nationale Sonderwege bis hin zur Aufgabe zentraler europäischer Werte sollten angestrebt werden. Da gibt es plötzlich „illiberale Demokratien", die Aufklärung ist dann keine gemeinsame Wurzel mehr und Menschenrechte können dann schon mal selektiv verstanden werden.

Will man diese Positionen in unserem Europa nicht zu größerer Stärke gelangen lassen, dann muss man sich engagieren. Man muss hingehen und wählen, und man muss die Stimme erheben am Stammtisch, im Verein oder in der Straßenbahn, wenn das gemeinsame europäische Erbe in Frage gestellt wird. Sicher, man darf und soll die EU auch kritisieren, aber die Grundlagen des großen Friedensprojekts sollten außer Streit gestellt werden können.

Ich selbst bin ein großer Freund Großbritanniens. Wann immer wir können, verbringen wir unsere Urlaube dort. Unser Sohn hat in Schottland studiert, und meine Frau und ich haben letztes Jahr einige Zeit in Nordirland verbracht, um an der Grenze zwischen der Republik Irland und Nordirland die Probleme hautnah kennenzulernen und mit eigenen Augen jene Linie zu sehen, die heute in den Brexit-Diskussionen die heißeste Kartoffel ist. Und wir fahren in wenigen Wochen wieder in das Vereinigte Königreich, diesmal um Wales zu erkunden, eine Region, die wir bisher noch gar nicht kennen. Für uns war und ist Großbritannien nicht nur ein Teil Europas, sondern ein Land, von dem so viel ausgegangen ist, von den schottischen und irischen Mönchen bis hin zur Weltliteratur und bis zur Entwicklung der modernen Industriegesellschaft. Nicht zufällig hat Erzherzog Johann England als Ziel seiner Erkundungsreise gewählt, um moderne wirtschaftliche und gesellschaftliche Strukturen zu studieren und die Erkenntnisse auf die Steiermark anzuwenden.

Ja, die meisten Menschen ziehen in den Urlauben den Süden vor. Dort scheint meist die Sonne, dort ist es wärmer und dort ist das Essen besser. Das stimmt schon, und auch wir lieben den Süden, wenn es bei uns unfreundlich und kalt ist. Aber im Sommer sind die britischen Inseln einfach großartig. „Es gibt kein schlechtes Wetter, es gibt nur falsche Kleidung" sagen die Briten, und das stimmt. Mir ist es jedenfalls dort nicht zu heiß, und das liebe ich. Das Essen ist auch schon besser geworden, obwohl wir glücklich sind, wenn wir irgendwo in einem Dorfwirtshaus Fish and Chips bekommen und ein lokales Bier trinken können. Schnell ist man dort im Gespräch mit Einheimischen, und wir sind schon gespannt, wie sie die derzeitige Situation beurteilen. Und es muss nicht warm sein, wenn man an den Klippen entlang spaziert und auf das Meer schauen kann. Das ist oft so schön wie in den Filmen von Rosamunde Pilcher, und man hat das dort in der Realität, mit den Herrenhäusern, den prachtvollen Gärten, den alten Fachwerkhäusern und mit Dörfern, in denen die Zeit stehengeblieben zu sein scheint. Trotz aller Brexit-Irritationen freue ich mich daher schon jetzt sehr auf diese Tage in Großbritannien.

Sendung vom 9. August 2020

Ferragosto

In wenigen Tagen feiert man bei uns das Fest „Maria Himmelfahrt". Am 15. August begehen die Katholiken also jenen Tag, bei dem es um die Aufnahme Marias in den Himmel geht. In der Frari-Kirche in Venedig ziert das berühmte Gemälde von Tizian, der es zu Beginn des 16. Jahrhunderts gemalt hat, den Hochaltar. „Assunta" nennen es die Italiener, die „Aufgenommene". In der prachtvollen Lagunenstadt sollte ein Besuch dieser Kirche, in der auch ein wunderbares Bild von Giovanni Bellini hängt, unbedingt zu den Fixpunkten jeder Besichtigungstour zählen.

Den 15. August nennen die Italiener aber auch „Ferragosto". Als solcher hat der Tag eine noch längere Tradition als jener als kirchlicher Feiertag. Kaiser Augustus feierte 29 vor Christus 3 Tage lang seinen Triumph über Kleopatra und Marc Anton in den Schlachten bei Actium und Alexandria, also der von ihm vollzogen Eroberung Ägyptens.

Die heutigen Italiener kümmert das wenig. Mit dem Begriff „Ferragosto" benennen sie den Höhepunkt des Sommers und die Spitze des Urlaubsverkehrs. Meist ist damit heute längst nicht mehr ein einzelner Tag gemeint, sondern die in Italien meist kurz bemessene Urlaubszeit. Italienerinnen und Italiener fliehen aus den großen Städten und überlassen diese den Touristen, die in normalen Jahren in den Tagen um den 15. August quantitativ weit über die Einheimischen von Rom, Florenz, Mailand Turin oder Bologna dominieren. Heuer werden es coronabedingt wohl deutlich weniger Menschen sein, die nach Italien fahren können oder wollen, aber wer in den letzten Jahren oder Jahrzehnten um diese Zeit eine italienische Großstadt besucht hat, der wird wohl nicht nur unter der drückenden

Hitze gestöhnt haben, sondern sich wohl gewundert haben, auf den Straßen kaum ein italienisches Wort gehört zu haben.

Zu Ferragosto sind alle jene Italienerinnen und Italiener, die es sich leisten können, am Meer oder in den Bergen. Wenn sich die dicken Mauern der Stadtpaläste durch die Sonneneinstrahlung so richtig aufgeheizt haben – und das haben sie sich bis zur Mitte des Monats August meist – dann sind die Städte selbst für jene, die andere Temperaturen wie wir gewohnt sind, unerträglich geworden.

Vor allem aber ist mit diesem Datum der Wendepunkt des Sommers markiert. Die Sonne geht schon merklich früher unter, sogar auf Capri, wo „die rote Sonne im Meer versinkt", geschieht das schon fast eine Stunde früher als im späten Juni. Als ich vor weit mehr als einem halben Jahrhundert einen Campingplatz und einen Badestrand am Turnersee in Kärnten betreuen durfte, galt für uns die Regel, dass die erste Schlechtwetterfront nach dem 15. August die Badesaison praktisch beendet. Heute dürfte das nicht mehr so ganz stimmen, aber damals machten sich um diese Zeit die deutschen oder holländischen Gäste auf den Heimweg. Der Campingplatz leerte sich, der Eisverkauf ging zurück und das Seewasser roch weniger nach Sonnenöl.

Heuer ist der Sommer ja mit einiger Verzögerung angelaufen. Das bedeutet vielleicht, dass er uns länger erhalten bleibt. Und da ausländische Gäste nicht allzu zahlreich in Österreich sind, kann es ein Sommer wie früher werden. Meine Frau und meine Kinder haben heuer einen Aufenthalt in Bari in Apulien gegen den Ossiacher See in Kärnten eingetauscht, und das war gar keine so schlechte Notlösung. Das Schwimmen war herrlich, das Freizeitangebot und die Kultur hatten viel zu bieten und die Woche verging wie im Flug. Niemand von uns vermisste die Stunden, die wir bei einer Fahrt nach Apulien im Auto gesessen wären. Wenn uns nicht die Neugier nach Entdeckungen im nächsten Jahr wieder irgendwo hin weiter hinaustreibt, ist das vielleicht keine so schlechte Dauerlösung. Und das Meer haben wir bei einem Kurzausflug mit einer lieben Freundin vor wenigen Tagen in Piran in Slowenien besuchen können.

Dennoch, zumindest der halbe Sommer ist vorüber. Für die Schulkinder bedeutet das, dass die Hälfte der Ferien schon hinter ihnen liegt. Noch ein Monat, dann geht es also wieder los, und hoffentlich im Normalbetrieb. Ich denke, heuer werden sich die Kinder noch mehr auf den Schulbeginn freuen als in den Jahren vorher, haben sie doch ihre Freundinnen und Freunde viel länger nicht sehen können als üblich. Ich hoffe, die Ferienzeit wurde und wird auch dazu genutzt, die Defizite, die aus dem komplizierten letzten Schuljahr entstanden sind, auszugleichen.

Es ist allen zu wünschen, dass auch über Ferragosto hinaus noch ein paar schöne Sommerwochen auf uns zukommen. Wochen voll Freude, voll mit Abenteuern, mit guten Büchern und mit manchem Sprung ins kühle Nass. Also, genießen sie den restlichen Sommer!

Sendung vom 25. Juli 2021

Olympische Spiele in Tokyo

Von diesem Wochenende an sind für vierzehn Tage die Augen der Weltöffentlichkeit verstärkt auf Japan gerichtet. Mit einjähriger Verspätung, die der Coronapandemie geschuldet ist, beginnen jetzt in Tokyo die Olympischen Spiele. Es werden seltsame Spiele sein, da sie ohne Zuseher vor Ort ablaufen müssen und daher eine Art Geisterspiele sein werden, die immer und überall den Menschen vor Augen verdeutlichen werden, dass wir in Ausnahmezeiten leben. Nicht nur das Virus, sondern auch die Unwetterkatastrophen der letzten Wochen haben uns die Verletzlichkeit unserer so stabil geglaubten Existenz nachhaltig vor Augen geführt.

Ich bin mir durchaus nicht sicher, ob es vernünftig ist, die weit über 300 Wettkämpfe tatsächlich ablaufen zu lassen. Da hat es wohl viel Druck von Seiten der Sponsoren und anderen gegeben, die ökonomisch an der Durchführung der Spiele ein Interesse haben. Aber es ist natürlich auch im Interesse der Sportlerinnen und Sportler, die sich intensiv vorbereitet haben und die die Chance nicht verpassen wollen, die sich ja nur alle vier Jahre einmal auftut.

Man kann allerdings davon ausgehen, dass es, anders als bei manchen Austragungsorten der eben vergangenen Fußball-Europameisterschaft, in Tokyo perfekt organisierte Abläufe unter Einhaltung von größtmöglichen Sicherheitsmaßnahmen geben wird. Es wird wohl sogar so sein, dass einer staunenden Weltöffentlichkeit vor Augen geführt werden wird, wie die Gesellschaft der Zukunft wohl aussehen könnte. Japan zeigt uns das ja schon lange, mit allen positiven und allen negativen Elementen, vor.

Ich selbst habe eine intensive, aber durchaus nicht angstfreie Beziehung zu diesem fernen Land. Schon vor 3 Jahrzehnten kamen von dort die ersten Studierenden zu mir, die heute hohe Stellen im japanischen Universitätssystem bekleiden. Und gerade eben ist eine meine besten Studentinnen, die bei mir eine hervorragende Dissertation in deutscher Sprache verfasst hat und inzwischen angesehene Professorin in Tokyo ist, wieder für ein Jahr zu Forschungszwecken in Österreich. Gut ein Dutzend junge Menschen aus Japan haben erfolgreich bei mir österreichische und europäische Geschichte studiert. Zudem hat sich meine Tochter zu einem Studium der Japanologie entschlossen und sie hat dazu drei volle Jahre in Tokyo und Osaka gelebt. Daher war ich sowohl auf Vortragsreisen als auch zu privaten Besuchen öfters in Japan zu Gast.

Obwohl diese Besuche das Privileg hatten, dass ich (oder wir, wenn meine Frau mitkommen konnte) schon am Flugplatz in Narita abgeholt zu werden und praktisch rund um die Uhr auf Betreuung aufbauen zu können, war es nicht immer leicht, sich sowohl sozial als auch räumlich zu orientieren. Meine Frau, die sich einmal, während ich beruflich beschäftigt war, allein von Tokyo nach Kamakura auf den Weg gemacht hatte, ging bei der Rückreise auf einem Großbahnhof beinahe verloren. Und mir, wenn ich allein durch ein paar Straßen schlenderte, war das Gefühl der Unsicherheit nicht fremd. Der Fischmarkt in Tokyo, neben dem ich einmal das Hotel hatte und den ich jeden Tag um 5 Uhr am Morgen aufsuchte, war wie von einem anderen Stern, eindrucksvoll und angstmachend zugleich.

Noch größere Unsicherheiten hatten wir aber, wie wohl alle Menschen, die das Land besuchen, bei den sozialen Umgangsformen. Das Verbeugen, das Grüßen, das Aufstehen von den niedrigen Tischen nach offiziellen Essenseinladungen, all das waren Momente äußerster Peinlichkeit, immer begleitet von dem Gefühl, sich gerade heftig daneben zu benehmen.

Dennoch, in vielen Dingen gab uns Japan schon vor Jahren einen Einblick in zukünftige Entwicklungen. Das Tragen eines Mund- und Nasenschutzes in öffentlichen Verkehrsmitteln wirkte auf uns exotisch, heute ist es bei uns gelebter Alltag. Hygiene, privat und öffentlich, da gab es in Japan Standards, von denen wir nur träumen konnten. Dass man im Hotel eigene Hausschuhe für den Besuch der Toilette anzuziehen hat, oftmals sogar in Lokalen, mag übertrieben erscheinen, erhöht aber zweifellos den Schutz vor Übertragungen von Krankheiten.

Die olympischen Geisterspiele werden allerdings kulturelle Erfahrungen im Neuland kaum zulassen. Zuschauer dürfen nicht anreisen, und die Sportlerinnen und Sportler verbringen die Zeit in Blasen, um jedes Ansteckungsrisiko zu vermeiden. Der olympische Gedanke, bei dem es ja auch um das Dabeisein und Begegnen geht, wird sehr kurz kommen. Aber hoffen wir trotzdem auf ein gelungenes Sportereignis von Weltbedeutung. Und mögen sich die österreichischen Athletinnen und Athleten tapfer schlagen.

Sendung vom 20. November 2022

Fußball-WM in Katar

Von heute an wird für genau 4 Wochen das Thema Fußball nicht nur die Stammtische dominieren, sondern auch den Tagesablauf und das Fernsehverhalten vieler Haushalte dramatisch verändern. Ich sehe meine Frau schon jetzt stöhnen, wenn sie wieder den Kampf um die Fernbedienung des Fernsehers gegen mich wegen der Übertragung eines Spiels verlieren wird. Ja, Fußball ist mir wichtig. Schon in der Schule war es der WSV Frantschach, leider unterklassig, den mein Bruder und ich sogar mit den Fahrrädern zu Auswärtsspielen begleiteten. Später war es dann der FC Barcelona, dessen Raffinesse ich sogar im Camp Nou bewundern konnte. Aber egal, ob die 2. Klasse C in Kärnten oder die Primera Division in Spanien, die Emotionen gleichen sich, am Spielfeld oder auf der Tribüne. Und ich gestehe, dass ich trotz der Freundschaft zu prägenden Persönlichkeiten des GAK hier in Graz mit Leidenschaft zu Sturm halte, wo ich die Ehre habe, im Kuratorium zu sitzen und wo ich mit Stolz auf die letzten Leistungen blicke.

Dennoch, bei aller Begeisterung für diesen Sport, vorbehaltlos kann das Interesse für die heute beginnende Weltmeisterschaft wohl nicht sein. Da gibt es allzu viel an Problemen und fragwürdigen Verhalten, die sich rund um den Austragungsort Katar ranken. War schon die Vergabeprozedur von Ungereimtheiten begleitet, deren ganze Dimension erst langsam sichtbar wird, so liegt der eigentliche Skandal in der Realisierung in Katar selbst. Nicht weniger als 6.500 Arbeiter verloren beim Bau der Stadien ihr Leben. Diese Zahl hat die seriöse britische Zeitschrift „Guardian" ermittelt. Die Arbeitsbedingungen glichen einer Sklavenarbeit.

Menschenrechte sind in Katar ein Fremdwort. Wenn man lesen konnte, was über Homosexualität gesagt wurde, die in Katar mit bis zu 7 Jahren Gefängnis bestraft wird, dann sollte man eigentlich darauf verzichten, die Übertragungen der Spiele anzusehen. Dazu kommt, dass auch ökologisch diese Wettkämpfe mehr als fragwürdig sind. Es gibt viel zu wenig Quartiere, sodass einige Mannschaften und vor allem Zuseher zu jedem Spiel mit dem Flugzeug anreisen müssen. Diese Mischung aus Bestechung, ökologischem Wahnsinn und Missachtung der Menschenrechte ist schon ein schlimmes Sittenbild, das der Weltfußball hier abgibt.

Ich weiß, jetzt sollte ich vernünftigerweise sagen, dass ich die Weltmeisterschaft für mich boykottiere, die Fernsehfernbedienung kampflos meiner Frau überlasse und meine Verachtung für diese Rahmenbedingungen in Katar durch ein Ignorieren des Events zum Ausdruck bringe. Aber Fußball und Vernunft, das geht einfach nicht wirklich nahtlos zusammen. Und die Spieler selbst, haben diese nicht mit ihren Leistungen die Nominierungen in die Nationalteams verdient? Und haben sie nicht mit Ausdauer und Energie darauf hingearbeitet, für die Weltmeisterschaft fit zu sein und so, gleichsam am Höhepunkt ihrer Karriere, im Rampenlicht zu stehen?

Ich werde also einen Mittelweg gehen. Ein paar der 48 Vorrundenspiele werde ich mir ansehen, darunter sicher Spanien gegen Deutschland oder Brasilien gegen die Schweiz. Dann, ab dem 3. Dezember, wird es heikler, denn da kommt es sicher zu spannenden Paarungen, die man jetzt noch nicht vorhersehen kann.

Und wer sind für mich die Favoriten?

Einerseits habe ich immer Lionel Messi bewundert, und es wäre nur verdient, wenn er am Ende seiner Karriere auch noch Weltmeister mit Argentinien werden könnte. Anderseits wünsche ich von Herzen den Belgiern den Titel, deren Team aber wohl schon den Höhepunkt der Leistungsfähigkeit überschritten hat. Aber für Belgien, den zweigeteilten Staat im Herzen Europas, brächte ein solcher Titel ein wenig Gemeinsamkeitsgefühl.

Mit recht großer Wahrscheinlichkeit liege ich mit diesen beiden Tipps falsch und würde, wenn ich Geld setzen würde – was ich allerdings nicht tue – mit leeren Händen dastehen. Das macht nichts, denn im Laufe der Weltmeisterschaft kristallisieren sich vielleicht Teams oder einzelne Spieler heraus, die man jetzt noch nicht im Focus hat und die an Sympathie zulegen. Das würde die Spannung nur erhöhen.

Also, bei aller notwendigen Kritik an Katar und den üblen Begleitumständen, seien Sie nachsichtig mit Menschen wie mir, die dennoch der Faszination des Fußballsports verfallen sind und gönnen sie uns das Ausleben dieser Leidenschaft.

Sendung vom 19. Februar 2023

Sehnsucht nach dem Meer

Obwohl wir bei uns zu Hause in diesem Winter nie Schneeschaufeln mussten, bekommen meine Frau und ich im Februar immer Sehnsucht nach dem Süden, vor allem nach dem Meer. Corona hat uns in den letzten Jahren das Stillen dieser Sehnsucht schwer gemacht. Aber letztes Wochenende konnten wir für zwei Tage nach Triest fahren. Zwar hat die Bora heftig geblasen, von Frühlingstemperaturen keine Spur, sodass wir froh über unsere warmen Hauben waren. Aber die Sonne hat gestrahlt, das Meer war blau und sauber und die Stadt prachtvoll wie immer.

Triest ist wohl nicht nur für uns eine besondere Stadt. Sie war bis 1918 die größte slowenische Stadt, wobei die Sloweninnen und Slowenen eher die soziale Unterschicht bildeten. Das Bürgertum war italienisch oder aber auch deutschsprachig, und die Stadt hatte, obwohl nur halb so groß, im Vergleich zu Graz, dreimal so viele jüdische Einwohner. Nirgendwo sonst stießen die slawische, die romanische und die deutsch-österreichische Kultur so direkt und massiv aufeinander. Was neben den Konflikten vor allem aber zu kultureller Hochblüte führte.

James Joyce konnte wohl nur hier seinen Ulysses schreiben, und bis heute prägen Personen wie Claudia Macris das kulturelle Bild der Stadt. Triest ist auch eine Stadt des Kaffees mit den schönsten Kaffeehäusern auf dichtem Raum. Und dem Judentum war es möglich, in dieser Stadt bis zum Zweiten Weltkrieg sicher zu leben.

In dieser wunderbaren Stadt wurde der Bau des für die Weltgeschichte so bedeutenden Suezkanals geplant, und von hier aus wurde der Bau auch finanziert. Der Hafen war bedeutend. Hier kamen die Handelsschiffe aus aller Welt für Europa an. Für die Habsburgermonarchie bedeutete das viele Jahrzehnte das Tor zur Welt. Gleichzeitig endete aber mit der Selbstversenkung der Kriegsschiffe vor dem Hafen die Geschichte, die Österreich mit dem Meer verband. Ingeborg Bachmann konnte sich Böhmen noch ans Meer träumen. Aber auch für uns ist die Stadt immer noch ein Stück Österreich. Wer am Unita-Platz sitzt, kann das Gefühl entwickeln, dass hier ein prächtiges Stück Wiener Ringstraße an die Adria verlegt wurde. Und wenn man nach Miramare hinausfährt, ist man tatsächlich mittendrin in der Geschichte des Hauses Habsburg und dem spannenden mexikanischen Abenteuer von Maximilian, dem Bruder des Kaisers Franz Josef.

Triest hat aber auch seine dunklen historischen Epochen. Als die Nationalsozialisten von den italienischen Faschisten die Kontrolle des Küstenlandes übernahmen, entstand in einer ehemaligen Reisfabrik am Rande der Stadt das einzige Lager auf italienischem Boden, eine brutale Mischung aus Sammellager, Gefängnis und Vernichtungslager mit Gaskammer und Krematorium. Tausende wurden dort eingepfercht. Für Jüdinnen und Juden ging es von dort mit der Bahn in die Vernichtungslager. Gefangene, Partisanen oder Widerstandskämpfer wurden einfach exekutiert. Der düstere Ort ist bis heute eine Gedächtnisstätte und ein Museum.

Die Stadt stellt sich ihrer Geschichte. Sie ist heute stolz auf die einzigartige Mischung der Sprachen und Kulturen. Hier gilt kaum jemand als fremd. Der Karst ist nahe. Weine in der Bar kommen oft aus diesem Teil Sloweniens. Und die Küche mischt deftige österreichisch-slowenische Kost mit den Möglichkeiten, die das Meer bietet, und mit der italienischen Raffinesse der Köchinnen und Köche. All das hat Triest zu einem Sehnsuchtsort gemacht. Von Wien und von Graz aus heißen die Hauptausfahrtsstraßen in den Süden jeweils Triesterstraße, was signalisiert, dass Triest der angepeilte Fluchtpunkt in der Ferne zu sein hat. Die Bücher von Veit Heinichen haben bei uns auch noch dazu beigetragen, dass einzelne Plätze, einzelne Bars oder Restaurants uns das Gefühl vermitteln, vertraut zu sein.

Für uns waren es diesmal nur zwei Tage. Aber nach der langen Isolation durch Corona und die Folgen, die mir vor allem zugesetzt haben, war es ein erster Lichtblick. Die Sorgen und Probleme der Welt von der Ukraine bis in die syrisch-türkische Grenzregion werden dadurch natürlich nicht geringer. Dennoch. Es war ein lang ersehntes Aufatmen und sollte Kraft geben für die kommenden Herausforderungen.

Sendung vom 10. September 2023

New York, das neue World Trade Center

Können Sie sich noch erinnern, wo Sie heute vor 22 Jahren gewesen sind? Wohl fast alle werden diese Frage verneinen. Aber morgen, am 11. September, als vor 22 Jahren zwei Flugzeuge in das World Trade Center in New York rasten, haben die Menschen wohl nicht nur in den Vereinigten Staaten recht genaue Erinnerungen daran, wo sie von dieser Meldung aufgeschreckt wurden. Ich selbst saß gerade im Auto, als mich ein Freund aus Linz anrief. Ich war mit ihm in Amerika gewesen, er hatte in New York gemeinsam mit einer Kollegin einen Film über die österreichische Emigration gedreht, und uns beide verband und verbindet die Faszination für diese Stadt.

Dieses schreckliche Ereignis stellte einen Wendepunkt in der jüngeren Geschichte dar. War man nach dem Fall der Berliner Mauer und der Implosion des Sowjetsystems der Überzeugung, dass 1989 ein Zeitalter der liberalen Demokratie, des Friedens und der globalen Gültigkeit der Menschenrechte anbrechen würde, so kam mit dem Jahr 2001 der große Dämpfer. Plötzlich sah man, dass diese Werte kein weltweites Allgemeingut waren und dass die Austragung politischer Konflikte ganz neue Formen von Gewalt angenommen hatten. Erst das Jahr 2022 brachte mit dem brutalen Überfall Russlands auf die Ukraine auch bei uns die im 20. Jahrhundert vorherrschende Macht- und Gewaltpolitik wieder auf die Tagesordnung.

Wenige Jahre vor dem 11. September 2001 war ich mit meiner Frau und den Kindern am Dach des World Trade Centers gestanden. Bei früheren Aufenthalten in New York hatte ich mich immer geweigert, die beiden eher hässlichen Bürotürme zu besichtigen. Ich musste zugeben, der Blick vom Dach auf die Stadt war atemberaubend, aber wohl vor allem deshalb, weil man die Türme selbst nicht sehen konnte. Trotz der eher einfallslosen Architektur waren sie allerdings ein Symbol, ja eigentlich das zentrale Symbol für die liberale Weltwirtschaft, die globale Vorherrschaft des kapitalistischen Wirtschaftssystems.

Die Bilder der Flugzeuge, die in das Gebäude rasten, der Menschen, die in Verzweiflung aus den Fenstern sprangen, des langsamen Zusammenbrechens beider Türme, des Staubes und der Verwüstung haben sich nicht nur bei den Angehörigen der Opfer eingebrannt. Sie sind ikonografische Zeugnisse dafür, dass das 21. Jahrhundert einen wenig geglückten Start hingelegt hatte.

Wenige Jahre danach konnte man „ground zero" als Baustelle besichtigen und sehen, wie ein neues Zentrum emporwuchs. Und noch ein paar Jahre später stand mit dem Wolkenkratzer von Daniel Libeskind das „One World Trade Center" dort, ein prächtiger Bau, in dessen Glasfassade sich die Flugzeuge spiegeln, die vom J. F. Kennedy-Airport aus starten. Sie vermitteln den Eindruck, als würden sie erneut auf das Gebäude zielen. Und am Fuß des Centers steht eine eindrucksvolle Gedenkstätte, die groß, aber schlicht an jene Menschen erinnert, die am 11. September ihr Leben verloren haben. New York präsentiert sich selbstbewusster und prachtvoller als zuvor.

Allzu leicht drängt sich das Bild auf, dass dort ein Phönix aus der Asche aufgestiegen ist. Architektonisch mag das richtig sein, aber politisch und ökonomisch ist das Bild deutlich widersprüchlicher. Die Vereinigten Staaten und auch die gesamte Welt sind seither kein friedlicherer oder sicherer Ort geworden. Nicht nur militärische Bedrohungsszenarien wurden vielerorts zur grausamen Realität, Militärdiktaturen sind auf den Vormarsch und selbst in scheinbar gefestigten Systemen sind Modelle von illiberalen Demokratien (was immer dieser Widerspruch in sich auch bedeuten mag) im Vormarsch. Eine Aufbruchstimmung, die dieser magische Ort in New York vermitteln möchte, ist also nicht angebracht.

Der Angriff vor 22 Jahren galt den westlichen Werten und der Marktwirtschaft. Die Demokratie, gegen die die Flugzeuge am 11. September auch geflogen sind, ist leider nicht gestärkt aus dem Ereignis hervorgegangen. Man kann sehen, sie ist keine selbstverständliche Voraussetzung, und ihre Gefährdung geht heute weniger von Terrorakten aus als vielmehr von einem langsamen Abdriften in breiten Bevölkerungsschichten. Daher stehen Aufklärung und Menschenrechte auch heute auf keinesfalls gefestigtem Grund.

5. Schule und Universität

Sendung vom 17. September 2017

Der erste Schultag

Jetzt ist es also wieder so weit. Der heiße Sommer ist vorüber und pünktlich am 1. September hat auch das Wetter umgeschlagen. Und jetzt hat auch schon wieder die Schule begonnen. Unsere drei entzückenden und freundlichen Nachbarskinder starten schon wieder in den Alltag, und mit ihnen gut 150.000 steirische Schülerinnen und Schüler. Gemeinsam mit den 15.000 Lehrerinnen und Lehrern und den gut 25.000 Kindergartenkindern und deren Betreuung hat diese Woche also für fast 200.000 Steierinnen und Steirer ein neues Lern- und Arbeitsjahr begonnen. Für einige von ihnen, die ganz kleinen, war es der Eintritt in neue, aufregende und bisher fremde Welt.

Können Sie sich noch an Ihren ersten Schultag erinnern? Meine Kinder können es gut, und die Fotos im Familienalbum erzählen auch die Geschichten dahinter. Da sieht man den jungen Querkopf auf dem Foto aus dem Jahre 1987, das Shirt bereits mit Fleck versehen und die Schultüte widerwillig haltend, identifizierte sie doch den Träger als Anfänger, was man ganz sicher nicht sein wollte. Zum Glück haben die Schuljahre den starken Willen nicht gebrochen. Und 1993 rückt im eleganten Kleid die ruhige, ausgeglichene Schwester bei ihrem Schuleintritt ins Album, Gegensatz und Ruheanker für den feuerköpfigen Bruder.

Die Schulzeit hat die beiden Kinder geformt, aber nicht verändert. Sie hatten das Glück, auf Lehrerinnen und Lehrer zu treffen, die sie nicht verbogen, sondern gefordert und gefördert haben, sodass die zu Beginn schon sichtbare Persönlichkeit der beiden gut zur Entfaltung kommen konnte. Ich denke schon, dass sich heute die überwiegende Mehrheit der Lehrkräfte so verhält und den jungen Menschen die Chance gibt, ihre jeweiligen Stärken weiter zu entwickeln. Und es ist in ihren Schulen gelungen, die Neugier wach zu halten, die Kinder motiviert und offen für Unbekanntes zu erziehen.

Sowohl die Volksschule in unserem Stadtteil von Graz als auch die damals gerade gegründete GIBS, die zweisprachige Gymnasialform, erwiesen sich als kluge Schulwahl. Die Weltoffenheit der dort genossenen Erziehung hat unsere Kinder hinausgeführt, haben fremde Welten für sie zu erstrebenswerten Zielpunkten gemacht und hat schließlich unser Umfeld hier im Land als zu eng für ihre Lebensentwürfe erscheinen lassen. Das ist vielleicht der Preis, den Eltern letztlich für eine solche Erziehung zu bezahlen haben.

Die Erinnerung an meinen ersten Schultag ist hingegen völlig weggewischt. Es gibt auch kein Foto davon. Ich bin ja im Schulhaus in St. Gertraud im Lavanttal aufgewachsen, und zwei der vier Volksschuljahre war mein eigener Vater auch mein Lehrer, wohl eine fordernde Situation vor allem für ihn. Aber Schule war mir gleichsam immer vertraut. Ich musste nur ein Stockwerk nach unten gehen, und da waren schon die Klassenzimmer mit ihrem spezifischen Geruch und der mir gar nicht unfreundlich erscheinenden Atmosphäre. Angeblich bin ich, der ich ein kleiner Schlafwandler war, von meinen Eltern öfters in der Nacht zurückgeholt worden, wenn mich ein intensiver Traum in die Klassenzimmer zu führen versuchte.

Die Schule war Lebensmittelpunkt, sogar die Hauptschule war noch im gemeinsamen Gebäudekomplex mit der Volksschule. Einen Schulweg zu haben, das war für mich dann nach dem Wechsel ins Gymnasium eine ganz neue Erfahrung. So ein Schulweg ist voll von Möglichkeiten, Dinge zu entdecken, Freundschaften zu schließen, sich zu vertrödeln oder den Verlockungen eines Süßwarengeschäfts zu erliegen. Meine Mitschülerinnen und Mitschüler in St. Gertraud hatten in meiner Vorstellung, soweit sie aus bäuerlichem Milieu stammten, abenteuerliche Wälder zu durchqueren, stießen wohl auf Ameisenhaufen, auf Hasen, Rehe oder gar Füchse. Die Kinder aus den Fabrikarbeitersiedlungen konnten hingegen in Horden zur

Schule kommen, und hatten ihren gemeinsamen Spaß auf dem Hin- und Rückweg, sie konnten sich austoben und gemeinsam den Schultag verarbeiten. Nur ich musste nicht einmal Schuhe anziehen für den Weg zur Schule.

Ich war über 11 Jahre alt, als ich erstmals einen Schulweg zu bewältigen hatte. Da war das nicht mehr wirklich gefährlich. Trotzdem ging mein Vater mit mir den Weg ab, den ich mir einzuprägen hatte und dessen Zeitanspruch in meinem Tagesplan mit zu berechnen war. Sehr rasch wurde das zur Routine. Meine Frau hingegen musste schon ab dem ersten Volksschuljahr gut 2 km Fußmarsch in jede Richtung bewältigen, was in einem strengen Vorarlberger Winter sicher eine große Herausforderung war.

Sicherheit am Schulweg ist auch heute noch ein großes Thema. Gerade jetzt rollt die große Verkehrslawine wieder an und das Gefahrenpotenzial für Fußgänger steigt. Am Land gibt es glücklicherweise meist Schulbusse, aber im städtischen Bereich sollte jeder Fußgängerübergang auf dem Schulweg mit den Erstklasslern geübt werden. Schülerlotsen helfen sicher, aber es ist von allen Verkehrsteilnehmern Rücksicht und Geduld einzufordern.

So ein Anfang, wie ihn der Schuleintritt darstellt, ist im Leben einer der markantesten Einschnitte. Es ist ganz wichtig, ihn positiv zu erleben, voll Neugier und Spannung. Und es ist wichtig, dass wir motivierte Lehrkräfte haben, die diesen Spannungsbogen aufrechterhalten können. Die Kinder sollen sich auf sicheren Schulwegen in eine Institution begeben können, die ihnen möglichst für den ganzen Ausbildungszeitraum Freude bereitet. Ich wünsche allen einen guten Start!

Sendung vom 3. Juni 2018

Zentralmatura

Gestern vor einer Woche hatten einige österreichische Tageszeitungen den Problemen, die heuer die Zentralmatura in Mathematik verursacht hatte, ihre ganze Titelseite gewidmet. „Ausgerechnet!" titelte die Kleine Zeitung Steiermark, „Nicht genügend" füllte die Titelseite der Presse aus Wien. Und ein paar Tage zuvor klagte mir eine befreundete Direktorin einer Höheren Schule in einer Bezirksstadt, dass die Resultate an ihrer Schule geradezu eine Katastrophe gewesen seien. Der Bildungsminister, eine kompetente Persönlichkeit, bekannte in Interviews seine Ratlosigkeit ein.

Was macht gerade die Mathematik zu einem solchen Angstfach? Die erwähnte Direktorin führte die Probleme bei der Matura auch darauf zurück, dass einige der Aufgaben Textaufgaben gewesen seien und manche der Schülerinnen und Schüler schon beim reinen Verstehen der Fragestellung scheiterten. Es sei also nicht nur das mangelnde Rechnen, sondern auch die fehlende sprachliche Kompetenz des Verstehens einer Frage die Ursache für manches Scheitern.

Wenn das so stimmt, dann verstärken sich hier zwei Problemfelder gegenseitig. Wenn immer weniger gelesen wird und wenn sich Schreiben mehr und mehr auf Kurzmitteilungen am Handy beschränkt, dann wird verstehendes Lesen zur Hürde. Dazu kommt das Abstraktionsniveau der Mathematik, das einfach Übung und Konzentration erfordert. Und das kann ohne Spaß nur schwer vermittelt werden.

Wenn ich an meine Schulzeit zurückdenke, so hatte ich immer allergrößte Freude an der Mathematik. Das war wie Philosophie, es ging ja meist um Logik, um das Erkennen von Zusammenhängen und um das Finden von meist selbstverständlichen und selbsterklärenden Lösungen. Aber der Großteil meiner Mitschüler litt unter dem Fach. Das war gut für mich: durch Nachhilfe konnte ich oft der Enge meines Mittelschülerinternats entfliehen und in Bürgerhaushalten einerseits kulinarisch verwöhnt zu werden und andererseits auch noch eine Aufbesserung des Taschengeldes zu erreichen. Es fiel mir aber immer schwer, zu erkennen, wo denn die Verständnisprobleme bei den anderen lagen, stand doch die Lösung meist ganz klar vor Augen. Bis heute ist es eine Art Sport für mich, Kopfrechnungen auszuführen, etwa beim Autofahren Prozentrechnungen der gefahrenen Teilstrecken und die dabei erzielte Durchschnittsgeschwindigkeit nicht dem Bordcomputer zu überlassen, sondern dem eigenen Kopf. Und nicht nur im Auto, sondern praktisch überall bieten sich unterhaltsame Kopfrechnungsmöglichkeiten an. Versuchen Sie etwa einmal, beim Einkaufen all die Beträge für die einzelnen Produkte, die Sie im Warenkorb haben, im Kopf zu addieren und den genauen Geldbetrag bei der Kassa schon bereit zu haben. Oder die Stufen von Treppen zu zählen und dann zu schätzen, welche unterschiedliche Raumhöhe den einzelnen Stockwerken zukommt. Das geht alles ganz spielerisch und automatisiert und trainiert ihr Gehirn wohl ebenso gut wie das Lösen von Kreuzworträtseln.

Ich weiß, mit Ansinnen wie diesen mache ich mir nicht nur Freunde. Meine Frau und meine Kinder halten mich für ein wenig verrückt, einen etwas aus der Zeit gefallenen Spinner, der hunderte Gedichte und ganze Dramen auswendig kann und eben auch den Kopf zum Rechnen nützt, wo doch heute alles, vom Gedicht bis zur Bruchrechnung, am Smartphone in Sekundenschnelle abrufbar ist, noch dazu wohl fehlerfreier, als es der Kopf alleine zustande bringt. Für mich aber ist das Nachschlagen, weil ich etwas nicht vollständig schaffe, noch immer eine Art persönlicher Niederlage. Und ich war wohl mit meiner Annäherung an Lesen und Rechnen kein wirklich hilfreicher Vater, wenn die Kinder im Schulunterricht Probleme hatten.

Ich bin überzeugt davon, dass das Auswendiglernen von Gedichten und das Erfassen ihrer Schönheit mit eine Grundlage dafür sein kann, bei einer Mathematikprüfung wie der Matura die Texte der Fragestellung genau und anstrengungsfrei zu erfassen. Und das ist die halbe Miete bei der Lösung der Aufgaben. Hat man die Frage verstanden, liegt der Weg zur Lösung meist auf der Hand. Aber sowohl der spielerische Umgang mit der Mathematik wie auch die Freude am Lesen und Rezitieren muss geübt werden, bis sich die Freude einstellt. Fast jeder Mensch übt auch heute noch das Radfahren oder das Schwimmen, bis es wirklich Spaß macht und bis es so selbstverständlich wird, dass man bei der Ausübung nicht mehr nachzudenken braucht. Und das kann auch bei den Fundamenten der Mathematik erzielt werden, auf denen dann die komplizierteren Fragestellungen aufbauen. Aber auch mit dem Mountainbike vom Schöckl herunterzurasen kann man sich nur dann zumuten, wenn die Grundlagen des Radfahrens wirklich internalisiert wurden. Und alles, was man letztlich durch Übung gut beherrscht, macht Freude. Das gilt auch für den Umgang mit den sogenannten Angstfächern in der Schule. Ich drücke jedenfalls beide Daumen, dass es für die vielen jungen Menschen, die derzeit durch die Matura zittern, dass es wenigstens in der Kompensation klappt. Also, alles Gute und mit Zuversicht an die Aufgabe!

Sendung vom 7. Juli 2019

Das Schulsystem und die Noten

Jetzt ist es also wieder so weit. Für die vielen jungen Menschen in unserem Bundesland haben die Schulferien begonnen. Das wird nach der Hitze der letzten Wochen jedenfalls eine Erleichterung sein, obwohl natürlich der Tag der Zeugnisverteilung noch ein Tag der Anspannung und Aufregung gewesen sein wird.

Zeugnisse sind wichtig, sie dokumentieren einen weiteren Schritt auf dem noch kurzen Lebensweg. Aber Noten sagen nicht alles aus über die Qualitäten und die Fähigkeiten eines Menschen. Jeder hat Stärken und Schwächen, und in der Schule gut oder nur mittelmäßig gewesen zu sein, ist kein alleiniger Indikator für den Erfolg im Erwachsenenleben. Und es ist schon ganz sicher kein alleiniger Hinweis darauf, was später aus einem jungen Menschen einmal werden sollte.

Mir sind die guten Noten immer leicht zugeflogen. Meine Angstfächer waren eher Turnen und Singen als Mathematik oder Deutsch. Ich war in meinem Umfeld wohl der Einzige, der sich in der endlos langen Turnstunde auf die folgende und so kurzweilige Mathematikstunde gefreut hat. Und Singen ist für mich immer Qual gewesen, obwohl das bei einem gebürtigen Kärntner angeblich gar nicht so sein kann. Aber ein guter Teil meiner Mitschüler, die die Hürde Mathematik Jahr für Jahr nur mit größter Mühe geschafft haben, standen später für Jahrzehnte höchst erfolgreich in anspruchsvollen Berufsfeldern. Ich hatte das Glück, dass man in Fächern wie Turnen oder Musik nie wirklich schlecht benotet wurde, sodass die Zeugnistage für mich praktisch immer Freudentage gewesen sind. Dennoch, Begabungen sind sehr einseitig verteilt und unser Schulsystem spiegelt mit seinen Bewertungen nicht wirklich die Realität. Das sollten vor allem die Eltern bedenken, wenn sie mit schlechten Noten ihrer Kinder konfrontiert werden.

Oft wird unser Schulsystem schlecht geredet. Als Eltern haben wir in den Schulen unserer Kinder aber jede Menge engagierter Lehrerinnen und Lehrer kennengelernt, mit viel Verständnis für die Eigenheiten der jeweiligen jungen Menschen und mit Empathie, einer Grundbedingung für gutes Unterrichten. Und in meinen Jahrzehnten als Hochschullehrer konnte ich Hunderte junge Menschen auf den Lehrberuf vorbereiten. Ich habe nicht in jeder Lehramtsstudentin oder in jedem Absolventen meines Fachs die Wunschlehrperson für meine Kinder sehen können, aber sehr oft ist es mir doch gelungen, meine eigene Leidenschaft für das Unterrichten weiterzugeben. Und immer wieder treffe ich ehemalige Studierende, die erfolgreich und mit anhaltender Begeisterung irgendwo im Land in ihren Klassen stehen. Dabei ist der Lehrberuf anstrengend, emotional fordernd und nicht nur, wie böse Zungen behaupten, durch viel Freizeit gekennzeichnet. Vier Jahrzehnte durchzuhalten und ohne Zynismus, sondern mit Freude zu unterrichten und zu prüfen, das ist schon eine große Leistung. Daher haben sich nicht nur die Schülerinnen und Schüler, sondern auch die Lehrerinnen und Lehrer die langen Sommerferien wirklich verdient.

Graz leert sich in diesen Tagen. Denn nicht nur die Schulen, sondern auch die Universitäten und Hochschulen machen Pause. Das sind jetzt jene Wochen, an denen an den Universitäten meist intensiver an den anderen Aufgaben gearbeitet werden kann, am Forschen und am Publizieren. Da wird der Druck immer größer, und wer keine Bücher geschrieben oder in internationalen Organen publiziert hat, wer nicht zu Konferenzen eingeladen wird, um dort Vorträge zu halten, der hat schlechte Karten für die umkämpften akademischen Karrieren. Daher sind die vorlesungsfreien Wochen eine willkommene Gelegenheit, um an Projekten weiter zu arbeiten und so die geforderte Forschungsleistung zu erbringen. Es ist daher im Sommer gar nicht so ruhig hinter den alten und ehrwürdigen Mauern unserer Hohen Schulen.

Dennoch, wenn die Studierenden großteils aus Graz weg sind und wenn die Schülerinnen und Schüler in die Ferien fahren, dann wird die Stadt ruhiger und älter. Dann sind es die Touristinnen und Touristen, die das Bild der Innenstadt prägen, und der morgendliche Verkehr wird deutlich entspannter. Ich bin dann gern in Graz, denn es ist ein Privileg meines Alters, dass meine Urlaube nicht mehr in die Hauptreisezeit fallen müssen. Wir kommen daher schon vom Urlaub zurück, wir sind der Hitze hier ins kühle Wales entflohen und haben dort mit Staunen von den Temperaturen hier bei uns gelesen. Das Meer hatte gerade 16 Grad Wassertemperatur, und auch beim Spazieren war trotz des sonnigen Wetters meist eine Jacke ein notwendiges Kleidungsstück.

Jetzt aber heißt es einmal durchatmen für alle steirischen Schülerinnen und Schüler, für alle Lehrerinnen und Lehrer und für die Studierenden. Hat es im Schuljahr nicht so richtig geklappt, so wird wohl ein Teil der Ferien dafür herhalten müssen, um Defizite zu beheben, um es im nächsten Jahr besser machen zu können. Aber etwas Entspannung haben sich wohl alle verdient, auch jene, die Leistungen nachzuholen haben.

Ich wünsche also allen, die jetzt die Ferien vor sich haben, dass sie mit schönen Erlebnissen, mit spannenden Eindrücken und vielleicht mit neuen Freundschaften aus diesen Ferien zurückkommen. Selbst wenn man einen Ferialjob hat, kann das spannend sein. Meine Frau und ich und auch die Kinder hatten oft solche, mein Sohn war sogar mehrere Sommer bei der Müllabfuhr, eine Erfahrung, die ihn wirklich bereichert und geprägt hat.

In diesem Sinn also allen einen schönen Sommer, erholsam und lehrreich, einen Sommer, an den man sich später gern zurückerinnern wird.

Sendung vom 1. September 2019

Neustart für die Kinder

Mit dem Septemberbeginn kündigt sich das Ende des Sommers an. Die Tage sind schon merklich kürzer, und in drei Wochen beginnen die Nächte bereits die Tage an Dauer zu übertreffen. Der Herbst, das ist gemeinhin die Jahreszeit des Abschieds. Da hofft man, mit Rainer Maria Rilke, noch auf „ein paar südlichere Tage" für die Ernte, aber, „wer jetzt kein Haus hat, baut sich keines mehr".

Für mich, der ich 45 Jahre als Hochschullehrer verbringen durfte, ist der September aber auch die Zeit des Neustarts. Tausende junge Menschen steigen erstmals oder wieder in ein Schul- oder Studienjahr ein. Da eröffnen sich neue Welten, vieles scheint möglich, die Neugier ist noch frisch und die eventuellen Enttäuschungen noch fern. Die guten Vorsätze überwiegen.

Ganz besonders gilt dies für die ganz Kleinen, die noch das ganze Leben vor sich haben. Wir wissen heute genau, dass sich die Chancen im späteren Leben in den ersten Jahren des Lernens entscheiden. Daher ist es unverständlich, wie gering das Augenmerk war, das nicht nur bei uns auf die vorschulischen Jahre gerichtet war. Kindegärten galten lange Zeit als Aufbewahrungsanstalten, wenn die Eltern nicht die Möglichkeiten hatten, sich um die Kleinsten zu kümmern. Diese problematische Einstellung den Kleinkindern gegenüber hat unlängst Heidemarie Lex-Nalis gemeinsam mit Katharina Rösler in einem bemerkenswerten Buch mit dem Titel „Geschichte der Elementarpädagogik in Österreich" kritisch und umfassend aufgearbeitet. Heidemarie Lex-Nalis, unlängst und viel zu früh verstorben, hat ihr ganzes berufliches Leben der Aufwertung des Berufstandes der Kindergartenpädagoginnen und -pädagogen gewidmet. Und es ist ihr erstaunliches gelungen. Heute sind das bestens ausgebildete Fachkräfte.

Unser junger Nachbar, Vater von zwei lebhaften Buben, hat in diesem Jahr sein Studium als Elementarpädagoge abgeschlossen. Mit Engagement und Begeisterung begibt er sich täglich zu seiner Arbeit in den Kindergarten, und ich bin mir sicher, dass in seinem Umfeld kein Kind zurückbleibt, dass Startnachteile ausgeglichen werden und dass die von ihm betreuten und geführten Kinder mit Freude und mit guten Chancen in den schulischen Alltag wechseln werden. Sicher werden damit auch für jene Kinder Türen in eine Zukunft geöffnet, die ihnen noch vor wenigen Jahren nicht offen gestanden wären.

Erinnern Sie sich selbst noch an Ihre Kindergartenjahre? Ich selbst war im Werkskindergarten in Frantschach-St. Gertraud, und meine eher blassen Erinnerungen daran sind eher negativ. Ich wollte nicht auf die Schaukel, denn mein Gleichgewichtssinn war mein Leben lang nicht sehr ausgeprägt. Und im Fasching musste ich als Bajazzo gehen, weil meine Mutter ein solches Kostüm zur Verfügung hatte. Unter all den Cowboys, Indianern und Prinzessinnen fühlte ich mich gänzlich verloren, ein Gruppenfoto zeigt mich mit traurigem Gesicht und mit Tränen in den Augen. Sicher, die Tanten haben sich bemüht, sie brachten uns Kindern Empathie entgegen, aber ihnen fehlte einfach die Ausbildung, um wirklich erkennen zu können, was das einzelne Kind zur Förderung seiner Anlagen benötigt. Für mich war der Start ins schulische Leben auch eine Erlösung vom Kindergarten. Endlich waren Eigenschaften gefragt, die ich besser mitbrachte als die Geschicklichkeit beim Spielen in der Gruppe.

Meine eigenen Kinder sind gern in den wunderschönen Kindergarten Waldhaus am Grazer Stadtrand gegangen. Ihre sogenannten „Tanten" waren schon recht gut ausgebildete Pädagoginnen, denen es gelang, einiges von dem vorwegzunehmen, was heute wohl zum Standard in der Ausbildung gehört. Viele Jahre lang waren unsere Kinder, meine Frau und ich dem Team in Freundschaft verbunden. Die zwei Mädchen der von uns betreuten syrischen Familie machen derzeit ebenfalls gute Erfahrungen. Die Größere startet in ihr letztes

Kindergartenjahr, und ihr Deutsch verdankt sie der umsichtigen Förderung in ihrer Gruppe. Sie freut sich daher jetzt schon sehr auf den Schuleintritt im nächsten Jahr. Und die kleine Schwester scharrt in den Startlöchern. Sie kann ihren dritten Geburtstag, der ihr Eintrittstag in den Kindergarten sein wird, kaum erwarten. Der Kindergarten schafft also die beste Voraussetzung für eine Integration dieser Generation in unsere Gesellschaft.

Blättert man im genannten Buch, so kann man sehen, wie viel sich in den letzten Jahrzehnten in der vorschulischen Erziehung zum Besseren gewandelt hat. Die Gesellschaft hat erkannt, dass gerade in diesem Bereich die allerbesten Pädagoginnen und Pädagogen eingesetzt werden müssen, denn hier entscheidet sich vieles. Empathie ist natürlich weiterhin die Grundvoraussetzung. Man muss die kleinen Kinder mögen, wenn man erfolgreich mit ihnen arbeiten will. Wer diese menschliche Wärme nicht mitbringt, der ist wohl fehl am Platz. Es ist aber umgekehrt auch wichtig, dass wir alle die Arbeit dieser Menschen anerkennen, dass wir sie als vollwertige Fachkräfte sehen, denen die bestmögliche Ausbildung zugestanden werden muss. Wenn Bildung nicht, wie bisher meist, vererbt wird, wenn alle Kinder vergleichbare Chancen erhalten, dann ist das ein Beitrag dazu, das Auseinanderdriften der Gesellschaft zumindest zu verlangsamen. Daher gilt mein besonderer Dank jetzt, wenn die Arbeit wieder beginnt, jenen Menschen, die sich um unsere Jüngsten im Bildungssystem kümmern.

Sendung vom 13. September 2020

Der lange Weg von der Dorfschule an die Universität

Morgen sind es genau 66 Jahre, seit ich als kleiner Bub in St. Gertraud im Lavanttal stolz mit einer Schultasche zum ersten Mal ein Klassenzimmer betreten durfte. Schule, das war für mich aber kein fremdes Terrain. Mein Vater war Lehrer, wir wohnten im Dachgeschoss des Schulhauses und kannten das Haus und auch die Klassen. Ich genoss also eine Art Heimvorteil, konnte schon leidlich lesen und auch das Schreiben und Rechnen war mir in den Anfangsgrundlagen schon vertraut. Die Schule weckte also bei mir keine Ängste, ich konnte es vielmehr kaum erwarten, endlich Volksschüler zu sein.

In der kommenden Woche ist das allerdings für tausende junge Mädchen und Buben doch ganz anders. Der erste Schultag ist ein Tag, der trotz der neuen Schultasche und der Schultüte vor allem durch Unsicherheit und Anspannung gekennzeichnet ist. Die jungen Menschen starten in einen neuen Lebensabschnitt, den die Eltern sehr oft mit „dem Ernst des Lebens" bezeichnen. Die Geborgenheit und das Spielen, das die Kinder aus dem Kindergarten gewohnt waren, weichen nun einem System, in dem die Leistungen beurteilt werden. Und von diesen Beurteilungen hängen die Chancen ab, die diese Kinder in ihrem weiteren Leben haben werden.

Das größere Mädchen jener aus dem syrischen Bürgerkrieg geflohenen Familie, die wir seit fünf Jahren unter unseren Fittichen haben, ist eines der Kinder, die morgen über die Schwelle des Schultores schreiten werden. Die kleine Sima war sehr stolz, als sie vor einigen Monaten zum Geburtstag von meiner Frau eine prächtige Schultasche erhalten hatte. Damals überwog die Vorfreude, nun aber zeigt sich die Unsicherheit. Das kleine Mädchen hat ja durch die Corona-Pandemie viele Wochen verloren, die dazu gedient hätten, ihre Kenntnisse der deutschen Sprache noch zu vertiefen und abzusichern. Sie kann sich in drei Sprachen, Arabisch, Englisch und Deutsch, ausdrücken, macht aber natürlich Fehler und kann nicht sicher sein, dass sie alles verstehen wird, was in der Klasse nun auf sie zukommt. Das erzeugt kein Gefühl der Leichtigkeit und der Vorfreude.

Corona-bedingt werden es heuer nicht nur die Erstklässler, sondern auch viele andere Schülerinnen und Schüler nicht leicht haben. Wer von zu Hause nicht wirklich gut unterstützt werden konnte, wird Nachholbedarf haben, und es ist nur zu hoffen, dass die Lehrerinnen und Lehrer mit Verständnis und mit Rücksicht daran arbeiten werden, diese Nachteile auszugleichen und damit den benachteiligten jungen Menschen nicht schon im Schulalter Möglichkeiten zu verbauen. Nur so kann es gelingen, die Bildungsschere nicht weiter aufgehen zu lassen.

Schule, das war für mich in meiner Erinnerung ein Ort überwiegend positiver Erfahrungen. Ich erhielt jene Rückmeldungen meiner Lehrerinnen und Lehrer, die mich sicher machten und die es ermöglichten, dass ich wohl fast immer in freudiger Erwartung auf neue Herausforderungen blicken konnte. Nur beim Singen und beim Turnen gab es die Angstmomente, das Gefühl, die von mir erwartete Leistung nicht bringen zu können. So gehörte ich zu der seltenen Gattung Schüler, die das Ende der Turnstunde herbeisehnten um endlich wieder rechnen zu dürfen. Rechtschreiben, ein Steckenpferd meines Vaters, den ich zwei Jahre lang auch als Klassenlehrer in der Volksschule hatte, war mir so vertraut wie manchen meiner Mitschüler das richtige Singen. Für den weiteren Bildungsweg war Rechnen und Schreiben schließlich deutlich wichtiger als Turnen und Singen.

Dennoch, zum Wohlfühlen in der Schule gehören auch meine Angstfächer. Ich hoffe sehr, dass unser kleiner Schützling, der ja im ersten Lebensjahr traumatische Erfahrungen machen musste, in der Schule ausreichend positive Erfahrungen machen wird. Begabt genug ist die kleine Sima sicher, und es ist ihr zu wünschen, dass sie rasch viele Freundinnen und Freunde finden wird, die ihr die Anfangszeit erleichtern. Ich weiß aber auch, wie grausam Kinder sein können, wenn es darum geht, jemanden auszugrenzen und sich selbst durch die Erniedrigung anderer zu bestätigen.

Unsere Lehrerinnen und Lehrer sind aber gut ausgebildet und wohl auch gut vorbereitet darauf, dass es am Anfang darauf ankommt, alle zu integrieren und eine funktionierende Klassengemeinschaft heranzubilden. Daher bin ich mir eigentlich sicher, dass die Schule einen guten Beitrag dazu leisten wird, auch Kinder mit Migrationshintergrund rasch an ein solidarisches Miteinander, an ein gemeinsames Lernen und ein gemeinsames Überwinden von Hürden heranzuführen. Die ersten Wochen und Monate werden entscheidend sein, ob es gelingt, die Schule als integrationsfördernden Ort zu erleben.

Ich wünsche allen jungen Menschen in unserem Land, die nunmehr an der Schwelle in einen neuen Lebensabschnitt stehen, dass dieser Schritt ein guter sein möge. Aber auch allen anderen, die aus diesen Sommerferien, die wohl anders waren als alle bisherigen, dass sie mit Freude und Optimismus in die Schule zurückkommen. Also, an alle Schulkinder, ich wünsche allen in der kommenden Woche einen guten Start!

Sendung vom 27. Juni 2021

Die Universität in der Pandemie

In diesen Tagen geht wieder einmal für die jungen Menschen in unserem Land ein Schul- oder Studienjahr zu Ende. Es war kein Jahr wie jedes andere. Die massiven Einschränkungen und Änderungen, die der Pandemie geschuldet waren, haben besondere Rahmenbedingungen geschaffen, die alle Beteiligten vor große Herausforderungen gestellt haben. Die jungen Menschen mussten auf viel verzichten: auf soziale Interaktionen, auf die Erfahrung von gemeinsamen Anstrengungen, auf neue Freundschaften und auf ein größer werden im Kennenlernen und Ausprobieren von Freiheiten. Dagegen stand auf der Habenseite das Gewinnen von zusätzlicher Medienkompetenz, von erhöhter Selbstorganisation und von Eigenverantwortung.

Aus meiner Sicht ist aber der Gesamtsaldo negativ. Sicher, auf eine künftige Arbeitswelt sind diese jungen Menschen vielleicht besser vorbereitet als die Generationen vor ihnen. Aber auf ein Miteinander, auf ein Agieren in Gemeinschaften, auf die zwischenmenschlichen Kontakte hat dieses Schul- oder Studienjahr sie wohl nur mangelhaft eingestimmt. Wenn man etwa zu studieren begonnen hat und im ganzen Studienjahr die Universität nie von innen gesehen hat, dann fehlen wesentliche Erfahrungen, die nur schwer zu kompensieren sein werden.

Als ich vor nunmehr 55 Jahren als Anfänger die Universität Wien betreten habe, hatte ich bange Gefühle. Aber in der Schlange vor dem Inskriptionsschalter stellte ich schnell fest, dass es den meisten so ging wie mir. Und aus den dortigen Gesprächen entwickelten sich Freundschaften, die die Studienzeit erleichterten, mit der gemeinsamen Auswahl der Lehrveranstaltungen, mit der gemeinsam entwickelten Sympathie oder aber Ablehnung einzelner Lehrender, mit gemeinsam definierten Schwerpunkten. Gemeinsam konnte man sich die Kultur der Stadt erschließen, kochen, Feste feiern und manchmal über die Stränge schlagen. Und auch das kompetitive Element, der Wettstreit um die jeweils bessere Leistung, kam nicht zu kurz. Manche dieser Erfahrungen konnten in diesem Schul- und Studienjahr wohl nicht gemacht werden.

Wenn man nur auf die Schüler und Schülerinnen oder aber die Studierenden blickt, übersieht man nur allzu leicht die andere Seite der Medaille. Auch für die Lehrenden haben die beiden vergangenen Jahre nicht nur die Notwendigkeit gebracht, sich jenen Kompetenzen anzueignen, die man für das distance learning braucht, sie haben auch den Beruf nachhaltig verändert. Ich selbst komme aus einer Lehrerfamilie, und alle meine Geschwister waren, wie ich, in Lehrberufen tätig. Der Reiz des Berufes war sicherlich, dass man bei jungen Menschen Begeisterung oder zumindest Neugier erwecken konnte, dass sich Interaktionen aufbauten und dass man zumindest subjektiv das Gefühl haben konnte, individuelle Lebenswege und Berufsentscheidungen mit beeinflusst zu haben.

Dieses miteinander Arbeiten ist, wenn alle Beteiligten vor dem Bildschirm sitzen, nicht wirklich zu erreichen. Klar, ich gehöre einer Alterskohorte an, die anders sozialisiert wurde, ich habe den vollen großen Hörsaal mit den hunderten Studierenden geliebt, der eine Bühne bot. Den Erfolg habe ich für mich daran gemessen, wenn am Ende des Semesters die Zahl der Teilnehmerinnen und Teilnehmer nicht abgenommen, sondern eher zugenommen hat. Aber auch die andere Form, das kleine Spezialseminar, wo etwa, wie an der Universität Yale, acht Studierende auf drei Professoren trafen und Woche für Woche ein ganzes Buch durchgearbeitet hatten, um es dann zu diskutieren, war eine wunderbare Erfahrung des Lehrens und Lernens. Besonders sind mir zwei Stunden im Gedächtnis, für die die Studierenden Stefan Zweigs „Welt von gestern" in der englischen Übersetzung gelesen hatten und wir mit Leidenschaft Einzelpassagen und

Gesamteindrücke diskutierten, weit über die vorgesehene Unterrichtseinheit hinaus.

Lehren, das war für mich Begegnung, Auseinandersetzung und Austausch, mit einem Gewinn auf beiden Seiten. Letzte Woche, bei meiner Vorlesung hier in Graz, vor meinem Rechner sitzend, im stickigen kleinen Büro, konnte diese Leidenschaft nicht auftreten. Das war Pflicht und nicht Kür, notwendig, aber nicht begeisternd. Es geht also für beide Seiten durch die erzwungene Situation viel verloren.

Es steht aber außer Frage, dass die Lernenden in diesen Jahren schlimmer betroffen waren als die Lehrenden. Klar, ein Lernstoff wurde vermittelt, aber hat er die Begeisterung geweckt, hat man das Feuer entzündet? Und haben Schule und Universität die Chance, nach diesem Einschnitt wieder mehr als Wissensvermittler, sondern Lebensraum zu werden? Zu wünschen wäre es, denn die Kommunikation mit der Hilfe von Maschinen ist nur ein schwacher Ersatz für ein gelebtes Miteinander.

6. Sprache, Jugend, Kultur

Sendung vom 7. Februar 2016

Neue Jugendkultur

Es war ein wenig Eigennutz dahinter, als ich meiner Frau zu Weihnachten die neue Edition der DVDs der Beatles geschenkt habe. Jedenfalls hat uns das schon mehr als einen entspannten und vergnüglichen Abend zu Hause beschert. Die Beatles, das ist Musik, die uns an unsere Jugend erinnert und die aber auch unsere Kinder nicht ungern hören.

Am 7. Februar 1964, also vor genau 52 Jahren, sind die Beatles erstmals in New York gelandet, um in einem Baseballstadion ein Konzert zu geben. Tausende Jugendliche, vor allem junge Mädchen, empfingen die Band am Flughafen. Sie mussten von hunderten Polizisten in Zaum gehalten werden, um sich nicht auf ihre Idole aus Liverpool zu stürzen. Die DVDs zeigen davon berührende Szenen mit völlig aufgelösten Fans.

Neben nostalgischen Gefühlen und dem Erstaunen darüber, dass dieses Ereignis mehr als ein halbes Jahrhundert zurückliegt, kann man heute erkennen, dass dies ein Wendepunkt war. Die Jugendkultur hatte eine neue Stufe der Globalisierung erreicht.

Nach dem Zweiten Weltkrieg schien für einige Zeit die Vormachtstellung der USA in alltagskulturellen Fragen unaufhaltsam. Man sprach von der „Coca-Kolonisierung" der Welt und meinte damit, dass amerikanische Lebensart die Welt erobere. Das ging von Coca Cola über Fast Food bis hin zu Kleidung, zu Filmen und zur Musik. Ob Doris Day für die Braven oder Marilyn Monroe für die Waghalsigeren, ob Rock Hudson oder James Dean, Hollywood prägte weltweit die Stile. Und in der Musik schienen Frank Sinatra oder Elvis Presley omnipräsent. Der „King" des Rock'n'Roll fand zwar europäische, ja deutschsprachige Nachahmer, aber Peter Kraus war doch nur ein schmaler Schatten der Ikone aus Memphis. Die ganze junge Welt blickte fasziniert auf das, was sich in den USA tat.

Es waren jene Jahre, in denen sich erstmals eine eigenständige Jugendkultur herausgebildet hatte: Jugendliche waren plötzlich Konsumenten, sie kauften die Schallplatten und sie gingen ins Kino. Populärkultur war massenhaft verfügbar und sie war auch für Junge leistbar geworden.

Bis 1964 schien das eine Einbahnstraße zu sein von Amerika aus nach Europa, oder, in der anderen Richtung, von den USA nach Ostasien. New York war der Nabel der Welt: „If you can make it there you make it anywere" sang Frank Sinatra, und wie für unzählige andere war das auch für mich vor einem halben Jahrhundert eigentlich unerschütterlicher Glaube. In New York, in den USA, da muss man es schaffen, wenn man ganz oben sein will.

Und nun kamen an diesem kalten 7. Februar 1964 vier junge Burschen mit eigenartigen Frisuren, den „Pilzköpfen" aus Liverpool, der damals sterbenden englischen Industriestadt, in New York an und drehten damit den Kulturtransfer um. Songs wie „Yesterday" wurden populärer als all das, was in den USA produziert wurde. Europa hatte zurückgeschlagen, die Beatles standen als Symbole für ihre Generation. Sie hatten New York erobert.

Vor einem guten Jahr, am 9. Oktober 2014, gingen meine Frau und ich durch den Central Park in New York. Am Strawberry Field vor dem Dakota Building gab es einen großen Auflauf von Menschen aller Altersgruppen. Wir fragten nach der Ursache: Es war John Lennons 74. Geburtstag. Alt und Jung sangen an diesem Tag gemeinsam die alten Hits, und viele der Menschen hatten Tränen in den Augen. Auch wir fühlten uns als Teil einer großen Erinnerungsgemeinde.

Ja, die Beatles standen und stehen für die wohl endgültige Globalisierung der Jugendkultur. Und sie waren der erste schlagende Beweis, dass nicht alles aus den USA kommen musste, dass es auch andere Ecken der Welt gab und gibt, die die Trends vorgeben und kulturelle Wahrnehmungen umdefinieren können.

Ein Beispiel, das deutlich näher an der Gegenwart liegt als der Auftritt der Beatles in New York bietet uns die Koreanische Popkultur, in der Jugendsprache kurz „K-Pop" genannt. Als ein koreanischer Rapper mit dem Künstlernamen PSY 2013 nicht weniger als 4 Millionen Tonträger seines Songs „Gangnam Stile" in den USA verkaufte, sprach man vom Jahr des K-Pops in aller Welt.

Dabei ist Korea ein Land, das sich durch das ganze 20. Jahrhundert als Opfer bezeichnen konnte. Erst die brutale Fremdherrschaft durch Japan, die in der koreanischen Bevölkerung Menschen zweiter Klasse sah, dann der grausame Koreakrieg, als dessen Konsequenz die Halbinsel bis heute politisch gespalten ist. Dann aber kam der ökonomische Aufschwung, und sogar in Japan wird heute Korea positiv wahrgenommen, was nicht zuletzt der Populärkultur zu verdanken ist. Vor allem die japanische Jugend hat heute ein positives Koreabild im Kopf.

Klar, die USA blieben auch nach den Beatles kulturell tonangebend. Von Woodstock 1969 bis zur Gegenwart entschied und entscheidet sich dort, was sich durchsetzt. Aber in einer globalen Welt kann es auch Liverpool oder Seoul sein, von wo die Impulse ausgehen. Und das ist gut so.

So sitzen wir zu Hause vor der DVD der Beatles und erfreuen uns einerseits an unseren Jugenderinnerungen, anderseits aber auch daran, dass es damals das gute alte Europa den Amerikanern so richtig gezeigt hat. Und dass heute selbst Korea Trends setzen kann, und zwar nicht nur in der Technologie, erfreut uns durchaus auch.

Sendung vom 21. Februar 2016

Tag der Muttersprache

Seit 16 Jahren wird der 21. Februar als "Tag der Muttersprache" begangen. Die UNESCO hat diesen Gedenktag ausgerufen, um daran zu erinnern, dass es zahlreiche Sprachen gibt, die heute nur noch von wenigen Menschen gesprochen werden und die daher vergessen werden und verschwinden.

Man spricht von gefährdeten Tierarten, man hat rote Listen für die vom Aussterben bedrohten Pflanzen. Aber es gibt auch bedrohte Sprachen, die von der Landkarte verschwinden und, da es oft keine Verschriftlichung gegeben hat, auch gänzlich aus der Erinnerung der Menschheit gelöscht werden. Das gilt für Sprachen von indigenen Gruppen in Lateinamerika, Afrika oder Asien, aber auch für viele unserer ausgeprägten Dialekt- oder Sonderformen, die einer Nivellierung, die vor allem über Rundfunk und Fernsehen in unsere Ohren eindringt, unterliegen.

Heute verstehen ein Oststeirer und eine Vorarlbergerin einander. Vor gut 3 Jahrzehnten war meine Frau, gebürtige Vorarlbergerin, noch davon überzeugt, dass bei unserem Hausbau nur Ausländer beschäftigt waren, da deren Dialekt für sie vollständig jeden vertrauten Anklang an ihr Verständnis eines gesprochenen Deutsch vermissen ließ. Heute sitze ich hingegen nicht mehr wie ein Fremder am Mittagstisch bei den Vorarlberger Verwandten. Kaum jemand spricht heute im Alltag noch einen Dialekt in der traditionellen Form.

Die Globalisierung und Vereinheitlichung setzt sich auf allen Ebenen durch. Wer heute einen Computer oder auch nur ein modernes Handy bedienen und verstehen will, braucht zumindest rudimentäre Englischkenntnisse. Auch in der Populärkultur hat sich Englisch als Sprache der gesungenen Texte weitgehend durchgesetzt. Das erleichtert die weltweite Verbreitung und Kommunikation.

Selbst wir in der Wissenschaft, wo es doch auf die Präzision der Formulierung ankommt, verwenden mehr und mehr Englisch als Metasprache zur internationalen Verständigung. Wer nicht auf Englisch publiziert, der bleibt zurück. Und wenn ich Universitäten evaluiere, egal ob in Schweden oder in Armenien, wird ganz selbstverständlich Englisch gesprochen. Englisch sprechen die Menschen an den Universitäten des Kosovo, der Ukraine oder sogar Syrien, als dort die Universitäten noch arbeiten konnten.

Natürlich ist das sehr oft ein nur pragmatisches, an einem Spezialvokabular antrainiertes Englisch, nicht die Sprache Shakespeares oder Oscar Wildes. Um dieses zu verstehen, dazu bedarf es mehr, ein tieferes Einlassen und ein gediegenes Erwerben der anderen Sprache. Und das dauert Jahre.

Es kann nicht Ziel der Sprachentwicklung sein, alles im Englischen aufgehen zu lassen. So sehr ich selbst die globalisierte Kommunikationsform nutze, so sehr sehe ich auch die Schönheit und das Bewahrenswerte in meiner Muttersprache und in anderen, selbst kleinen Sprachen. Und es sollte Ziel sein, zumindest die eine oder andere Sprache neben der Muttersprache und neben Englisch zu erlernen.

Sicher, die Muttersprache ist meist jene, in der sich auch die Tiefe, die Differenziertheit und die Zwischentöne für das eigene Ohr entfalten können. Aber es gibt ja die Zweisprachigkeit im Aufwachsen, die es wahrscheinlich doch möglich macht, zwei Sprachsysteme vollständig zu erfassen. Maja Haderlap schreibt Lyrik in zwei Sprachen, Slowenisch und Deutsch. Die Kinder meiner Nichte, welche mit deutscher Muttersprache auf Slowenisch in einer slowenischen Schule Englisch und Italienisch unterrichtet, haben einen irischen Vater. Zu Hause mischt sich alles, vom Lavanttalerischen bis zum Irischen, und die Kinder reden mit unterschiedlichen Erwachsenen in der jeweils „richtigen" Sprache, also jener, die der Gesprächspartner am besten versteht.

Sprachen verstehen ist heute eine Schlüsselkompetenz. Mit zusätzlichen Sprachen erschließen sich neue Sichtweisen, neue Weltinterpretationen, neue Erfahrungen. Es war daher in unserer Familie immer wichtig, den Kindern die Schönheiten und die Facetten der eigenen Sprache näherzubringen, viel vorzulesen und zum eigenen Lesen anzuhalten. Aber gleichzeitig war, teils erzwungen durch das Leben in anderen Sprachumgebungen, der Erwerb anderer Sprachen, und zwar der gründliche Erwerb, wesentlich. Das hat die Kinder weltoffen und sicher gemacht.

Für jene Menschen, die derzeit bei uns den Versuch unternehmen, nach Flucht oder Vertreibung ein neues Leben aufzubauen und Österreich als Lebensmittelpunkt zu sehen, ist daher der Erwerb der deutschen Sprache als Kommunikationsinstrument vordringlich. Daneben braucht sie auch Englisch als die Metasprache und Arabisch als ihre Muttersprache. Wenn in der von uns mitbetreuten Familie die kleine Sima mich mal arabisch „Ano!, dann wieder deutsch „Opa" nennt, wenn mir ihre Eltern und ihr Onkel stolz die positiven Resultate des ersten Deutschkurses zeigen, dann sieht man, dass die richtige Richtung eingeschlagen ist. Dann wird das eigene bewahrt, also die arabische Sprache. Und zweitens wird mit Fleiß die Kommunikationsfähigkeit erworben, die deutsche Sprache. Und drittens macht Englisch diese Menschen handlungsfähig in einer globalisierten Welt. Kulturelle Tradition, Kommunikation im Alltag und globalisierte Kontexte, das sollte am Tag der Muttersprache im Auge behalten werden. Die übergeordneten Kommunikationsformen sollten die ursprünglich erworbenen Ausdrucksformen nicht verdrängen.

Sendung vom 26. März 2017

Wozu brauchen wir Museen?

Vor 10 Tagen fand im Universalmuseum Joanneum eine spannende Podiumsdiskussion statt. Sie trug den Titel „Wozu brauchen wir Museen?". Natürlich waren sich die Personen am Podium einig. Wir brauchen Museen als Orte des gesellschaftlichen und kulturellen Gedächtnisses. Museen sind Orte, an denen gesammelt, geordnet, geforscht, präsentiert und vermittelt wird. Museen sind Schauplätze des Aushandelns von Sichtweisen, sie sind dynamische Orte der Erinnerung, aber auch der Veränderung, angepasst an den jeweils erreichten Wissensstand der wissenschaftlichen Forschung.

Das gilt natürlich nicht für alle Museen auf der Welt. Allzu viele dienen dazu, bestimmte politische Positionen zu festigen, das eigene Verständnis von Geschichte durchzusetzen und Feindbilder zu festigen. Die Liste solcher Museen ist lang. Das gilt etwa für das an den Yasukuni-Schrein angeschlossene Museum in Tokyo, wo bis heute auch die Kriegsverbrecher Japans wie Heilige, ja wie Götter verehrt werden, und wo der ritualisierte Besuch des jeweiligen japanischen Premiers immer heftige Proteste in China und Korea auslöst. Das gilt auch für das Museum des Koreakriegs, mit dem Nordkorea seine einseitige Sichtweise des Koreakriegs darstellt. Neben dem Museum, das die Geschenke an Kim il Sung, den sogenannten „Großen Führer", die er aus aller Welt erhalten hat, aufbewahrt, zählt das Kriegsmuseum zu den Absonderheiten, die ich vor einiger Zeit in Nordkorea besichtigen konnte. Aber auch das Nationalmuseum in Skopje, Makedonien, ein insgesamt eigentlich gut gemachtes Museum, blendet die Existenz einer albanischen Bevölkerung im Land aus, die fast ein Drittel der Einwohner ausmacht und vertieft so durch die einseitige Darstellung die Spannungen im Land.

Diese Liste ließe sich beliebig fortsetzen. Jeder von uns kennt Museen, die man mit Betroffenheit verlässt, weil sie so einseitig sind und mehr zur Spaltung von Gesellschaften, als zu einem offenen Aushandeln von Standpunkten beitragen. Und viele warten, wie auch ich, mit Spannung darauf, wie das „Haus der Geschichte" in Wien, das als zentraler Erinnerungsort der Republik Österreich angedacht ist, dieses Aushandeln bewerkstelligen wird.

Was man kritisch zu Museen anmerken kann, gilt noch viel stärker für Denkmäler, die überall in der Welt vor allem die Städte zieren. In Skopje stehen etwa überlebensgroß Statuen von Alexander dem Großen, sehr zum Missfallen der benachbarten Griechen. Aber auch bei uns entzünden sich um das eine oder andere Denkmal immer wieder Diskussionen. Ob man einem Antidemokraten wie Kaiser Franz dem Zweiten oder Ersten, wie er nach den Niederlagen gegen Napoleon genannt werden muss, der mit dem System Metternich jede demokratische Regung im Lande unterdrücken ließ, massive Statuen in Graz und Wien errichten musste, ist zumindest aus heutiger Sicht zweifelhaft. Ob man an den Wiener Bürgermeister und Antisemiten Lueger, an den sogenannten Turnvater Jahn, an Erzherzog Carl und manchem anderen unverändert in unseren Städten mit großen Statuen gedenken sollte, ist zumindest kritisch und laut zu hinterfragen.

Wir alle erinnern uns an den Sturz des Denkmals für Sadam Hussein in Bagdad, aber auch an das Stürzen der vielen Lenin- und Stalin-Statuen in Osteuropa. Bei Budapest gibt es einen kuriosen Park, in dem gestürzte Denkmäler ausgestellt sind. Und in Ljubljana lagern entsorgte Köpfe und Körper in einer Sammlung für einen skurrilen Gedächtnisort.

Auf dem Gelände der Karl Franzens Universität Graz steht seit dem Juni des Vorjahres das „Denkmal des gestürzten Denkmals", eine mehrere Tonnen schwere Skulptur der russischen Künstlerin Anna Jermolaeva. Sie zeigt einen Sockel, auf dem nur ein leeres Paar Stiefel stehen und so an alle jene erinnert, die einmal auf einem Sockel gestanden sind und später aber gestürzt wurden, und zwar in den unterschiedlichsten politischen Systemen.

Die Erinnerung ist ein Kampfschauplatz. Wer dort dominiert, prägt auch die Gegenwart und stellt die Weichen in die Zukunft. Museen können, wenn sie gut sind, darauf reagieren. Sie sind, im Gegensatz zu den Denkmälern, nicht in Stein gemeißelt. Sie sind im positiven Fall diskussionsoffen, sie beziehen aktuelle Fragestellungen, Hinterfragungen und Diskussionen mit ein und sie stellen sich somit den kritischen Fragen der Gegenwart.

Gerade unsere Museen hier in Graz und in der Steiermark sind Orte des kritischen Ausverhandelns. Das Stadtmuseum Graz und vor allem das Universalmuseum Joanneum mit allen seinen Standorten von Trautenfels bis Stainz haben lange Traditionen und sind Orte des Bewahrens. Sie sind aber auch Orte des kritischen Hinterfragens und des offenen Dialogs.

Über 600.000 Menschen haben im letzten Jahr allein das Universalmuseum besucht. Die meisten werden bereichert nach Hause gegangen sein, reicher an schönen Eindrücken, aber auch reicher an Erkenntnissen und Erfahrungen.

Ich selbst liebe Museen. Meine Urlaubsreisen richten sich in erster Linie nach den an der Destination zu sehenden musealen und kulturellen Einrichtungen. Aber auch hier bei uns lohnt sich der Besuch von Museen wohl für uns alle. Und ich würde mich freuen, viele von Ihnen wieder einmal in einer unserer wunderbaren Sammlungen sehen zu können.

Sendung vom 21. Mai 2023

System-Hacker

Es ist jetzt gerade eine Woche her, dass ich mit meiner Frau und meiner Tochter mit dem Zug von Vorarlberg nach Wien gefahren bin. Es war ziemlich voll, aber der Ruhewaggon bot die Möglichkeit, die gut 6 Stunden angenehm mit guten Büchern und leisen Gesprächen zu verbringen. Kurz nach St. Pölten wurde es aber plötzlich laut. Über die Lautsprecher kamen verwirrende Geräusche und Meldungen. Es wurde mitgeteilt, dass wir im Zug von Prag nach Berlin sitzen und bald in Usti nad Labem, also Aussig an der Elbe, eintreffen würden. Dann folgten Mitschnitte der Versprecher von Chris Lohner bei ihren Aufnahmen für die Ansagen der ÖBB. Ich hielt das anfänglich für ein Kunstprojekt, als aber dann auch die Anzeigen am Monitor falsche Daten wiedergaben, ein Feueralarm ausgerufen wurde und dann sogar eine Hitlerrede mit „Heil!"-Rufen zu hören war, was zumindest verstörend war, war klar, dass sich hier jemand ins System gehackt hatte. Es gab keine Erklärung, und als wir in Meidling ausstiegen, rätselten wir über diese höchst seltsame Erfahrung. Der Zwischenfall, vor allem die Tatsache, dass eine Hitler-Rede zu hören war, hat es in den Folgetagen in die internationalen Medien, von BBC zu CNN, geschafft.

Wir sind routinierte Reisende und befanden uns auf einer vertrauten Strecke, die wir auch ohne Ansagen in ihrem Ablauf überblickten. Was aber wäre gewesen, wenn wir etwa in Spanien plötzlich und unerwartet mit Fehlmeldungen oder gar verbotenen politischen Botschaften überrascht worden wären? Unsicher zu werden, das wäre wohl die wahrscheinlichste und noch eher harmlose Reaktion gewesen.

Insgesamt war das Ereignis eher harmlos. Es hat uns aber deutlich vor Augen geführt, dass es anscheinend nicht übermäßig kompliziert ist, in ein System einzudringen und dort sogenannte „Fake News", also unrichtige Angaben, zu verbreiten. Wenn das etwa vor Wahlen bei Medien der Fall wäre, oder wenn Sie jetzt hier statt mir in Radio Steiermark plötzlich Meldungen einer russischen Propagandamaschine hören würden, dann wäre das schon sehr bedrohlich, ja beängstigend.

Ich bin mit dem Glauben aufgewachsen, dass die Nachrichten und Mitteilungen, die gedruckt oder über den Äther zu mir kommen, echte Botschaften sind. Wenn meine Großmutter den Satz sagte: „Aber das habe ich im Radio gehört", oder aber auch „Das ist in der Zeitung gestanden", dann waren was Worte, ex catedra gesprochen, also unumstößliche Wahrheiten, die jedes Argument dagegen unwirksam machten. Und bis heute käme es mir nicht in den Sinn, daran zu zweifeln, dass die Berichte und das Resultat, das mir Radio, Fernsehen oder die Zeitung vom heutigen Spiel von Sturm Graz in Salzburg übermitteln werden – und dem ich entgegenfiebere – korrekt sein werden. Und wenn im Fernsehen plötzlich ein Hacker mir ein Spiel aus der zweiten albanischen Liga statt des Sturmspiels sendet, wäre ich empört.

Mein Eingangsbeispiel hat aber gezeigt, wie anfällig Informationssysteme sind und wie sehr Eingriffe von Unbefugten auch politische Instrumente sein können. So waren die Berichte über den Auszählungsstand bei den Wahlen in der Türkei ein gutes Beispiel dafür, dass Berichterstattung ein Instrument der Beeinflussung sein kann. Selbst die USA haben bei der letzten Präsidentschaftswahl hier ein warnendes Beispiel abgegeben. Trolle mischen sich nur allzu leicht in den Informationsfluss ein.

Es ist also Vorsicht geboten. Nicht immer, ja vielleicht sogar eher selten, sind Fake News leicht zu erkennen. Und wenn sie dann als Wahrheit genommen werden, entstehen daraus nur allzu rasch Verschwörungstheorien oder verquere Weltbilder.

In meinem Beruf habe ich gelernt, genau zu sein, angebliche Fakten nicht nur einmal zu überprüfen. Es gab ja schon vor Jahrhunderten gefälschte Dokumente, die den Verlauf der Geschichte beeinflusst haben. Schon im 14. Jahrhundert war das „Privilegium Maius" eine Fälschung, mit der die Habsburger Sonderrechte erwarben. Und die „Emser Depesche" wurde 1870 zum Auslöser des deutsch-französischen Krieges. Die Angaben über die letztlich nicht vorhandenen Waffensysteme boten die Möglichkeit, den Irakkrieg zu beginnen. Die Liste solcher Fehlmeldungen ist beliebig verlängerbar.

Man kann also nur zur Vorsicht raten, zum Überprüfen und zum Nachdenken. Und grosso modo kann man der Wissenschaft vertrauen. Damit kann man einigermaßen durch die Informationsfluten steuern.

7. Persönliches

Sendung vom 10. Jänner 2016

Gute Vorsätze

10 Tage nach dem Jahreswechsel werden wohl bei vielen Menschen ein Teil der guten Vorsätze schon über Bord gegangen sein. Manche werden schon wieder zur Zigarette gegriffen haben, der man strikt abgeschworen hat, andere haben vielleicht den geplanten Morgensport schon wieder eingestellt. Das sind Zeichen von Willensschwäche, aber in 12 Monaten kann man es ja erneut versuchen.

Wichtig aber wäre es, zwei gute Vorsätze nicht aufzugeben. Der erste ist der Versuch, seiner Umwelt freundlich zu begegnen, den Mitmenschen mit einem Lächeln in die Augen zu blicken. Das macht für alle, nicht zuletzt für mich selbst, den Tag leichter. Und der zweite ist, auch in den schwierigen Zeiten den Optimismus nicht zu verlieren. Sicher, es gibt genügend Gründe, besorgt oder gar verzagt in die Zukunft zu blicken, aber ganz ohne Optimismus, ohne den Willen, die Dinge zum Guten zu wenden, ist der halbe Weg nach unten schon angetreten.

Unsere Eltern und Großeltern können ein Lied davon singen, wie man mit Optimismus und mit dem Glauben an eine gestaltbare Zukunft über Krisen hinwegkommen kann. Es ist heute gerade 70 Jahre her, dass die erste Generalversammlung der Vereinten Nationen tagte, nach einem Krieg, der 60 Millionen Menschenleben gefordert hatte und der mit dem Holocaust das schlimmste Verbrechen der Menschheit in das Geschichtsbuch eingetragen hatte. Und die UNO führte die Staatengemeinschaft zusammen und verpflichtete alle, 3 Jahre nach dem Ende des blutigen Ringens, auf die Erklärung der Menschenrechte.

Sicher, das hat die Welt nicht in allen Teilen friedlicher gemacht. Stellvertreterkriege wie etwa in Korea, blutige Unabhängigkeitskämpfe und Bürgerkriege in Afrika, Errichtung von Diktaturen in

Lateinamerika kosteten Millionen Menschen auch seither das Leben. Der Weltfriede war nicht eingetreten. Aber es gab ein Verhandlungsforum und eine Weltöffentlichkeit, die zumindest moralisch einschreiten konnte.

Bei uns im Land selbst packte man an, um aus Trümmern eine neue Existenz zu bauen. Bundeskanzler Figl konnte zu Weihnachten 1945 den Menschen noch gar nichts versprechen, nicht einmal Fensterkitt zum Einpassen der Glasscheiben, aber schon 5 Jahre später startete das österreichische Wirtschaftswunder, das mit Kühlschränken, Waschmaschinen, Autos und Fernsehapparaten ein neues Lebensgefühl einläutete. Klar, dahinter stand auch Hilfe von außen, aber ohne den Optimismus der Wiederaufbaugeneration wäre dieser Weg nicht gangbar gewesen.

Sicher, dahinter standen auch Verdrängung und Verleugnung der Mitschuld an den grausamen Ereignissen der Jahrzehnte zuvor. Aber man hatte erfasst, dass der Nachbar nicht der Feind ist, dass man sich zusammensetzen und über die Differenzen reden kann, dass die zivilisierte Diskussion sinnvoller ist als jede Gewalt. Man hatte sich zu einem Miteinander für eine gemeinsame Zukunft entschieden.

Wir haben fast vergessen, dass nach dem Ende des Zweiten Weltkriegs 10 Millionen Menschen auf der Flucht waren und außerhalb ihrer Heimatländer lebten. Dazu kamen jene, die die Alliierten aus den Konzentrationslagern befreit hatten. Die Million, die damals in Österreich Zuflucht suchte, wurde in großen Lagern untergebracht und mit der Hilfe von internationalen Organisationen ernährt. Viele dieser Menschen oder deren Nachkommen zählen heute zur Elite in unserem Land. Sie haben den Integrationsprozess geschafft und in Österreich eine neue Heimat gefunden.

Es ist wirklich bewundernswert, woher die Menschen damals ihren Optimismus und ihre Zukunftsgläubigkeit nahmen. Sie stellten sich den ungeheuren Problemen, packten an und schafften es. Vor allem aber bereiteten sie meiner Generation, die in den Jahren unmittelbar nach dem Krieg Geborenen, eine Startrampe in eine Zukunft, von der die Generationen vorher wohl nicht einmal zu träumen wagten. Materielle Sicherheit, Bildungschancen, Aufstiegswege, Mobilität, Fremdsprachen, all das lag vor uns und wurde durch den Optimismus der Vorgängergeneration bereitgestellt.

Verglichen mit der damaligen Zeit sind die Herausforderungen der Gegenwart wohl eher bescheiden. Sicher, die Wirtschaftskrise hat uns im Griff, die Zahl der Arbeitslosen steigt und der Flüchtlingsstrom, der an unsere Grenzen und durch unser Land fließt, wird nicht geringer. Wir sehen zudem einen europäischen Desintegrationsprozess, der Menschen wie mich, für die Europa das große Friedensprojekt war und ist, erschreckt. Wir wissen heute auch nicht, ob unsere Kinder ein vergleichbares Ausmaß an materieller Sicherheit erreichen können, wie es für uns Selbstverständlichkeit war. Und wir sehen eine Politikergeneration, der wir die Lösungskompetenz für die Zukunftsfragen nicht wirklich zutrauen. Das macht auch Töne stark, die wir schon für Vergangenheit hielten, die ganz sicher aber keine zukunftsweisenden Signale für Österreich, für Frankreich, für Polen oder Ungarn sind. Das ist alles nicht erfreulich, aber es sollte und darf kein Grund zu Resignation und Pessimismus sein. Die Wirtschaft kennt das Gesetz der sich selbst erfüllenden Prophezeiung. Wenn wir also eine düstere Zukunft erwarten, ist die Wahrscheinlichkeit, dass sie tatsächlich düster wird, sehr viel größer, als wenn wir positive Signale und Hoffnung ausstrahlen.

Gehen wir daher das Neue Jahr mit Schwung und Optimismus an. Packen wir an, seien wir solidarisch, hilfsbereit und freundlich. Strecken wir die Hand aus, wenn wir Menschen in Not sehen und schenken wir unserer Umwelt ein Lächeln. Das kostet gar nichts, macht aber für alle den Tag schöner und das Leben ein ganz klein wenig leichter.

Sendung vom 17. Juli 2016

Persönlicher Wendepunkt

Jeder Mensch, der schon auf einige Lebensjahrzehnte zurückschauen kann, strukturiert sein Leben in Abschnitte, die von Wendepunkten gekennzeichnet sind. Da steht natürlich die Geburt am Anfang, dann wohl der Schuleintritt. Es folgen Lehrabschluss oder Matura, Berufsbeginn, Eheschließung und vieles mehr. Mit der Ausnahme von Geburt und Tod gibt es bei allen Wendepunkten ein klares „Vorher" und ein „Nachher".

Ich bin derzeit an einem solchen Wendepunkt angekommen. Vor 50 Jahren, 1966, habe ich an der Universität Wien zu studieren begonnen und sogar auf den Tag genau ein halbes Jahrhundert später emeritiere ich an der Universität Graz.

Drei Viertel eines Menschenlebens, meines Menschenlebens, habe ich in Universitäten verbracht. In Wien, in Linz, in Innsbruck, in Graz, in den USA, in Kanada oder in Italien. Es war für mich ein gutes halbes Jahrhundert, mit wertvollen Begegnungen, mit Erfolgen und mit dem Gefühl, mit Freude arbeiten zu können.

Daher ist der Abschied auch ein Schritt voll Wehmut. Seit 33 Jahren bin ich nun an der Universität Graz tätig, und dieses Haus war mir mehr als ein Arbeitsplatz. Die Rahmenbedingungen, in denen ich hier der Lehre und Forschung nachgehen konnte, waren einmalig. Es ist mir schon bewusst, einer Art „goldenen Generation" anzugehören, die in der Ausweitungsphase der Universitäten studieren konnte, und die in der Zeit des Wachstums leicht den Zugang zu universitären Stellen finden konnte. Das ist jetzt vorbei, die Stellen sind ganz rar und die Konkurrenz ist enorm. Die Generation vor mir und auch jene nach mir starten mit viel größeren Handicaps in ihren Beruf.

Kann ich mein Berufsleben im großen Überblick also als eine geschlossene Lebensphase bezeichnen, ohne dramatische interne

Wendepunkte, so hat mein gesamtes Leben natürlich, wie das Leben aller Menschen, seine über die Jahrzehnte erkennbaren Zäsuren.

Sind die bisher genannten Wendepunkte genau zu datieren, da man ja im Regelfall weiß, wann man geboren ist und wann man geheiratet hat, so sind viele wichtige Einschnitte unscharf. Die Grenzen zwischen einem Kind, einem Jugendlichen, einem Erwachsenen und einem Alten sind fließend.

Kindheit und Jugend grenzen sich etwa schon sehr schwer voneinander ab. Wie lange ist man Kind? Bis zum Ende der Volksschule? Bis zur Pubertät? Ist das für Buben und Mädchen gleich? Und ist man jugendlich als Teenager oder bis zum Eintritt in das Berufsleben? Oder hat das etwas mit der Partnerwahl zu tun? Mit Mündigkeit? Mit Wahlrecht?

Klar ist, dass aus meiner Altersperspektive einerseits die eigenen Kinder immer Kinder bleiben, selbst wenn sie bereits erfolgreich im Berufsleben stehen. Und Studienanfängerinnen und -anfänger nehme ich, 50 Jahre älter als sie, als Jugendliche wahr, während sie selbst und wohl auch ihr Umfeld dazu sicher junge Erwachsene zu sich sagen würden.

Erwachsen sein, das bedeutet wohl, vernünftig zu agieren, den jugendlichen Leichtsinn hinter sich gelassen zu haben, den Ernst des Lebens zu begreifen und sich den Herausforderungen zu stellen. Beruf, Verantwortung, meist auch Elternschaft, das Schaffen sozialer Sicherheit für sich und die Seinen, mit einem Wort Leistungsträger der Gesellschaft zu sein, das macht das Erwachsenenleben im Regelfall aus.

Und dann ist man plötzlich alt. Wie das geht und wann es soweit ist, ist völlig unklar. Im alten Rom zählte man mit 50 zu den Greisen, wurde „Senex" genannt. Das wäre heute aber wohl eine absurde Zuschreibung. Ist man alt, wenn die Kinder ausfliegen? Oder wenn der Lebenspartner verstirbt? Oder wenn man aus dem Arbeitsprozess ausgegliedert wird?

In vorindustriellen Gesellschaften war man am Land dann alt, wenn man den Hof übergeben hatte und sich auf das Altenteil, das Ausgedinge, zurückzuziehen hatte. Industriegesellschaften setzen die Altersgrenze mit dem gesetzlichen Pensionsalter fest, ab dann greift die Altersversorgung.

Aber ist die Schwelle hin zum Alter nicht sehr subjektiv, sehr schwer genau festzumachen? Ja, immer öfter geht man zu Begräbnissen von Gleichaltrigen, immer öfter wird man von Todesnachrichten aus der eigenen Alterskohorte erschreckt. Die Einschläge kommen näher und das Gefühl, unendlich viel Zeit vor sich zu haben, schwindet.

Das ist es vielleicht überhaupt: man hat den Schritt vom Unendlichen ins Endliche gemacht. Nicht mehr länger plant man etwas für Irgendwann, sondern man weiß um die Begrenztheit der noch zur Verfügung stehenden Zeit. Zeit wird ein kostbares Gut, ein „seltsam Ding", wie es die Marschallin im Rosenkavalier in jenem Moment ausdrückt, wo ihr bewusst wird, nicht mehr die jugendliche Liebhaberin zu sein, sondern der Jugend Platz machen zu müssen. Und dieses „seltsam Ding" berührt mich in diesen Tagen ganz tief.

Ja, meine Haare sind schon lange grau. Ja, meine Kinder nehmen mir schon lange schwere Lasten ab und betreuen mich technisch am Computer. Ja, ich erschrecke schon lange nicht mehr, wenn mir jemand in Bahn oder im Autobus seinen Platz anbietet.

Aber dennoch: der Abschied vom Beruf fällt mir schwer. Es gibt zwar ein Jahr Übergangszeit, bis die Nachfolge geregelt ist. Ich kann noch in meinem Zimmer bleiben und manche Arbeit weitermachen. Aber ich muss an das Auf- und Ausräumen denken, an das Platzmachen für das Kommende. Und ich muss wohl in aller Deutlichkeit und ohne Alternative akzeptieren, zu den Alten zu gehören. Eine der Trennlinien, die unser Leben strukturieren, ist überschritten.

Aber jetzt gilt es vorerst einmal, durchzuatmen, in die Ferien zu fahren und diese zu genießen. Und ich hoffe sehr, dass auch Sie alle ein paar erholsame Tage finden werden.

Sendung vom 6. November 2016

Meine Gedanken zur Zeit

Vor drei Tagen konnte ich hier im Funkhaus in Graz das Buch „Meine Gedanken zur Zeit – zum Nachlesen" präsentieren. Der Leykam-Verlag hat sich die Mühe gemacht, eine Auswahl von gut 50 Sendungen aus den letzten acht Jahren in liebevoller Form herauszugeben.

Es ist schon ein seltsames Gefühl, Texte, die für das Sprechen verfasst wurden, in gedruckter Form vor sich zu sehen, und zwar unverändert. Man hätte um manche der kurzen, drei Druckseiten umfassenden Kapitel ganze Geschichten erzählen können: wie es weitergegangen ist: im Zusammenleben mit unseren Katzen etwa, oder wie sich politische Konstellationen verändert haben. Aber ein Weiterführen der Gedanken hier in der Buchform hätte den Charakter verändert, der ja gerade aus der Zeitnähe seine Besonderheit bezieht. „Gedanken zur Zeit" bedeutet, dass jeweils eine Momentaufnahme gemacht wird. Das, was mir gerade an diesem Wochenende bemerkenswert, erzählenswert, bedenkenswert oder komisch vorkommt, was mir durch meinen Kopf geht und was ich glaube, mit Ihnen teilen zu können. Das kann von der Weltpolitik bis zu Privatem gehen, von den beruflichen Erfahrungen bis zur Kulinarik oder dem Sport. Immer wieder finden sich daher auch der Kaiser Josef Markt oder Ratsch an der Weinstraße in den Texten, als Orte, zu denen ich besondere Beziehungen entwickelt habe. Und vor allem kann ich nicht verleugnen, dass ich mich als Lehrer der Jugend sehe, was sich in den Beiträgen zur Schule, zur Universität zur Bildung und zur Kultur niederschlägt. Und meine Reisen in alle Welt kommen natürlich auch nicht zu kurz.

Wenn ich jetzt dieses Buch in Händen halte, so ist das ein seltsames Gefühl. Der Inhalt ist viel persönlicher als jener in meinen anderen Büchern, die ja stets wissenschaftliche Untersuchungen sind.

Hier, in diesen kurzen Abschnitten entsteht aber ein Bild davon, wie ich als Person denke, fühle und wohl auch handle. In der Geballtheit der Texte offenbart sich hier mehr von mir, als ich vielleicht wirklich preisgeben wollte. Aber es ist klar: ich habe die Auswahl der Texte ganz einer Person meines Vertrauens im Leykam-Verlag überlassen, und das Resultat liegt nun in dieser Form vor. Und damit auch das gesagt wird: die Lektorin hat ausgezeichnete Arbeit geleistet. Die Texte sind so verfasst worden, wie sie nun auch in der schönen gedruckten Buchform vorliegen.

Mit den „Gedanken zur Zeit" habe ich bereits im vorigen Jahrtausend begonnen, vorerst tatsächlich als Sendung in freier Rede, dann lange begleitet und unterbrochen durch selbst gewählte Musik, und letztlich seit vielen Jahre in dem Format, das Sie jetzt gerade hören. Und da wir derzeit vier Personen sind, die sich abwechseln, hat sich die Belastung doch so reduziert, dass sie für alle von uns lebbar ist. Für Sie ist es sicher auch abwechslungsreicher, aus vier unterschiedlichen Blickwinkeln die „Gedanken" zu hören. Sie werden sicher auch manchmal mehr und manchmal weniger zustimmen, werden zu einer Person und deren Weltsicht eine größere Nähe haben als zur anderen. Und vielleicht ärgern Sie auch manche Sichtweisen. Diese unmittelbare Zustimmung oder Ablehnung, das ist es ja gerade, was dieses Sendeformat interessant macht.

Besonders gefreut hat mich bei der Präsentation, dass auch die von uns gemeinsam mit guten Freunden betreute syrische Flüchtlingsfamilie anwesend war. Nächste Woche haben sie das Interview, mit dem über ihren künftigen Status in Österreich entschieden wird. 15 Monate des Wartens sind dann vorbei. Und sie haben sich vorbildlich integriert, besuchen die Deutschkurse und der Onkel studiert erfolgreich an der TU. Die kleine Sima besucht die Kinderkrippe und plappert in drei Sprachen, ein kleines Schwesterchen wird sich bald einstellen. Nach den Schrecken von Bürgerkrieg und Flucht konnte ihnen Graz Sicherheit geben, ein wenig vielleicht sogar das

Gefühl vermitteln, hier ein Stück Heimat gefunden zu haben. Für uns gehören sie jedenfalls zum Leben, und ständig überraschen sie uns wieder mit ihrer Gastfreundschaft, die sie sich, unabhängig von ihrer extrem bescheidenen materiellen Lage, nicht nehmen lassen. Ich wünsche ihnen jedenfalls eine gute Zukunft in unserem Land und vor allem positive Begegnungen mit ihrem Umfeld hier bei uns. Dann werden sie sicherlich eine Bereicherung für unser Land darstellen können. Ihr weiteres Schicksal wird sich sicherlich in Zukunft in meinen Sendungen spiegeln.

Eigentlich hätte ich mich heute ja zur Weltpolitik äußern sollen. In dieser Woche wählen die USA ihren Präsidenten oder ihre Präsidentin. Wohl noch nie hat die Welt einen Wahlkampf wie diesen gesehen, und wohl selten wird die Wahl nach dem Motto getroffen, dass man das für sich geringere Übel wählt. Das mag zwar auch für manche Österreicherinnen und Österreicher in unserem Präsidentenwahlkampf gelten, aber US-amerikanische Verhältnisse und den Stil der Auseinandersetzungen dort haben wir zum Glück noch nicht erreicht.

Aber ich will heute nicht wirklich von Politik sprechen. Ich blicke vielmehr auf fast 2 Jahrzehnte „Gedanken zur Zeit" zurück, in der ich gut 250 Mal zu Ihnen sprechen durfte. Und ein klein wenig mache ich auch noch weiter, nicht zuletzt wegen des Zuspruchs, den ich von Ihnen immer wieder erhalte.

Sendung vom 1. Jänner 2017
Pläne für's neue Jahr

Heute wird die Zahl der Zuhörer bei den „Gedanken zur Zeit" wohl eher überschaubar sein, denn der Morgen des Neujahrstages, der noch dazu ein Sonntag ist, dient wohl vielen Menschen dazu, länger im Bett zu bleiben und die versäumten Stunden Schlaf der Silvesternacht nachzuholen. Auch ich werde zur Zeit der Ausstrahlung der Sendung vermutlich noch schlafen, denn wie jedes Jahr verbringen wir Silvester mit Freunden in Wien. Dieser Freundeskreis begleitet uns seit über 4 Jahrzehnten, und wenn auch die Beziehungen lose sind, der Jahreswechsel dient dem Austausch von Neuigkeiten in alter, herzlicher Verbundenheit.

Seit einigen Jahren sind das aber keine rauschenden Feste mehr. Wir sind alle älter geworden, und wenn nach einem guten Essen und ein paar Gläsern Wein die Pummerin im Radio das Neue Jahr einläutet und dann der Donauwalzer erklingt, dann tanzen ein paar von uns, zu denen ich sicher nicht gehöre, mit Walzerschritten ins Neue Jahr, um aber bald darauf zum Heimgehen aufzufordern. Um 2 Uhr sind wir spätestens im Bett. Wir sind ja doch schon alle im Pensionsalter.

Dennoch haben wir alle Pläne, was wir im Neuen Jahr anders machen wollen. Wir haben Wünsche, wir haben Hoffnungen. Das alte Jahr hat manch schmerzliche Wunde im Privaten gerissen und hat politisch die Welt nachhaltig aus den Fugen geraten lassen. Die Tragödie von Aleppo, der prachtvollen Stadt des alten Syrien, stellte wohl fast alles in den Schatten, aber auch der Terror mitten in Europa, Brexit, die Wahlen in den USA und vieles mehr ließen alte Sicherheiten dahinschmelzen und stellten alte Gewohnheiten in Frage.

In meinem Leben gab es ganz klar zwei Fixpunkte: erstens, jedes Jahr macht die Welt ein wenig besser, freundlicher und sicherer, jedes

Jahr führt uns weiter weg von Menschenverachtung, von Gewalt und von Vorurteilen. Und zweitens, wir übergeben den Kindern ein Umfeld, in dem sie zumindest jene Lebenschancen haben sollten, die für uns bereitgestanden sind. Diese beiden Punkte waren auch stets im Zentrum meiner Wünsche zum Jahreswechsel. Heuer aber sieht man, dass das zwar Wünsche sein können, dass aber eine Erfüllung wohl nachhaltig in Frage gestellt wird. Es wird vieles komplizierter, rauher, unberechenbarer, unsicherer. Das gilt auch für das Leben hier bei uns.

Wir, die „goldene Generation", konnten über Jahrzehnte davon ausgehen, dass gewisse Entwicklungen unumkehrbar schienen. Die Menschenrechte schienen universell gültig zu sein oder sich zumindest durchzusetzen, physische Bedrohungen gab es so gut wie nicht. Klar, es gab pro Jahr über 1.000 Verkehrstote allein in Österreich, es gab Flugzeugabstürze, Lawinenkatastrophen. Aber es gab wenig Hass auf der individuellen Ebene. Es brannten keine Flüchtlingsquartiere, weder 1956 noch 1968 oder 1993. Nicht alles war gut, und die Vergangenheit sollte nicht nostalgisch verklärt werden, aber der von Norbert Elias beschriebene Prozess der Zivilisation schien uns allen ein sicheres Leben zu ermöglichen. Das Gewaltmonopol lag beim Staat, individuelles Ausleben von Gewalt gegen Mitmenschen war nicht nur verboten, sondern moralisch verpönt.

Diese Jahrzehnte der Sicherheit gegen sichtlich zu Ende. Zu fern ist schon die Mahnung des „Niemals wieder", die nach den Faschismen die Welt, zumindest die westliche Welt, zum Einhalten demokratischer und humanitärer Regeln anhielt. Neue Generationen in neuen Formen und mit neuen technischen Möglichkeiten sozialisiert, haben die Hemmschwellen wieder sinken lassen.

Der schon erwähnte Norbert Elias spricht davon, dass man zivilisierte Gesellschaften daran erkennt, dass es hohe Scham- und Peinlichkeitsschwellen gibt. Man schnäuzt sich nicht in die Finger, man vermeidet Fäkalsprache, man ist höflich, man uriniert nicht am

Straßenrand und man trägt keine Waffen bei sich. Es gilt nicht das Recht des Stärkeren, Respekt und Achtung dominieren den Umgang miteinander. Gewalt ist tabu.

Da sehen wir heute die eine oder andere Pendelbewegung in die falsche Richtung. Ohne kulturpessimistisch sein zu wollen, die Zeiten werden härter. Prozesse, die wir für unumkehrbar gehalten haben, erweisen sich nicht mehr als gesicherte Einbahnstraßen. Aber das bedeutet nur, dass wir uns alle noch mehr anstrengen müssen, um das Projekt Aufklärung zu sichern.

Meine Wünsche an das Neue Jahr sind also klar. Möge es für die Familie und die Freundeskreise ein gutes werden, in dem die freudigen Ereignisse die traurigen überwiegen. Und möge es gelingen, die Welt etwas friedlicher, sicherer und humaner zu machen.

In diesem Sinn wünsche ich Ihnen allen ein gutes, glückliches 2017!

Sendung vom 26. August 2018

Heimat

Als vor 35 Jahren für mich und meine Familie die Entscheidung gefallen war, nach Graz zu ziehen und hier zu arbeiten, hielten wir das nicht für eine Lebensentscheidung. Meine Frau und ich waren nicht wirklich sesshaft, hatten in verschiedenen Teilen Österreichs jeweils ein paar Jahre verbracht und waren jedenfalls darauf eingestellt, dass ein akademisches Leben ein mobiles zu sein hatte. Zu sehr war ich in nationale und internationale Netzwerke eingebunden und allzu oft hatten wir die beruflichen Lebenswege von Vorbildern über zahlreiche Stationen laufen gesehen. Und zu unbekannt war uns die Steiermark. Von Kärnten aus hatte ich regionale Konkurrenz gelebt und mich als Lavanttaler bezeichnete man in Klagenfurt wenig freundlich als „Halbsteirer". Zudem schien mir das politische Klima in diesem Land so wenig einladend, sodass meine Entscheidung auch auf Wien als Studienort gefallen war.

Zurückhaltung und Skepsis standen also am Anfang unseres Lebens hier. Aber das hielt nicht lange an. Sehr rasch erkannten wir die Vorzüge dieses großartigen Teils der Welt. Wir hatten uns am Stadtrand ein bescheidenes Reihenhaus zugelegt, in dem wir bis heute gern wohnen, mit netten Nachbarn, von denen einige gute Freunde wurden. Die Kinder fanden ein glückliches Umfeld vor, und mit den Jahren konnten wir mehr und mehr die Vorzüge des Standortes erfahren. Graz ist groß genug, um Kultur und intellektuelle Anregungen zu genießen, und klein genug, um noch die Vorzüge eines ländlichen Umfeldes zu bewahren. Die Bauernmärkte, für mich ganz besonders der Kaiser Josef Markt, erlauben beste gesunde und wohlschmeckende Ernährung. Wo immer ich in der Welt inzwischen war, die Sehnsucht nach dem Brot, das für mich hier unvergleichlich ist, stellte sich überall rasch ein. Dazu kommt die Qualität des Geflügels, des Obstes und des Gemüses.

Gerade diesen Sommer hatten wir die Gelegenheit, den Bauernhof und damit die Produktionsstätte unseres Gemüses zu besichtigen. Nicht nur die Herzlichkeit der mehrere Generationen umfassenden Großfamilie, sondern vor allem auch die hohe Qualität einer seit Jahrzehnten naturnahen Produktion war beeindruckend. Wir wissen jetzt, wie und wo unser Salat, unsere Paradeiser und unsere Erdäpfel wachsen, und wir sahen die Hühner herumlaufen, deren Eier unseren Speiseplan bereichern. Mit umso größerer Freude gehen wir seither zu diesem Marktstand, wo wir, wie auch bei einigen anderen Ständen, seit gut drei Jahrzehnten treue Kunden sind.

Und bald lernten wir die Weinberge der Südsteiermark kennen, eine Gegend, die keinen internationalen Vergleich zu scheuen hat. Mit einer Winzerfamilie verbindet uns eine lange, stabile Freundschaft. Wir sahen die Kinder heranwachsen und inzwischen auch die Enkelkinder, und dort im Süden zwischen den Reben sitzen zu können, das ist Lebensqualität, die durch das, was der Weinkeller zu bieten hat, noch entscheidend gesteigert wird. Wir freuen uns schon sehr darauf, in ganz naher Zukunft wieder ein paar Tage dort zu sein.

Aber auch nach Norden hin gab es einiges zu entdecken. Das Ausseerland ist uns ans Herz gewachsen, mit seinen eigenwilligen Bewohnern und mit seiner landschaftlichen Besonderheit, die selbst bei Regen ihren Reiz hat. Und in der oft unterschätzen Mitte des Landes, praktisch im Nirgendwo zwischen Kapfenberg und Mariazell, verbirgt sich in Etmißl ein Lokal, das wir inzwischen längst an die erste Stelle unserer Lieblingslokale diesseits und jenseits der Grenzen gesetzt haben.

Immer wieder habe ich in diesen Jahrzehnten auch in anderen Weltteilen gewohnt und gearbeitet. Manchmal war ich allein, manchmal war die Familie mit. An alle diese Orte haben wir schöne Erinnerungen, und auch die Kinder sind mit Begeisterung dabei, wenn wir uns aufmachen, um sie wieder zu besuchen. Aber keinen dieser Orte kann ich mir inzwischen als Lebensmittelpunkt vorstellen. Überall wurde, nicht erst nach Monaten, sondern nach wenigen Wochen in mir das Gefühl wach, etwas zu vermissen, was es nur hier in der Steiermark gibt und was für mich wesentlich ist.

Unsere Kinder sind inzwischen weggezogen. Ihr Leben hat sich nach Wien und von dort aus quer durch die Welt verlagert. Wir haben sie wohl von klein auf darauf trainiert, neugierig und weltoffen zu sein, Sprachen zu lernen und fremde Kulturen entdecken und erschließen zu wollen. Ihre Freundeskreise erstrecken sich heute von Japan bis nach Makedonien. Das ist auch gut so. Aber gerne kommen sie zurück. Dann gehen sie mit auf den Kaiser Josef Markt und kaufen bei den gleichen Ständen wie wir ein. Und sie schwärmen ebenso vom Brot oder den Eiern, dem Gemüse, den Würsten, dem Schinken und den Hendeln. Sie fahren, wenn es ihnen möglich ist, mit in die Südsteiermark oder nach Etmißl. Auch für sie ist dieses Land ein wesentlicher Teil ihres Lebens geblieben.

Den Begriff „Heimat" verwende ich prinzipiell nur im Plural. Die meisten Menschen haben mehrere Heimaten, und man darf an jeder einzelnen auch Kritik üben. Vieles stört mich etwa an der derzeitigen Stimmung im Land, an den politischen Mustern und Diskussionen um die Ausgrenzung von Menschen. Meine Heimaten sollten ein Mindestmaß an Offenheit und Humanität haben, an einem Miteinander von Menschen mit verschiedenen Ansichten, Kulturen oder Religionen. Da ziehen derzeit ein paar dunkle Wolken über Österreich und damit über unserer Steiermark auf. Aber diese werden sich hoffentlich bald verziehen. Die Möglichkeiten, die wir vor 35 Jahren gehabt haben, hier heimisch zu werden, sollten auch anderen offenstehen.

Sendung vom 23. September 2018

John Windmuller, Menschenrechte

Es sind inzwischen etwa 28 Jahre vergangen, dass ich mit meiner Familie ein glückliches halbes Jahr in Ithaca im Staat New York verbringen konnte. An der dortigen Cornell Universität traf ich Professor John Windmuller, ohne zu ahnen, dass ich kurze Zeit zuvor ein Buch redigiert hatte, in dem er als Kind porträtiert worden war. John war einer der knapp 1.000 Personen, die sich auf dem Schiff St. Luis befanden, dass 1939 nirgendwo zwischen der Karibik und Kanada anlanden durfte und schließlich nach Europa zurückfahren musste. Fast alle Passagiere starben in den Konzentrationslagern. John, ein Kind, kam in das französische Kinderlager von Montmorency, das von Ernst Papanek geführt wurde, dessen Buch über dieses Heim dann in unseren Reihen veröffentlicht wurde. John überlebte und wurde Professor an einer Eliteuniversität.

An ihn musste ich denken, als ich dieser Tage von der Aufführung im Theater an der Josefstadt las. Daniel Kehlmann hat die Geschichte der St. Luis auf die Bühne gebracht und deutlich gemacht, wie zeitlos die Thematik ist. Und ich musste auch an Francis Fukuyama denken, der zeitgleich an derselben Universität gerade an seinem Buch „Das Ende der Geschichte" schrieb. Darin vertrat er, kurz nach dem Zusammenbruch des Sowjetsystems, die Ansicht, dass nunmehr das Zeitalter der großen ideologischen Differenzen zu Ende wäre. Alle Staaten begännen, sich im aufgeklärten, friedlichen System der westlichen Marktwirtschaft einzurichten und weltweit hätten sich die Grundprinzipien dieses Systems durchgesetzt. Dies wären die strikte Gewaltenteilung zwischen Legislative, Exekutive und richterlicher Gewalt, dazu die universelle Gültigkeit der Menschenrechte und noch das Gewaltmonopol des Staates, der als einziger das Recht zur Bestrafung in seinen Händen hält.

Ja, vor einem Vierteljahrhundert träumten wir alle, wohl nicht nur im pittoresk-schönen Ithaca, vom Beginn einer Zeit der Harmonie und des Friedens, mit Chancengleichheit für zumindest die meisten Menschen.

John Windmuller starb 2006. Er musste, wohl zu seinem Glück, nicht mehr miterleben, wie sich seine Geschichte aktuell wiederholt. Wieder dürfen Flüchtlingsschiffe nicht anlanden, fahren von Hafenstadt zu Hafenstadt, und wieder werden Menschen zurück in Verfolgung und Ermordung geschickt, wieder sind Grenzen dicht und unüberwindbar.

Aber auch Francis Fukuyama sollte Unrecht behalten. Die ideologischen Konflikte sind nicht vorbei, sie zeigen sich erneut und in aller Heftigkeit. Menschenrechte gelten selektiv und jedenfalls nicht einfach für jeden. Die Gewaltenteilung hat große Unschärfen bekommen, auch bei uns, wo die Regierung, also die Exekutive, über die Legislative, also das Parlament, einfach hinweggehen kann und wo sich, wie etwa in den Grauzonen um die Geheimdienste, die Gewalten kurios vermengen.

Auch das Gewaltmonopol des Staates steht in Europa neuerdings in Frage. Es natürlich klar, dass ein Verbrechen wie der Mord in Chemnitz mit aller Härte gesühnt gehört, ohne Ansehen der Herkunft, der Hautfarbe, des Geschlechts oder der Religion der Täter. Aber dann alle Menschen, die anders aussehen, unter Generalverdacht zu stellen, sie zu jagen und eine Mauer der Angst zu errichten, das ist eine Grenzüberschreitung. Wenn man massenhaft mit der Hand zum Hitlergruß erhoben durch die Straßen zieht, so ist das mehr als das Übertreten des Verbotsgesetzes, es ist ein Zeichen für ein neues, bedrohliches Klima in Europa. Da fügen sich die Wahlerfolge der Schwedendemokraten ebenfalls ins Bild, die starke Position der AfD in Deutschland und jetzt zuletzt auch noch die bewaffneten Banden, die in Slowenien, in der Untersteiermark, ihr Unwesen treiben. Auch sie wollen keine sogenannten „Fremden" im Land, träumen von der Verhinderung von jeder Form der Zuwanderung.

Die Zeiten haben die Gesellschaft also nicht harmonischer gemacht, sondern es tun sich neue Gräben auf. Der Kalte Krieg, der die Welt Jahrzehnte gespalten hat, hat sich in die jeweiligen nationalen Gesellschaften verlagert. Parallelwelten sind entstanden, jede Seite lebt in ihrer eigenen Blase, im jeweils eigenen Echoraum. Gesprächsbrücken sind wenig vorhanden, jede Seite hat für die andere nur Zynismus parat.

Dabei gäbe es eine Reihe von Punkten, die gemeinsam außer Streit gestellt werden könnten. Es ist beispielsweise klar, dass jeder Staat wissen muss, wer ins Land kommt. Es ist aber anderseits auch klar, dass Menschenrechte universell gelten und dass das Recht auf Asyl dazugehört. Es ist weiters klar, dass europäische Solidarität die quantitative Frage der Zuwanderung überschaubar machen würde. Ferner scheint klar, in einem säkularen Staat Gesetze über religiösen Vorschriften zu stehen haben, das bedeutet, dass keine religiöse Vorschrift etwa die Gleichwertigkeit der Geschlechter in Frage stellen darf. Gleichzeitig ist das Recht auf freie Ausübung jedweder Religion zu sichern. Jede Form der Diskriminierung, etwa am Wohnungs- oder Arbeitsmarkt, gilt es zu verhindern. Integration ist ein wechselseitiger Prozess mit Aufgabenstellungen für beide Seiten.

Leicht wird es jedenfalls nicht, der erträumten konfliktfreien Gesellschaft mit den allgemein anerkannten und gelebten Grundregeln näherzukommen. Aber träumen wird man davon dürfen, wie wir es vor einem Vierteljahrhundert mit John Windmuller getan haben.

Sendung vom 18. November 2018

Herbst

Fast alle Menschen in meiner Umgebung sind Menschen des Lichts. Sie genießen die hellen, warmen und langen Sommertage in vollen Zügen und nehmen die dunkleren und kälteren Monate nur als Zeit des Wartens war, bis die Tage wieder länger werden und bis man wieder das Leben im Freien genießen kann. Herbst bedeutet für sie Abschied, Herbst das ist die Trauer um die Verstorbenen und Herbst das ist die Zeit der Erinnerung an manchen großen Sommer. Der Jahreszeit selbst werden nicht wirklich eigenständige positive Eigenschaften zugeschrieben.

Ja, das alles, die Trauer um die Verstorbenen und die Abschiede, ist der Herbst auch für mich. Aber er ist für mich keineswegs nur eine Jahreszeit des Trübsinns. Ich vermisse den Sommer recht wenig. Schon als Kind war ich eher ein Höhlenmensch. Ich hatte, da wir im Schulhaus wohnten, keinen Schulweg, und meine Eltern mussten schon sehr nachdrücklich werden, um mich an die frische Luft zu bringen. Mir schien die Welt im Kopf, wie sie durch das Lesen entsteht, immer schon spannender zu sein als die Realität vor der Haustür. Wie sollte die enge Welt des mittleren Lavanttals mithalten können mit den Weiten der Prärie, durch die man mit Karl May ziehen konnte, und wie sollte eine Fahrt nach Wolfsberg spannender sein als die Reise zum Mittelpunkt der Erde, die man mit Jules Verne antreten konnte? Und was könnte wohl mit Tausend und einer Nacht an Exotik und Verlockung mithalten?

Ich hatte später im Leben manche Gelegenheit, die Bilder im Kopf mit der Realität zu konfrontieren. Nicht gerade die Reise zum Mittelpunkt der Erde, wohl aber die Prärie, den Orient oder den fernen Osten. Und nicht immer gingen die Vergleiche zugunsten der Realität aus wenn es auch unbestreitbar ist, dass es immer ein Erlebnis war, an die Orte der Kindheitsträume zu gelangen, mit der Vorstellung im Kopf als eine Art imaginierten Reiseführer.

Die heißen Sommer sind eher lesefeindlich. Da ist es zu hell, das grelle Sonnenlicht schmerzt zumindest mir in den Augen, und die Hitze lockt eher ins Wasser als mit einem Buch in einen Lehnstuhl. Ich hatte es nicht immer leicht, wenn sich unsere Kinder Badeferien im Süden wünschten, wo es nur spärlich Schatten gab und das Weiß der Häuser das Licht der Sonne noch zusätzlich reflektierte. Heute fahren meine Frau und ich im Sommer eher in den Norden, um der Hitze zu entfliehen. Dort ist auch das Licht ganz anders, viel milder und lesefreundlicher. Und zu Hause kann ich mich ja immer in meine Lesehöhle zurückziehen, unser kleiner Garten, von meiner Frau betreut und genutzt, lockt mich nur selten.

Daher mag ich auch den Herbst ganz besonders. Die ersten Oktoberwochen mit dem Beginn des Studienjahres waren zwar immer hektisch, aber der November brachte Ruhe, und er brachte auch die vielen Neuerscheinungen von Büchern, die alle gelesen werden wollten oder sollten. Da war der Wunsch für mich meist größer als das letztlich Machbare. Die Theatersaison läuft wieder an, Ausstellungen und alle Arten von kulturellen Ereignissen haben nun wieder ihren Platz. Und der Herbst brachte und bringt kulinarisch auch die reiche Ernte des Jahres. Die Märkte sind jetzt besonders schön, wenn auch die Erntezeit schon vorüber ist. Jetzt aber sind die Äpfel besonders gut, und es gibt Nüsse, die für mich ein Grundnahrungsmittel sind. Man kann wieder herbstlich Kürbis kaufen und köstliche Suppen machen. Und die Menschen am Markt haben mehr Zeit, die Hektik des Spätsommers ist vorüber. Gute Bücher und gute landwirtschaftliche Produkte, das sind für mich wichtige, ja sogar zentrale Überlebensmittel, verbunden mit sehr viel Freude und Leidenschaft.

In den Innenstädten und in den Einkaufszentren am Stadtrand hält inzwischen schon Weihnachten Einzug. Das mutet seltsam an, ist es doch noch so gar nicht winterlich, und zur Weihnachtsstimmung gehört der Winter, möglichst mit Schnee. Nun aber geht schon die Weihnachtsbeleuchtung an und man soll bereits zu Weihnachtseinkäufen animiert werden, obwohl sogar die Adventzeit noch einige Wochen weg ist. Diese für mich viel zu frühe und künstliche Einstimmung auf den Winter irritiert, sind wir ja noch voll im goldenen Herbst mit allen seinen Besonderheiten und Vorzügen.

Klar, der Herbst ist auch eine Jahreszeit, die uns unsere eigene Endlichkeit bewusst macht. Das Leben, das vielleicht in der Jugend unbegrenzt scheinen mag, hat einen Endpunkt, wie immer unbestimmt dieser Tag auch sein mag. Memento mori, sei dir deiner Sterblichkeit bewusst, auch das lehrt uns der Herbst. Wir werden nicht nur, wie Rilke sagt, „wachen, lesen, lange Briefe schreiben", sondern wir können im Herbst wohl leichter als im Frühjahr erkennen, wie unvermeidlich der finale Augenblick ist. Manche mögen, wenn sie daran denken, Trost in einer der Religionen finden, andere versuchen zumindest, auf ein mehr oder weniger geglücktes Leben zurückzuschauen und sich damit zu trösten, dass man für einige Zeit in der Erinnerung anderer Menschen aufgehoben sein wird. Der Tod ist Teil jedes Lebens, und Trauer ist eine Angelegenheit der Hinterbliebenen. Und vielleicht verleitet der Gedanke, dass man in guter Erinnerung bleiben möge, auch eher hartherzige Menschen noch dazu, den Herbst, auch den Herbst des Lebens, noch für eine gute Tat zu nützen. Dazu ist es nie zu spät.

Sendung vom 16. Dezember 2018

Advent

Heute am Abend werden wir zu Hause bereits die dritte Kerze am Adventkranz anzünden. In acht Tagen ist bereits Weihnachten, und vom Jahreswechsel trennen uns auch nur mehr zwei Wochen. Es ist also an der Zeit, ein wenig Bilanz zu ziehen.

Ich mache das umso lieber, als bei uns der Advent tatsächlich eine Zeit ist, in der es ruhiger wird, in der der Stress nachlässt und in der auch familiär gemeinsam Rückschau gehalten werden kann. Die kleinen Weihnachtsgeschenke sind längst besorgt, meine Frau bäckt noch ein paar Sorten Kekse und ich plane die Speisen für die Feiertage. Sogar der Weihnachtsbaum ist schon bei uns, es ist also viel schon vorbereitet. Die Arbeit rückt etwas in den Hintergrund.

Dabei war das ein anstrengendes Jahr. Als Zeithistoriker war ich im Gedenkjahr gefordert, und 40 Vorträge haben mich von Irland bis nach Serbien geführt, immer mit neuen Fragestellungen und auch stets mit ganz neuen Texten. Serien in Zeitungen waren zu gestalten und zu betreuen, und dazu kamen noch drei Ausstellungen im Universalmuseum Joanneum, die ich zu kuratieren hatte. Pension sollte eigentlich anders ausschauen. Ich gestehe allerdings, dass mir das alles auch Spaß gemacht hat.

Mein Sohn, im Umweltrecht international unterwegs, hatte jetzt im Halbjahr der österreichischen Präsidentschaft in der EU praktisch wöchentlich Termine in Brüssel oder Straßburg wahrzunehmen und freut sich so wie ich, dass diese fordernde Zeit nun doch zu Ende geht und wir Weihnachten ruhig und gemütlich im Familienkreis verbringen werden, so diese Woche noch ohne größere Überraschung vorübergeht.

Vieles, was in diesem Jahr in Österreich und in der Welt geschehen ist, gibt ja keinen Anlass, allzu positiv auf das zu Ende gehende Jahr zurückzublicken. Der Klimawandel hat die Welt zwar bedrohlich wärmer gemacht, das politische und zwischenmenschliche Klima hingegen wird merklich kälter. Italien, für mich lange eine Traumdestination, entwickelt sich ökonomisch zum Sorgenkind in der EU, und längst vergangen geglaubte Vorurteile und nationalistische Töne sind dort wieder salonfähig geworden. In den USA denkt man über den Einsatz von Schusswaffen gegen die Flüchtlinge an der Grenze zu Mexiko nach und bei uns will man auffällig gewordene ausländische Jugendliche ohne Gerichtsurteil hinter Stacheldraht wegsperren. Die Menschenrechte, die ja seit 1948, also seit meiner ganzen Lebensspanne, ohne Unterschied von Hautfarbe, Geschlecht, Sprache, Religion oder sozialem Hintergrund gelten sollten, werden wieder selektiv gesehen. „Unser Geld für unsere Leut" ist ein Spruch, der ähnlich wie der Werbeslogan „Geiz ist geil" den Weg in die soziale Kälte beschleunigt.

Die Vorstellung, dass man als Flüchtlingsfamilie mit weniger sozialer Unterstützung leben sollte als eine österreichische Familie, lässt völlig außer Acht, dass die Flüchtlingsfamilie es ja noch nicht gelernt haben kann, wie man in diesem Land mit Netzwerken und mit Subsistenzwirtschaft überleben kann. Die haben keine Großeltern am Land, die haben kein zusätzliches soziales Netz, haben keinen Wohnraum, auf den man im Notfall zurückgreifen kann. Und es schlägt ihnen, wie wir selbst mit unserer syrischen Familie erleben konnten, beim Versuch, an eine Wohnung zu kommen, oftmals Ausländerfeindlichkeit, Zynismus, Ablehnung oder sogar Hass entgegen.

Gerade die Weihnachtszeit sollte für jene Menschen, die sich einer christlich-abendländischen Tradition verbunden fühlen, Anlass sein, über das eigene Verhalten Fremden gegenüber nachzudenken. Ist ein Stall wirklich der Ort, wo eine werdende Mutter in der Kälte ihr Kind gebären sollte, weil die Türen in die Häuser verschlossen bleiben? Ist es dieses Bild, mit dem wir am Heiligen Abend in unseren warmen Stuben vor dem geschmückten Baum sitzen? Ist nicht gerade jetzt die richtige Zeit, um eine Tür aufzumachen?

Ich kann es durchaus verstehen, wenn manche Menschen vor den persönlichen Begegnungen mit Armut und Anderssein Scheu empfinden. Aber dann bleibt doch noch immer das Teilen in ökonomischer Hinsicht, die Spende an das Vinzidorf, an die Caritas, an die Volkshilfe oder eine andere Organisation, die sich um die Ausgegrenzten bemüht. Es muss ja nicht Geld sein, da gibt es sicher manches gute Kleidungsstück, dass bei Ihnen nur im Kasten liegt, Babysachen, Bettwäsche oder Geschirr. In den Carlaläden freut man sich über alle noch guten und brauchbaren Sachen.

Weihnachten ist ja die Zeit, in der man sich etwas wünschen kann. Und der Jahreswechsel ist dann der Moment für die guten Vorsätze. Mein Weihnachtswunsch für heuer ist, dass ich nicht in einer Gesellschaft leben muss, in der der Begriff „Gutmensch" zum Schimpfwort geworden ist. Und mein Vorsatz für das kommende Jahr geht dahin, weiter alles in meiner Macht stehende zu tun, um eine Gesellschaft mit zu formen, in der es gerecht zugeht und die die Allgemeingültigkeit der Menschenrechte nicht nur anerkennt, sondern selbstverständlich lebt. Ich kann nur vortragen, unterrichten oder schreiben, aber, und das ist der wirkliche Vorsatz, ich werde mich bemühen.

Ich wünsche Ihnen allen eine geruhsame restliche Adventzeit, ein harmonisches und besinnliches Weihnachtsfest und alles Gute für das kommende Jahr.

Sendung vom 10. Februar 2019

Bücher

Auch wenn Sie mich jetzt über Radio Steiermark hören, so ist für mich das Sprechen dem Lesen deutlich nachgereiht. Ich bin ein Vielleser, und fast süchtig nach Büchern. Es ist nun schon ein halbes Jahrhundert, dass ich mir im Schnitt jede Woche ein Buch besorge, das nichts oder wenig mit meinem Beruf als Historiker zu tun hat. So haben sich etwa 2.500 Bücher neben den natürlich ebenso zahlreichen wissenschaftlichen Werken in unserem Haus angesammelt, was jede Aufbewahrungsmöglichkeit sprengt. Aber Bücher landen natürlich nicht im Altpapier. Wir beginnen, sie an kleine Dorfbibliotheken zu verschenken und hoffen, dass sie dort noch einigen Menschen Freude breiten werden.

In diesem Zusammenhang hat mich eines der Bücher, die ich in der letzten Zeit gelesen habe, schlaflose Nächte bereitet. Vladimir Sorokin entwirft in seinem wunderbaren Text: „Manaraga. Tagebuch eines Meisterkochs" ein grausames Zukunftsszenario. Er führt uns in eine Gesellschaft, in der keine Bücher mehr gedruckt werden. Belanglose Texte erscheinen noch in Hologrammform, aber die Bücher selbst sind längst nur mehr in Bibliotheken und Archiven zu finden. Niemand nimmt mehr ein Buch zur Hand, um es zu lesen, Bücher sind nur noch museale Kunstobjekte.

Eine Gruppe findiger Köche hat aber eine lukrative Verwertungsidee für die alten Bücher gefunden. Man nimmt sie als Brennmaterial, gleichsam als Grillkohle, für ausgesuchte Speisezubereitungen vor gut zahlenden Gästen. Das ist zwar illegal, die Bücher müssen ja aus den Bibliotheken gestohlen werden, aber lukrativ. Wenn dann kostbare Erstausgaben in der Glut liegen, dann gibt es schon einmal Schaschlyk vom Stöhr auf dem „Idioten" von Dostojewski oder aber

Schnitzel auf Schnitzler. Je kostbarer das Buch, desto exquisiter die Speisen und desto zahlungskräftiger die Kundschaft.

Entfernt erinnert der Text an das Buch von Ray Bradbury, „Fahrenheit 451", aus den fünfziger Jahren, das auch grandios mit Oskar Werner verfilmt wurde. Da geht es um einen Feuerwehrmann, der an den allgemeinen Bücherverbrennungen beteiligt ist, sich aber dann einer Gruppe von Menschen anschließt, die alle je ein Buch auswendig gelernt haben und es so für sich und die anderen bewahren konnten. Aber in Sorokins Buch geht es gar nicht darum, dass eine totalitäre Ordnung Bücher verbietet, sie sind nur längst aus der Zeit gefallen. Aber man betrachtet sie so, wie man ein altes Gemälde ansieht, sie sind kostbar. Umso dekadenter erscheint dann ihre Verbrennung im Rahmen einer ausgefallenen kulinarischen Kunstaktion. Und grillt da ein Koch einfallslos nur ein Thunfischsteak auf Moby Dick, so darf er sich nicht zum Kreis der auserwählten Künstler zählen, und er vollführt seine Tätigkeit eher vor einem Durchschnittspublikum. Da müssen die kostbare Erstausgabe und das Gericht schon eine raffiniertere Beziehung haben, und die gehobenen Gäste müssen zur Kennerschaft zählen.

In der geschilderten Gesellschaft geht es also nicht mehr um das lesen. Intelligente Minicomputer im Ohr können dem Koch schnell die Handlung des Buches zusammenfassen, und sie haben wie Wikipedia das Wissen der Zeit gespeichert, um es ihrem Besitzer blitzartig zuflüstern zu können. Bildung ist eine allzeit verfügbare Ware geworden.

Das Buch spitzt schließlich den Warencharakter von alten Büchern noch zu. Maschinen können schließlich nicht nur Bücher nachdrucken, sondern originalgetreu die Erstausgaben mit allen Stockflecken, Einrissen und Randbemerkungen reproduzieren, sodass das zu Beginn kriminell-exklusive Experiment letztlich in zynischer Form demokratisiert werden kann. Jeder kann sich alles auf Büchern grillen lassen, und sogar die Bibel wird letztlich ins Visier der Köche genommen.

Eigentlich weiß ich ja wirklich nicht, ob der Buchdruck eine langfristige Perspektive hat. Klar, es erscheinen mehr Bücher denn je, und der Bücherkauf geht nicht zurück, wenn er sich auch mehr und mehr in den anonymen Onlinehandel verlagert. Aber es wird noch gelesen. Nur war in meiner Jugend ein Buch ein kostbarer Gegenstand, ausgesucht aus dem Donaulandkatalog meiner Großmutter und sorgsam behütet. Heute ist das Buch meist kurzlebiger, es wird nicht mehr so sehr als das Tor zur weiten Welt empfunden. Die emotionale Bindung an das Buch ist bei den jüngeren Generationen zweifellos geringer geworden.

Ich selbst habe noch viele Bücher, von denen ich mich wohl nicht oder zumindest nicht leicht trennen werde. Das sind vorerst einmal die etlichen Lieblingstexte, die mein Leben mit geformt haben, dann aber auch die geschlossenen wunderschönen reihen wie die „Andere Bibliothek", bibliophil gestaltet und schon über 400 Titel zählend. Oder aber die letzte gedruckte Ausgabe des „Großen Brockhaus" aus dem Jahr 2000, der in der Goldschnittausgabe mein Arbeitszimmer in einem eigenen Regal ziert. Diese Bücher hatte ich beim Lesen des Romans von Vladimir Sorokin vor Augen, und das war nicht nur unbehaglich, sondern sogar verstörend und beängstigend.

Aber selbst dann, wenn ein Buch manchmal erschreckt und Angst macht, Lesen ist ein wesentlicher Teil unseres Lebens. Lesen zu können und zu dürfen, das ist ein Privileg. Es ist das Tor zur Bildung, zu einem selbstbestimmten Leben. Ja, jedes Buch hat einen bestimmten Geruch, Papier fühlt sich oft unterschiedlich an. Aber das sollte auch in Zukunft nicht die Feinheiten bei der Herstellung einer besonderen Delikatesse bestimmen, sondern uns erfreuen, wenn wir wieder einmal ein schönes Buch in den Händen halten.

Sendung vom 12. Mai 2019

Muttertag

Heute, am 2. Sonntag im Mai, wird bei uns wie in vielen anderen Ländern der Erde traditionell der Muttertag gefeiert. Seit mehr als einem Jahrhundert ist dieser Tag fix in den Jahresabläufen der meisten Familien verankert. Selbst wenn das Ereignis heute kommerziell überfrachtet ist, so werden doch heute viel mehr Mütter angerufen, besucht, ausgeführt oder durch ein Frühstück erfreut werden als an allen anderen Sonntagen im Jahr. Im Gegensatz zum Vatertag findet der Muttertag gesellschaftlich breite Akzeptanz, losgelöst von religiösen oder weltanschaulichen Positionen.

Dabei ist die klassische Muttertags-Idee, die am Beginn des 20. Jahrhunderts hinter der Festlegung eines Muttertags stand, durchaus einem bestimmten Frauenbild jener vergangenen Zeit geschuldet. Die Modernisierung, die sich in den Jahrzehnten vor dem Ersten Weltkrieg beschleunigt hatte, schrieb Geschlechterrollen auf eine neue Art und Weise fest. Arbeit, meist männliche Arbeit, fand zumindest in den Städten und Industriedörfern nunmehr außer Haus statt. Die Frau hatte überwiegend die Pflicht, das Heim zu gestalten, den Haushalt zu führen und die Kinder zu erziehen. Sie hatte der sichere Hort zu sein, während der Mann draußen den Stürmen des Lebens zu trotzen hatte.

Das führte nicht nur zu stereotypen Geschlechterzuschreibungen, sondern auch zu unterschiedlichen Bindungen der Kinder an die beiden Elternteile. „Wart nur, bis der Papa nach Hause kommt!", diese drohenden Worte der Mutter haben wohl viele meiner Generation noch im Ohr. Der Vater, das war die Autorität, die Mutter war die meist Schützende, Behütende. Der Mutter konnte man sich anvertrauen, bei ihr konnte man Trost finden, sie war die Vermittlerin.

Und sie war da, wenn man sie brauchte, nicht unerreichbar wie der ferne Vater.

So entwickelte sich, zumindest in der idealtypischen Familienform jener Jahre, ein besonderes Dankbarkeitsverhältnis den Müttern gegenüber heraus. Selbst bei mir war das durchaus auch noch so. Obwohl meine Mutter nun schon 33 Jahre tot ist, habe ich noch manchmal das Gefühl, dass es mir wichtig wäre, ihr etwas zu sagen, sie teilhaben zu lassen an meinem Leben und sie fragen zu können vor Entscheidungen. Und gerade um den Muttertag herum, der nahe an ihrem Geburts- und Sterbetag liegt, vermisse ich sie ganz besonders. So ist mein Muttertag mit dem nicht nur traurigen, sondern auch dankbaren Gedenken an meine geliebte Mutter erfüllt.

Natürlich ist die hier beschriebene traditionelle Familienform, also die Kernfamilie mit Vater, Mutter und Kindern, heute nicht mehr die Regel. Sie war auch historisch nicht vollständig durchgesetzt. Da gab es immer auch die Mehrgenerationenfamilie, vor allem am Land, aber auch im Handwerk, es gab stets die alleinerziehenden Mütter und es gab Patchwork-Konstruktionen. Dennoch, in den Schul- und Kinderbüchern, in den Filmen und den meisten Erzählungen galt die Kernfamilie als Tatsache oder zumindest als angestrebtes Wunschbild. Und in diesem Bild ist die Mutterrolle klar fixiert.

Natürlich wartet meine Frau heute darauf, dass unsere Kinder zumindest anrufen. Sie tun das auch verlässlich, denn obwohl sie schon viele Jahre aus dem Haus sind, sind unsere Familienbande sehr eng. Aber selbst dann, wenn nicht Muttertag ist, richten sie ihre Anrufe ganz überwiegend an meine Frau, und ich darf dann erst nachgereiht zum Telefon. Die Mutterbindung ist zweifellos die dominierende Familienbeziehung.

Bei allen Wandlungen, die Mutter- und Familienbilder in den letzten Jahrzehnten durchlaufen haben, sollte der Muttertag Anlass sein, über die Geschlechterbeziehungen in unserer Welt nachzudenken, über Arbeitsteilung, über Karrierechancen, über Karenzzeiten und über unser zwischenmenschliches Verhalten. Da werden selbst dann wenn Männer sich bemühen, ungleiche Bedingungen und strukturelle Benachteiligungen sichtbar. Die sind nicht mit dem „einmal Frühstück ans Bett bringen" ausgeglichen, auch nicht mit dem Blumenstrauß oder aber mit dem heutigen Ausführen zum Essen. Dass mehr Last auf den Schultern der Frauen liegt, dass bei Alleinerzieherinnen sich diese Last noch gewaltig vermehrt, dass gleicher Lohn für gleiche Arbeit noch immer nicht voll verwirklicht ist, dass Altersarmut ein dominant weibliches Problem ist, all das sollten wir gerade heute nicht aus den Augen verlieren. Wenn das heute wirklich mit bedacht und thematisiert wird, dann hätte der Muttertag eine zusätzliche sinnvolle Dimension.

Aber am heutigen Morgen sollte erst einmal die Freude überwiegen. Dieser Morgen sollte für alle Mütter einen Tag beginnen lassen, an denen sie eine extra Portion Aufmerksamkeit erfahren, an dem die Kinder zumindest symbolisch Dank abstatten und an dem man über manche Ungerechtigkeit und manchen Schmerz hinwegsehen kann und sollte. Es sollten nicht die Geschenke sein, sondern die gemeinsame Zeit und die Aufmerksamkeit, die heute wirklich zählen.

Neben all dem Kommerz, der den heutigen Tag umgibt, neben manchem Kitsch und vielleicht neben mancher Enttäuschung wünsche ich doch allen Müttern, dass heute die Freude überwiegen möge, dass der Muttertag ein Tag werden soll, den man in guter Erinnerung behalten kann. In diesem Sinn also allen Müttern ein „Alles Gute zum Muttertag!"

Sendung vom 19. Jänner 2020

Zeit

Haben Sie schon einmal versucht, für eine Minute die Luft anzuhalten? Wenn Sie es machen, werden Sie feststellen, wie lang ein Minute sein kann. Lang kann auch die Zeit sein, wenn man auf ein freudiges Ereignis wartet. Am Bahnsteig zu stehen und zu warten, bis der Zug einfährt, in dem ein geliebter Mensch sitzt dehnen etwa 10 Minuten schier endlos aus. Ganz anders ist es aber, wenn man plötzlich erstaunt feststellt, wie die Zeit verflogen ist, wenn man sich in Erinnerung ruft, wie lange es schon her ist, dass man etwa zum letzten Mal beim Zahnarzt gewesen ist. Und die zehn Minuten, die man dann am Behandlungsstuhl sitzt, dehnen sich wieder gewaltig aus.

Zeit ist also im subjektiven Empfinden relativ. Es ist aber das Privileg des Alters, dass man erkennt, nicht mehr über ein unbegrenztes Zeitbudget zu verfügen. Der Schritt vom Unendlichen ins Endliche ist getan, und man lernt, dass Dinge, die man unbedingt machen will, nicht mehr einfach in ein Irgendwann zu verschieben sind. Unabhängig davon, dass für alle immer und jederzeit der finale Schlusspunkt gekommen sein kann, weiß man statistisch, dass man haushalten muss und dass man daher Entscheidungen bewusster treffen muss, vor allem, was den Zeitrahmen betrifft, den sie beanspruchen. Man wird in meinem Alter kein Haus mehr zu bauen beginnen, aber kann mit Freude kurzfristigere Ziele anstreben. Was will man noch kennenlernen, was will man noch versuchen oder was ist bisher unerledigt zurückgeblieben?

Subjektiv fühlt man sich meist jünger, als es der biologischen Realität entspricht. Dass ich nun fast ein halbes Jahrhundert lehrend und schreibend unterwegs bin, macht mich in den Augen der jüngeren Mitarbeiterinnen und Mitarbeiter zum alten Zausel, wohl etwas schrullig und in manchen Dingen nicht mehr auf der Höhe der Zeit.

Dass mein Rat und meine Meinung noch gefragt sind, nehme ich zwar selbst an, ich kann aber nicht sicher sein, dass es alle so sehen. Selbst ist man natürlich davon überzeugt, mit der jahrzehntelangen Erfahrung vieles besser zu wissen. Aber eine nächste Generation muss und wird ihre eigenen Entscheidungen treffen müssen, und ich kann nur dankbar feststellen, dass man mir durchaus noch Gehör schenkt.

Im Verhältnis zu den eigenen Kindern beginnt sich für meine Frau und mich manches umzukehren. Sie nehmen uns inzwischen manche Entscheidungen ab, helfen uns bei den vielen technischen Herausforderungen und übernehmen bei gemeinsamen Autofahrten schon mal ganz gern das Steuer. Das ist für uns nicht unangenehm, aber doch gewöhnungsbedürftig. So viele Jahre haben wir sie behütet, haben sie angeleitet, unterstützt und beraten. Langsam wird hier aber einiges anders, zum Glück ohne Generationenkonflikt und im wechselseitigen Vertrauen. Die leise und liebevolle Ironie, mit der unsere Kinder uns bedenken, ist wohltuend und zeigt, dass wir in der Erziehung nicht alles falsch gemacht haben können.

Das Alter hat seine Tücken. Ich werde unbeweglicher, ich werde schneller müde und ich wage viele Dinge schon lange nicht mehr. Die Schier stehen seit Jahren unbenutzt im Keller, außer Schwimmen, Radfahren oder kleinen Wanderungen ist Sport zu einem Erleben vor dem Fernseher geworden. Aber es gibt noch so viel zu lesen, noch so viel, was ich noch schreiben oder forschend ergründen möchte. Es ist mein großes Glück, einen Beruf zu haben, den ich so lange ausüben kann, als es meine Augen oder mein geistiger Zustand zulassen werden. Das ist ein Privileg. So sitze ich täglich einige Zeit an meinem Arbeiten, plane Vorträge, Aufsätze, ein Buch, Ausstellungen oder bereite mich auf Diskussionsveranstaltungen vor. So hat sich auch der Pensionsschock, an dem manche meiner Altersgenossen leiden, bei mir in Grenzen gehalten.

Auch Reisen geht noch immer sehr gut. So konnte ich im Herbst mit meiner Tochter die Traumstädte meiner Jugend, Samarkand und Buchara besuchen und so Bilder, die ich seit gut sechs Jahrzehnten im Kopf habe, mit der Realität konfrontieren, und diese Realität hat den Bildern im Kopf durchaus standgehalten. Und bald fahren meine Frau, beide Kinder und ich nach Kalabrien, um eine für uns alle unbekannte Region für uns wenigstens im Ansatz zu erschließen. Es ist diese Neugier, die uns immer wieder antreibt, um nicht in einen Trott zu verfallen, der sich nur noch in vertrauten Bahnen vollzieht.

Vielleicht ist das der entscheidende Vorsatz für das eben erst begonnene Jahr: Sich die Neugier zu bewahren, das Fremde zu suchen, sich darauf einzulassen, fremde Speisen zu kosten, andere Lebensformen zu sehen und offen zu sein für das Ungewohnte. Denn so kann man auch offen sein für das Fremde hier bei uns, für Menschen, die hierher zugewandert sind und die versuchen, sich in einer Welt, die ihnen nicht vertraut ist, zurechtzufinden. Daraus kann dann ein neues Miteinander entstehen, wie wir es mit jener syrischen Familie, die wir anfangs betreut haben, die aber inzwischen Freunde geworden sind, erleben dürfen. Vielleicht kann das auch dazu beitragen, das eigene Altern nicht allzu tragisch zu nehmen und zufrieden auf sein Umfeld zu blicken.

Sendung vom 16. Februar 2020

Gleichberechtigung

Auf den Tag genau vor 101 Jahren durften in Österreich erstmals auch alle erwachsenen Frauen das Wahlrecht ausüben. Das war zwar ein Meilenstein auf dem Weg zur Geschlechtergerechtigkeit, aber es war doch nur ein erster Schritt. Es hat immerhin bis zum Jahr 1975 gedauert, bis im Familienrecht die Rechtswirkungen der Eheschließungen geändert wurden. Bis dahin war der Mann das Oberhaupt der Familie, er konnte seiner Frau sogar verbieten, berufstätig zu sein. Sie hatte auch seinen Familiennamen anzunehmen.

Bis heute sind wir noch immer weit davon entfernt, dass die Gleichberechtigung zwischen Mann und Frau gelebte Realität geworden wäre. Bis in meine Generation hinein war es selbstverständlich, eine Hierarchie zwischen den Geschlechtern als gegeben hinzunehmen. Meine Schwiegereltern begaben sich sogar auf eine Wallfahrt, als auch das zweite Kind, meine Frau, wieder eine Tochter war. Der Glaube wurde belohnt, es folgten drei Söhne. Und meine Mutter war enttäuscht, weil mein älterer Bruder drei Töchter und keinen Sohn hatte. Die Kinder meiner Schwestern, die ja gewissermaßen hinausheirateten, zählten da nicht wirklich, obwohl sich darunter zwei Knaben befanden. Bei der Geburt unseres Sohnes, ihres siebenten Enkelkindes, seufzte sie erleichtert: „endlich ein echter Konrad".

Darüber mag man heute lächeln, aber es gibt noch allzu viele Bereiche, in denen die Frauen um gleichberechtigte Anerkennung kämpfen müssen. Die Politik steht natürlich unter scharfer Beobachtung, hier hält man Quoten weitgehend ein, aber wenn man etwa genau hinschaut, was auf der Ebene darunter, bei den hochdotierten wirtschaftlichen Positionen passiert, zeigt sich ein anderes Bild. In der Wissenschaft wird es langsam besser, selbst Rektorinnen gehören heute schon selbstverständlich auf das Gruppenbild der

Universitätenlenkerinnen und -lenker. In der Kultur entdeckt man gerade die vergessenen oder verdrängten Frauen als Produzentinnen von Kunst. Der alte Slogan der Gorilla Girls. dass Frau nur nackt, also als Modell, ins Museum kommt, verliert langsam seine Berechtigung. Aber wenn man auf den Bereich Sport schaut, sind die Unterschiede noch eklatant, sowohl in der öffentlichen Anerkennung und Aufmerksamkeit, als auch bei den Preisgeldern. Und das erklärt sich nicht nur aus der im Schnitt überlegenen körperlichen Kraft der Männer.

Der Weg zur Gleichberechtigung ist also noch lange nicht zu Ende gegangen. Das gilt wahrscheinlich auch noch immer im privaten Bereich, in der häuslichen Arbeitsteilung oder bei den familiären Entscheidungen. Was wird eingekauft, wohin fährt man auf Urlaub, wer trägt den Müll raus und wer macht die Küche sauber?

Meine Frau und ich haben uns in dem knappen halben Jahrhundert unseres Zusammenlebens bemüht, einigermaßen den Ansprüchen der Gleichberechtigung gerecht zu werden. So war zum Zeitpunkt unserer Eheschließung die Führung eines Doppelnamens bereits erlaubt, und unser Haushalt funktioniert bis heute ganz gut mit wechselseitig akzeptierten Verantwortungsfeldern. Unsere Kinder, ein Sohn und eine Tochter, hatten genau die gleichen Chancen und sind, bis hin zum geregelten Erbe, auch ganz genau gleich behandelt. Dennoch, eine strenge Prüfung, ob wirklich alles gleichberechtigt gelaufen ist, würde auch unsere Partnerschaft nicht kritiklos lassen. Allzu oft wurden wichtige Entscheidungen wie etwa die der Wahl des Lebensmittelpunktes, nach den Bedürfnissen des Mannes getroffen. Meine Frau hat das mitgetragen, obwohl es für sie sicher nicht immer leicht war, aus ihrem Umfeld, auch dem beruflichen, auszusteigen und anderen Orts einen Neuanfang zu wagen.

Vielleicht ist der 16. Februar ein gutes Datum, um sich der jeweiligen eigenen Verantwortung auf dem Gebiet der Gleichberechtigung bewusst zu werden. Das geht heute ja über die Beziehung zwischen

Frau und Mann hinaus. Wie akzeptiert man andere Lebensformen jenseits der traditionellen Kernfamilie? Und welche Formen der Lebensgestaltung sind damit umfasst? Welche Chancen bietet unsere Gesellschaft für eine Alleinerzieherin und ihr Kind und was kann ich dazu beitragen? Wieviel an diskriminierendem Vokabular habe ich in meiner eigenen Alltagssprache? Schaue ich weg, wenn ich Grenzüberschreitungen in meinem Umfeld beobachten kann?

Das Ringen um Gleichberechtigung, das vor 101 Jahren einen ersten großen Erfolg landen konnte, ist also noch immer nicht zu Ende. Vieles ist erreicht, und mehr als einmal haben auch Quotenregelungen geholfen. Das Ziel, ein selbstverständlicher Umgang miteinander in voller Gleichberechtigung, ist zwar ein gutes Stück näher gerückt, aber es liegt noch immer fern genug, um so manche Anstrengung und Forderung auch heute noch zu rechtfertigen, mit denen die Lebenschancen von Frauen jenen der Männer wirklich angeglichen werden sollten.

Sendung vom 25. September 2022

Mein Jahreslauf

Für die meisten Menschen beginnt ein neues Jahr in der Nacht vom 31. Dezember auf den 1. Jänner, wenn man beim Datum eine neue Jahreszahl verwenden muss. Im Lebensrhythmus ist allerdings diese meist kalte Nacht, selbst wenn man sie ausgelassen im Freundeskreis verbringt, kein wirklich prägender Einschnitt. Die markanten Weichenstellungen tragen ganz andere Daten.

Noch für meine Großmutter, die Magd auf einem Bauernhof war, war Maria Lichtmess, also der 2. Februar, das wichtigste Datum, denn da mussten viele Knechte und Mägde ihre Arbeitsplätze verlassen und sich auf die Suche nach einem anderen Hof machen, der bereit war, sie als billige Arbeitskräfte aufzunehmen. Heute hat dieser Brauch längst ausgedient, Knechte und Mägde sind als Berufsgruppe verschwunden.

Der Sohn meiner Großmutter, mein Vater, war Volksschullehrer. Für ihn war der Beginn der zweiten Septemberwoche der entscheidende Jahreseinschnitt, da gab es die neue Klasse und die neuen Kinder. Und für die meisten von uns waren in den Pflichtschuljahren diese Tage ebenfalls Weichenstellungen. Der erste Schultag, heute mit großer Schultüte versüßt, ist wohl in den meisten Fotoalben bis heute ein Fixpunkt der Erinnerung. Zumindest ein Jahrzehnt lang war ein neues Jahr für alle gleichbedeutend mit einem neuen Schuljahr.

Für mich hat sich vor 56 Jahren diese Zeitleiste etwas verschoben. Seit ich 1966 in der letzten Septemberwoche neugierig und aufgeregt, ja eigentlich komplett nervös, das Hauptgebäude der Universität Wien betreten habe, um mich in einem ganz neuen Umfeld zu orientieren, ist es diese letzte Septemberwoche, die für mich den Jahreswechsel symbolisiert. In den ersten Jahren waren es die Fragen, welche Lehrveranstaltungen angeboten werden und welche davon man besuchen sollte, auf welche Lehrkräfte man stoßen würde, ob man ein Auslandstipendium antreten kann und welche Mindesterfolge ich selbst zu erreichen hatte, um weiter das Begabtenstipendium zu erhalten.

Vor genau einem halben Jahrhundert konnte ich dann die Seiten wechseln, aber die letzte Septemberwoche blieb trotzdem zentral. All die Jahrzehnte als Hochschullehrer, selbst als erfahrener älterer Mann, gab es in diesen Tagen ein Kribbeln, eine innere Aufgeregtheit, und durchaus auch eine gewisse Unsicherheit. Auf welche Studierenden wird man treffen? Passen die von mir vorgesehenen Inhalte in die Erwartungen der jungen Menschen und sind sie geeignet, das Ziel zu erreichen, das ich mir selbst als Ergebnis gesetzt habe? Wird es gelingen, das Feuer der Begeisterung für unser Fach bei den Studierenden zu entzünden? Wird man ein paar herausragende Talente erkennen und fördern können? Habe ich mich inhaltlich ausreichend vorbereitet?

Das neue Jahr war also für mich immer das neue Schul- oder Studienjahr, der Jahreswechsel erfolgte im späten September. Danach hat sich alles aufgerichtet, etwa auch die Urlaube. Das gesamte Familienleben war an diesem Rhythmus orientiert. Nun ist es aber schon wieder sechs Jahre her, dass ich genau um diese Zeit meine letzte Woche als aktiver Hochschullehrer absolvierte. Das Loslassen war nicht leicht, teilweise habe ich einfach weitergemacht als ob ich noch im aktiven Dienst wäre, teilweise spürte ich heftigen Phantomschmerz, der nicht so schnell verschwand und den ich gerade jetzt wieder zumindest leicht verspüre.

Inzwischen ist aber mein Jahresablauf allerdings ein anderer geworden. In dieser letzten Phase des Septembers erfreue ich mich jetzt an den Neuerscheinungen, die der Bücherherbst bringt und auch ganz real an den Köstlichkeiten, die nur um diese Zeit zu haben sind, etwa den prachtvollen Steinpilzen, die es derzeit auf dem

Markt gibt. Schreiben und Forschen geschieht zum Glück unabhängig von der Jahreszeit, und die sonstigen Verpflichtungen verteilen sich willkürlich über das Jahr. Ich kann inzwischen verreisen, wenn mir danach ist, bin nicht mehr an die Ferien gebunden und erlebe somit den Jahresablauf nicht mehr so strikt normiert.

Aber was ersetzt mir die letzte Septemberwoche als Jahreseinschnitt? Vielleicht doch Silvester, vielleicht der Geburtstag? Dass ich das gar nicht genau sagen kann, zeigt vielleicht, dass es nicht mehr wichtig für mich ist. Wichtig ist dieser September aber für Hunderttausende Menschen in unserem Land, für die jetzt ein neues Schul- oder Studienjahr begonnen hat. Dass es gut gelingen möge, das wünsche ich allen.

Sendung vom 18. Dezember 2022

Interessante Zeiten

Von Heiner Müller, einem bedeutenden, aber nicht unumstrittenen Schriftsteller aus der ehemaligen DDR las ich unlängst die folgenden Zeilen, die er 1992 unter dem Titel „Die Klage des Geschichtsschreibers" veröffentlicht hatte:

„Im vierten Buch der Annalen beklagt sich Tacitus über die Dauer der Friedenszeit, kaum unterbrochen von läppischen Grenzkriegen, mit deren Beschreibung er auskommen muss, voll Neid auf die Geschichtsschreiber vor ihm, denen Mammutkriege zur Verfügung standen, geführt von Kaisern, denen Rom nicht groß genug war, unterworfene Völker, gefangene Könige, Aufstände und Staatskrisen. Und Tacitus entschuldigt sich bei seinen Lesern. – Ich meinerseits, zweitausend Jahre nach ihm, brauche mich nicht zu entschuldigen und kann mich nicht beklagen über Mangel an gutem Stoff."

Dazu passt der angebliche chinesische Fluch: „Mögest Du in interessanten Zeiten leben!" Das bedeutet in etwa, dass ruhige, unaufgeregte Zeiten eher Zeiten des Glücks sind oder zumindest sein können. Als Laotse in die Emigration ging, beschreibt das Bert Brecht in einem berühmten Gedicht: „Als er 70 war und war gebrechlich – drängte es den Lehrer doch nach Ruh – denn die Güte war im Lande wieder einmal schwächlich – und die Bosheit nahm an Kräften wieder zu. – Und er gürtete den Schuh."

Ja, die Zeiten sind derzeit interessant, es gibt Krieg, Vertreibung, Emigration und Flucht, viel Bosheit und leider, trotz mancher Gegenbeispiele, wohl viel zu wenig Güte, nicht nur bei uns.

Es ist verständlich und nachvollziehbar, dass das Jahr 2022, auf das wir langsam schon zurückblicken können, viele Ängste geweckt hat, dass es manchen Menschen ökonomische, ja sogar existenzielle Sorgen bereitet hat und dass daher viele derzeit zuerst an sich selber denken. Erstmals spüren alle einen realen Einkommensverlust durch die gewaltige Inflation, dazu kommen potenzielle Versorgungsengpässe an Gas und Öl, und für ökonomisch schwache Familien könnte der Winter durchaus kalt werden. Der Krieg in der Ukraine, seit fast drei Jahrzehnten der erste Krieg in unserer europäischen Nachbarschaft, hat zwar, wie schon der Krieg beim Auseinanderbrechen Jugoslawiens, eine Welle der Hilfsbereitschaft für die vertriebenen oder geflüchteten Menschen ausgelöst, die Abstiegsängste aber bei vielen hier im Land verstärkt, viel stärker als die Konflikte am Balkan.

Es war kein leichtes Jahr. Corona hatte uns im Griff, und ich selbst weiß, wie schwierig es ist, Long Covid wegzustecken, eine Belastung, die mich für Wochen enorm beeinträchtigt hat und noch immer plagt. Corona hat zu einer deutlichen Übersterblichkeit geführt, was sogar die statistische Lebenserwartung gesenkt hat. All diese Krisen sind eine ganz neue Erfahrung, nicht nur für die jüngeren Generationen.

Bei uns kommt dazu, dass das Vertrauen der Menschen in die Lösungskompetenz der Politik auf einem Tiefstand angekommen ist. Das ist nicht ausschließlich die Schuld der handelnden Personen, denn es gibt derzeit keine einfachen Lösungen. Jede Maßnahme hat Kollateralschäden, jede Hilfe, die derzeit ausbezahlt wird, engt den Handlungsspielraum in der Zukunft ein. Gesamteuropäische Schritte, die notwendig wären, scheitern an den Blockaden einzelner Länder, wo das Schielen auf die nächsten Wahlen wichtiger zu sein scheint als gemeinsame Vorgangsweisen. Und Populisten locken die Menschen mit simplen, aber unrealistischen Vorstellungen.

Wie also weiter? Als Historiker kann ich nur sagen, dass nur eines sicher ist, und das ist der Wandel. „Am Grunde der Moldau wandern die Steine, es liegen drei Kaiser begraben in Prag. Das Große bleibt groß nicht, und klein nicht das Kleine, die Nacht hat 12 Stunden, dann kommt schon der Tag", so drückt es Bert Brecht aus. Und in zwei Wochen, zum Jahreswechsel, sollten wir uns alle wünschen, dass diese Zeitenwende eintritt. Wir können aber auch alle einen Beitrag dazu leisten. Ein guter Vorsatz wäre, die Hand auszustrecken in die Richtung von Menschen, die nicht unserer Meinung sind und Hilfe zu geben für jene, die diese bitter benötigen. Freundlichkeit und Hilfsbereitschaft lösen nicht die großen Probleme, aber sie machen das Leben einen Augenblick lang schöner.

Sendung vom 15. Jänner 2023

Sternsinger

Vor etwa 10 Tagen kamen die Sternsinger zu uns ins Haus. Obwohl wir nicht religiös sind, war es uns eine Freude, die Heiligen Drei Könige, die in unserem Fall Königinnen waren, und die Sternträgerin hereinzubitten. Vor dem immer noch schönen Weihnachtsbaum sangen und rezitierten die Mädchen und schrieben schließlich den Segenswunsch über unsere Haustür. Es ist für uns selbstverständlich, die Projekte in Afrika zu unterstützen.

Als die Gruppe gegangen war, entspann sich zwischen meiner Frau und mir eine Diskussion, ähnlich jener, die in den Folgetagen auch in Artikeln und Leserbriefen ausgetragen wurde. Es gab in der Gruppe der Sternsinger diesmal keine schwarzafrikanische Königin. Das ist einerseits zu begrüßen, denn selbst im Theater wird etwa bei Shakespeare Othello nicht mehr zwangsläufig mit dunkel gefärbtem Gesicht auftreten. Anderseits symbolisieren die Herkunftsorte der Könige aber auch den weltumspannenden Anspruch der Kirche und deren Glauben an die Gleichwertigkeit der Menschen, unabhängig von ihrer Hautfarbe.

Woher kommt die Angst, dass es falsch oder abwertend verstanden werden könnte, wenn man andere Kulturen oder Verhaltensmuster aus anderen Weltgegenden spielerisch nachahmt? Vor sieben Jahrzehnten im Kindergarten habe ich die Buben beneidet, die als Indianer verkleidet mit rot gefärbten Gesichtern, mit Federschmuck und Pfeil und Bogen durch den Garten lärmten, während ich traurig in einem seltsam riechenden Bajazzo-Kostüm der Außenseiter in der Gruppe war. Wir sagten unreflektiert und gar nicht bewusst abwertend Indianer oder Neger, waren neugierig und später durch Karl May durchaus positiv von Winnetou beeindruckt.

Inzwischen sind nicht nur wir sensibler geworden. Zwar lasen unsere Kinder noch mit Begeisterung Hadschi Bratschis Luftballon, allerdings in der entschärften Version, in der die Menschenfresser schon durch die Affenherde ersetzt waren. Aber inzwischen wird wohl allgemein anerkannt, dass Kulturelle Aneignung ein heikles Thema ist. Die Übernahme von Ausdrucksformen, Artefakten, Mode, Haartracht, Geschichte oder Ernährungsgewohnheiten vollzieht sich höchst selten auf Augenhöhe zwischen der Herkunftskultur und den Menschen, die diese Formen etwa bei uns übernehmen. Wenn eine kulturelle Dominanz besteht, wenn hegemoniale Kultur Elemente einer vielleicht sogar unterworfenen, zumindest aber nicht gleichberechtigten Menschengruppe übernimmt, wird es problematisch. Wenn sich Weiße die schwarze Musik zu spielen beginnen, wenn der Afro-Look als Frisur bei uns ein Modegag ist, erfolgt die Aneignung nicht als Austausch, sondern als Aneignung ohne Erlaubnis und Gegenleistung. Das kann von den Angehörigen der unterdrückten Kultur als beleidigend oder zumindest als anmaßend empfunden werden.

Einige Reaktionen erscheinen mir allerdings übertrieben und hinterfragenswert. Wenn das Gedicht, das eine junge Afroamerikanerin anlässlich der Inauguration von Präsident Biden nicht mehr von einem ausgewiesen hervorragenden Übersetzer in eine andere Sprache übertragen werden darf, nur weil der Fachmann nicht nur ein Mann, sondern sogar ein alter weißer Mann ist, geht mir das zu weit. Wenn klassische Literatur gesäubert werden muss, weil einstmals gängige ethnische Vorurteile in den Texten zu finden sind, dann ist das wie mit dem Stürzen von Denkmälern. Man löscht eigene Traditionen aus, schneidet sich von einer kritischen Auseinandersetzung mit der eigenen Geschichte und der gewachsenen Kultur ab und kann so vieles auch in der Gegenwart nicht richtig verstehen.

Stehen lassen, kritisch kommentieren und offen diskutieren, dann relativiert sich vieles im Vorwurf der kulturellen Aneignung.

Bedeutet das aber jetzt, dass ich den schwarzen König bei den Sternsingern vermisst habe? Ich lasse die Antwort bewusst offen. Wenn mit den jungen Mädchen die Frage diskutiert wurde und wenn die Entscheidung, das Gesicht nicht anzumalen, reflektiert erfolgt ist, so ist das in Ordnung, auch wenn mein historisches Bild der Heiligen Drei Könige damit unvollkommen ist.

Sendung vom 16. Juli 2023

E-Book oder Bücher

Unsere sonntägliche Sendeleiste ist eigentlich kein Diskussionsforum. Daneben ist es sogar bemerkenswert, wie wir vier, die uns abwechseln, in den wesentlichen Werthaltungen übereinstimmen. Heute aber reizt mich das, was am letzten Sonntag von Frido Hütter zu hören war, doch zum Widerspruch. Er hat ein Loblied auf das elektronische Buch, das „E-Book", gesungen. Klar, es gibt praktische Vorteile: es ist leicht, kann daher überall hin mitgenommen werden und hat große Speicherkapazität. Zudem müssen für dieses Buch keine Bäume gefällt werden.

Dennoch, ich verwende diese Technologie nicht. Für mich ist ein Buch ein Gesamtkunstwerk, das mir optisch und olfaktorisch gefallen muss. Ist Ihnen schon aufgefallen, dass Bücher riechen? Wenn ich einen Band der über 400 Bände der „Anderen Bibliothek" zur Hand nehme, dann kann man den Bleisatz riechen, den Kleber der Bindung, und man kann über die Schönheit der Gestaltung staunen. Mein dreißigbändiger Brockhaus, die letzte gedruckte Ausgabe, hat eine Goldschnitt und ist google damit an optischem und haptischem Vergnügen weit überlegen. Zudem ist das Wissen dort viel gesicherter.

Schon als Kind war es Gesamterlebnis, zu Weihnachten oder zum Geburtstag ein Buch auswickeln zu dürfen. Und die Großmutter, sicher nicht begütert, erlaubte es uns Kindern, aus ihrem Donauland-Katalog hin und wieder ein Buch auszusuchen, das dann sehnsuchtsvoll erwartet wurde. Ein Buch war immer ein passendes Geschenk. Mit meinem Vater, dem Obmann der Kinderfreunde im Dorf, durfte ich helfen, Bücher auszusuchen, die dann an die Kinder des Dorfes verteilt wurden.

Selbstverständlich kommen im Laufe eines langen Lebens, das immer vom Lesen bestimmt war, viele Bücher zusammen. Obwohl ich gut 2.000 Fachbücher in die Universitätsbibliothek eingliedern durfte und obwohl sich eine Dorfbücherei in Vorarlberg über mehrere Autoladungen an Belletristik freuen durfte, stapeln sich bei uns zu Hause die Bücher. Der große Keller ist voll, das Stiegenhaus mit Regalen verbaut, und im Schlafzimmer türmen sich neben dem Bett jene Bücher, die gerade gelesen wurden oder darauf warten, gelesen zu werden. Manchmal denke ich mit Schrecken daran, wer wohl nach uns hier einmal Ordnung machen wird.

Wir kommen gerade von einem Familienurlaub aus Kärnten zurück. In unserem Gepäck war schon bei der Hinreise ein großer Rucksack voller Bücher. Ja, das ist nicht leicht zu transportieren, aber dann ist es ein Vergnügen, J. M. Coetzees „Der Pole" oder Olga Tokarczuks „Empusion" real in Händen zu halten. Beim wunderbaren Altwarenladen in Feldkirchen sind dann noch etliche Bücher dazugekommen. Und im offenen Bücherschrank der Stadt musste ich mich sehr zurückhalten, um nicht eine weitere Ausgabe von Goethes „Faust" mitzunehmen. Zu meinem Glück war es eine Taschenbuchversion, da kann ich leichter widerstehen. Dennoch, wir kamen mit etlichen Büchern mehr aus Kärnten zurück.

Vor etwa einem halben Jahrhundert, als junger Assistent an der Universität in Linz, war ich an einer Initiative beteiligt, die unter dem Namen „MüLi", gesunde Lebensmittel aus dem Mühlviertel direkt von den Produzenten in die Stadt Linz brachte. Daraus entstand der Laden „Bücher und andere Überlebensmittel", was für mich mehr bedeutete als eine pfiffige Namensgebung. Ein Buch ist ein geistiges Grundnahrungsmittel. In dem halben Jahrhundert seither habe ich versucht, zumindest ein Buch pro Woche, das nicht unmittelbar mit meiner fachlichen Tätigkeit zu tun hat, zu lesen. Mir haben sich dadurch Welten erschlossen. Und weil das keine E-Books waren, kann ich heute in meinem Keller manches Exemplar zur Hand nehmen, Erinnerungen abrufen oder auch sehen, wie sich meine Wahrnehmung seit dem ersten Lesen verändert hat. Ein Buch ist fast wie ein Bild, das löscht man auch nicht, wenn man es einmal betrachtet hat.

In diesem Sinn: ich bin dafür, mit etwas mehr Gepäck in den Urlaub zu fahren und dafür echte Bücher in den Händen zu halten. Aber wie immer Sie es halten wollen, Hauptsache ist, sie haben Freude am Lesen.

Sendung vom 13. August 2023

Ehre, wem Ehre gebührt

„Ehre, wem Ehre gebührt" ist ein altes Sprichwort, das aus einem Brief des Apostel Paulus an die Römer stammt. Ausführlicher heißt es: „So gebt nun jedem, was ihr schuldig seid: Steuer, dem die Steuer gebührt; Zoll dem, dem der Zoll gebührt; Furcht dem, dem die Furcht gebührt; Ehre, dem die Ehre gebührt." Es ist also ein Aufruf zum gesetzestreuen und korrekten Leben.

Wem aber gebührt Ehre? „Du sollst Vater und Mutter ehren", das schreibt das vierte Gebot der zehn Gebote vor. Das sollte eine Selbstverständlichkeit sein, aber wenn man sich umschaut, so kann man sehen, dass die Nichteinhaltung dieses Gebotes keine seltene Ausnahme ist.

Paulus meint aber nicht diese private Beziehung. Es geht ihm um die Ordnung im Gemeinwesen, um das Sichtbarmachen von Ehre. Und wer verdient hier diese Ehre? Es scheint mir unbestritten, dass für aufopfernde Dienste an der Gemeinschaft Ehrung auch sichtbar gemacht werden sollte. Feuerwehren, Rettungsdienst, Lebensretter und viele Menschen mehr, die andere vor Unglück und Tod bewahren gehören zweifelsfrei geehrt. Orden im Kriegsdienst sind da schon zweifelhafter, ambivalenter. Selten werden sie für humanitäre Aktionen vergeben, sehr viel häufiger für aggressive Kampfmaßnahmen, also für Tötungen.

In Friedenszeiten, die wir in Österreich seit bald 80 Jahren erleben dürfen, dienen Orden und Ehrenzeichen einerseits der Anerkennung herausragenden Leistungen, anderseits aber zweifellos zur Befriedigung der Eitelkeit der Geehrten. Ich bin da keine Ausnahme. Oftmals werden sie aber als politisches Signal vergeben, und das ist im Rückblick manchmal erschreckend peinlich. Dass die Republik Österreich 1956 ohne Zwang dem Mitverfasser der Nürnberger Rassengesetze,

Hans Globke, das Große Goldene Ehrenzeichen am Bande für Verdienste um die Republik Österreich verlieh, nur weil Globke unter Adenauer in Bonn arbeitete, ist eine solche Peinlichkeit. Heinrich Gross, Euthanasiearzt am Steinhof und nach 1945 unter politischem Schutz der SPÖ, ist ein weiteres Beispiel von der anderen Seite des politischen Spektrums.

Ehrenzeichen posthum abzuerkennen war bis jetzt politisch nicht möglich. Es ist ein Glücksfall, dass sich Prof. Christian Weniger von der Kleinen Zeitung eine Änderung dieser Gesetzesvorlage zur Lebensaufgabe gemacht hat. Unermüdlich hat er Gott und die Welt dazu angehalten, ihn in diesem Kampf zu unterstützen. Nun ist der Erfolg da. Und so kann nun bald die Ehrung für Hans Globke widerrufen werden.

Wenn man Ehrenzeichen nunmehr posthum aberkennen kann, weil die vormals Geehrten nicht den moralischen Standards entsprachen, dann sollte es aber auch möglich sein, Ehrungen posthum zu verleihen. In Gesprächen mit Christian Weniger hat sich für uns herauskristallisiert, dass der unlängst verstorbene Pfarrer Wolfgang Pucher, der so viel für das Ansehen der Steiermark und vor allem der Stadt Graz geleistet, es wirklich verdienen würde, zum Ehrenbürger der Stadt Graz ernannt zu werden. Wo wären wir als Stadt der Menschenrechte ohne den Einsatz, denn Wolfgang Pucher für die Ärmsten in unserer Gesellschaft geleistet hat? Und wie viele Menschen konnten länger und vor allem in Würde Leben, weil er unermüdlich für sie unterwegs gewesen ist? Sicher, er konnte anstrengend sein, laut und insistierend. Er war das aber nie für sich, sondern immer für die Sache, für die Hilfe der aus unserer Gesellschaft Ausgestoßenen.

Es wäre schön, wenn sich viele Menschen aus der Zivilgesellschaft, aber durchaus auch aus der Politik, zusammenfinden könnten, um eine Initiative zur Regeländerung in der Stadt Graz voranzutreiben, um diese Ehrung für Pfarrer Pucher zu erreichen. Seine Bewunderer kommen ja aus den verschiedensten Richtungen und den unterschiedlichsten sozialen Schichten. Also könnte die Unterstützung eine breite sein.

Wäre es nicht ein erfreulicher Schritt: Hans Globke verliert seine Ehrung und Wolfgang Pucher erhält eine. Beides posthum, beides aber ganz in dem Sinn, wie ich mir ein gedeihliches politisches Klima in unserem Lande vorstelle.

Sendung vom 31. Dezember 2023
Abschied

Der letzte Tag des Jahres ist wohl für die meisten von uns der gegebene Zeitpunkt, um Bilanz zu ziehen. Politisch und wirtschaftlich war 2023 zweifellos kein Jahr, das es uns und wohl den Menschen auf der ganzen Welt leicht gemacht hat. Der Ukrainekrieg tobt nun schon das zweite Jahr, und seit dem 7. Oktober brennt es auch im Nahem Osten. Umweltkatastrophen machten nur allzu deutlich, dass die Fortschritte in der Klimapolitik viel zu langsam realisiert werden. Die hohe Inflation, der ökonomische Abschwung und die Situation am Wohnungs- und Arbeitsmarkt hat die Armutsgefährdung wachsen lassen, Existenzängste haben den Mittelstand längst erreicht. Aber vielleicht gab es ja in Ihrem privaten Bereich Ereignisse, die auf der Habenseite gebucht werden können. Zu wünschen wäre das jedenfalls.

Für mich persönlich ist mit dem heutigen Tag ein Wendepunkt erreicht. Nach mehr als 24 Jahren und nach über 400 Sendungen teile ich heute zum letzten Mal meine Gedanken an einem Sonntagmorgen mit Ihnen. Es ist Zeit, aufzuhören, nicht nur wegen des Alters. In vier Wochen werde ich 76, und ich merke auch, dass meine Stimme bald nicht mehr den Ansprüchen gerecht werden kann, die Sie mit gutem Recht in einer Rundfunksendung erwarten können. Und es ist mir auch wichtig, einen Schlusspunkt zu setzen, solange ich der Termin bestimme und solange sowohl der ORF Steiermark als auch hoffentlich einige der Hörerinnen und Hörer mein Ausscheiden bedauern.

Mir hat meine Arbeit im ORF sehr viel Spaß gemacht. Beginnend vom letzten Jahr im vergangenen Jahrhundert, als ich noch meine eigene Musik zur Umrahmung ins Studio mitbringen durfte und wo noch Techniker mit den großen Magnetbändern agierten, bis heute, wo die Technik eine ganz andere ist und wo ich mit Sylvia Rauter, meiner geschätzten Betreuerin, in einem kleinen Kammerl im Funkhaus vor einem Computer die Aufnahmen mache. Ich konnte fast alle Menschen im Funkhaus kennenlernen, Freundschaften schließen und zweimal je ein Buch, das eine Auswahl meiner Sendungen auch Leserinnen und Lesern nahebringen sollte, im Foyer des Hauses präsentieren. Spannende Menschen waren zudem meine Partner von der Frau Landeshauptmann Waltraud Klasnic über die streitbare Grete Schurz bis hin zu dem letzten Team mit Andrea Sailer, Nora Tödtling-Musenbichler und Frido Hütter. Sylvia Rauter hat uns zu einem verschworenen Team geformt.

All das werde ich vermissen, ein Phantomschmerz wird mich noch länger an den Sonntagen einholen, wenn ich das Radio aufdrehe und mir wohl wünschen werde, mich nochmal zu aktuellen Fragen vor einer breiten Zuhörerschar äußern zu können. Aber letztlich werde ich wohl auch sagen, dass der Zeitpunkt für das Aufhören richtig gewählt war.

In all den Jahren habe ich versucht, Ihnen einerseits weltpolitische oder historische Ereignisse aus meiner Sicht zu erläutern. Ich habe Ihnen aber auch viel Privates erzählt, von meiner Familie, von den vielen Reisen in alle Welt und auch von den Katzen, die mich seit über einem halben Jahrhundert begleiten und das Leben meiner Frau und mir nicht nur bereichern, sondern oft auch bestimmen. Auch hier ist ein Wendepunkt erreicht. In unserem Alter können wir wohl nicht mehr junge Tiere ins Haus nehmen, deren Lebenserwartung dann wohl länger ist als die von meiner Frau und sicherlich von mir. Unser blinder alter Kater lebt uns gerade vor, was es bedeutet, mit den Jahren hilflos zu werden.

Einer ganzen Reihe von Menschen habe ich zu danken, dass mir die wunderbare Möglichkeit geboten wurde, über einen so langen Zeitraum regelmäßig, wenn auch zuletzt nur mehr jede vierte Woche – was übrigens mein Wunsch war – sonntags die Sendung zu gestalten. Ich zähle sie hier nicht auf, das wäre eine lange Liste. Vor allem aber danke ich Ihnen, liebe Hörerinnen und Hörer, für die vielen positiven Rückmeldungen, die Sie dem ORF gegeben haben und für Ihr Ansprechen von mir auf der Straße, wo ich noch nie wirklich kritische Stimmen vernehmen konnte. Aber die Kritiker haben wohl das Radio abgeschaltet, wenn angekündigt wurde, dass ich mit den „Gedanken zur Zeit" an der Reihe bin.

Der Schlusspunkt ist aber auch zugleich ein Wendepunkt. Morgen beginnt ein Neues Jahr, das hoffentlich ein besseres werden möge. Und wie wohl fast alle werde auch ich heute um Mitternacht auf dieses Neue Jahr anstoßen, ein paar gute Vorsätze mit in den Jahreswechsel nehmen und den Glauben an eine bessere Welt nicht verlieren. In diesem Sinn: ein Auf Wiedersehen und ein Prosit auf 2024!